FEMINISMOS EN LA ILUSTRACIÓN

Nicolas de Condorcet
Claire Démar
François Poullain de la Barre
Fanny Raoul
Flora Tristán

Silvia Soriano Moreno
Lino València i Montes

PIREO EDITORIAL

Primera edición: marzo de 2024

Depósito legal: V-619-2024
ISBN: 978-84-127819-6-0

© Edición: Pireo Editorial (València)
pireoeditorial.com · pireo@pireoeditorial.com

© Diseño de portada: Pireo Editorial
© Ilustración de portada: Club de mujeres patriotas reunido en una iglesia,
grabado de Chérieux, 1793, Biblioteca Nacional de Francia.

Impresión y encuadernación: By Print Percom, SL
Impreso en España · Printed in Spain

Feminismos en la Ilustración

Nicolas de Condorcet
Claire Démar
François Poullain de la Barre
Fanny Raoul
Flora Tristán

Estudio introductorio de
Silvia Soriano Moreno
Universidad de Extremadura

Traducción de
Lino València i Montes
Universitat de València

CLÁSICOS DEL PENSAMIENTO POLÍTICO

Pireo
Editorial

CONTENIDO

ESTUDIO INTRODUCTORIO

Silvia Soriano Moreno

1.- Feminismo e Ilustración

La relación entre feminismo e Ilustración resulta evidente, comúnmente aceptada y asumida por lo general como base del pensamiento feminista moderno. Cuando hablamos de las Olas del feminismo o cuando realizamos una crítica feminista al derecho moderno, estamos tomando como referencia la Ilustración. Debemos tener en cuenta que la Ilustración también supone la base de la epistemología jurídica moderna, y de ese momento histórico sigue partiendo la aproximación a la teoría y la filosofía que se realiza mayoritariamente en las facultades de Derecho, aunque por lo general sin esa necesaria mirada crítica que el feminismo aporta. Así, los referentes para juristas en la actualidad siguen siendo Rousseau y quienes les siguieron en lo que se ha denominado «misoginia romántica»[1], a menos que se tenga en cuenta la epistemología feminista para su confrontación; a menos que se precise expresamente que la idea de igualdad y libertad ilustradas no se refería a todas las personas, sino a los varones, blancos, propietarios, adultos, libres y sin discapacidad; a menos que se precise que esta es la idea de igualdad y libertad que se trasladó a las leyes y con la que seguimos lidiando actualmente. Por ello, contar con herramientas como la que propone este trabajo resulta clave para entender la Ilustración y para completar nuestra visión y conocimiento sobre este momento. Este trabajo también permite reconocer a autores y autoras que

---

[1] Valcárcel, Amelia, *La memoria colectiva y los retos del feminismo*, Santiago de Chile: CEPAL, Unidad Mujer y Desarrollo, 2001, pp. 14 y ss. Disponible en http://repositorio.cepal.org/bitstream/handle/11362/5877/S01030209_es.pdf;jsessionid=ED1CD1888D89A86A48D84CCFF94B94A3?sequence=1

escribieron sobre la igualdad en este periodo, más allá de algunos nombres más comúnmente identificados con estos planteamientos como Olympe de Gouges o Mary Wollstonecraft.

En este estudio introductorio a las obras que aquí se recogen traducidas del francés, no es posible extenderse en todos los análisis posibles de la relación entre feminismo e Ilustración. Simplemente se quieren apuntar dos cuestiones para la reflexión. Por una parte, dejar claro que los textos relativos a la igualdad de este periodo —y lo podremos observar en los que aquí se recogen— no sólo hablaron de la igualdad de mujeres y hombres, sino que se refirieron a otras opresiones. Por otra parte, que, si bien hemos reivindicado ya la necesidad del feminismo para comprender el periodo y su pensamiento, es necesario también tener en cuenta que el feminismo no tiene su única base en la Ilustración y que seguir afirmando esto nos estrecha el propio feminismo como pensamiento crítico y acción política. Si hemos criticado el uso que seguimos encontrando de una lectura única de la Ilustración, debemos apuntar que se suele dar también una lectura única de lo que podemos llamar la *Ilustración feminista*. Y los textos que aquí se recogen nos ayudarán a realizar dichos apuntes.

Para la primera de las cuestiones citadas, la relativa a las otras opresiones que se pueden observar en el momento y en los mismos textos, vamos a centrarnos en las relativas a la esclavitud y a la cuestión racial. En esta compilación se recoge un texto de Flora Tristán, que evidenció claramente en su trabajo la opresión de clase, siendo considerada como el enlace entre el feminismo ilustrado y el feminismo socialista[2]. En realidad, será la primera de las autoras aquí recogidas que haga referencia expresa a la clase o la riqueza como opresión específica, siendo incluso evidente en otros textos la invisibilidad de la cuestión al tratar realidades de mujeres adineradas como si fuera la norma, como se irá señalando. Sin embargo, a la cuestión racial o a la esclavitud se hará referencia constante. Salvando las distancias, en un texto tan temprano como el de Poullain de la Barre presente en este trabajo, se habla de «la diversidad de costumbres» entre los pueblos, pero no desde una posición de superioridad, lo cual ya resulta destacable en un escrito del S. XVII. La preocupación de Condorcet por la esclavitud y la reivindicación de derechos para las personas negras es ampliamente conocida, siendo de los

---

[2]   Ver, entre otras, De Miguel Álvarez, Ana, «La articulación del feminismo y el socialismo: el conflicto clase-género», en Amorós, Celia y De Miguel, Ana (eds.), *Teoría feminista: de la Ilustración a la globalización. De la Ilustración al segundo sexo. Vol. 1*, Madrid, Minerva Ediciones, 2007, pp. 298-301.

primeros en reivindicar la igualdad de todas las personas[3]. Así, en el texto que se recoge en esta compilación afirmará que:

> O ningún individuo perteneciente a la especie humana tiene verdaderos derechos, o todos tienen los mismos; y aquel que vote en contra del derecho de otro, sin importar qué religión profese ni el color de su piel ni su sexo, desde ese momento, está abjurando de los suyos.

Finalmente, en los textos de Fanny Raoul, Claire Démar y Flora Tristán también se encuentran referencias a las personas negras y/o a la esclavitud. Estas se realizan, especialmente, relacionando la esclavitud con la situación de las mujeres en el matrimonio. Esta relación comúnmente usada por las ilustradas tendrá como consecuencia, para Angela Davis, la adhesión de muchas mujeres en ese momento a la causa abolicionista de la esclavitud, aunque precisa:

> Posiblemente, las primeras feministas describieron el matrimonio como una forma de «esclavitud» de la misma naturaleza que la sufrida por las personas negras, sobre todo, por el valor impactante de la comparación (…). Sin embargo, todo indica que ignoraron el hecho de que su identificación de las dos instituciones también implicaba que, en realidad, la esclavitud no era peor que el matrimonio.[4]

A pesar de la crítica a la comparación, la realidad es que las reivindicaciones por la igualdad entre mujeres y hombres en este momento también hicieron referencias a otras opresiones. Quizá en ocasiones se ha obviado esta atención de las autoras por la deriva del sufragismo estadounidense tras el voto a los hombres negros, ya que pasó de la postura antiesclavista a posicionamientos racistas. En este estudio introductorio se ha querido dejar constancia de estas referencias a otras opresiones para visibilizar cómo las feministas de la Ilustración también eran conscientes de ellas y reivindicaban la necesidad de los derechos para todas las personas.

Respecto a la segunda de las cuestiones apuntadas es necesario tener en cuenta que seguimos teniendo una visión eurocéntrica y occidental del pensamiento en general y de la teoría feminista en particular. Así, debemos ser conscientes de esta limitación cuando afirmamos, sin género de dudas y sin fisuras, que la Ilustración es la base del feminismo moderno, ya que

---

[3] Una aproximación en Torres del Moral, Antonio, «Condorcet, un avanzado de la igualdad femenina», en *Igualdad y democracia: el género como categoría de análisis jurídico: estudios en homenaje a la profesora Julia Sevilla*, Corts Valencianes, 2014, pp. 619-639.

[4] Davis, Angela, *Mujeres, raza y clase*, Madrid, Akal, 2005, p. 43.

podríamos estar contribuyendo a lo que se ha venido en llamar «epistfemicio», referido al patriarcado y al colonialismo epistemológicos[5]. Para ello, varias autoras han planteado, por ejemplo, si el uso de las Olas para explicar el feminismo da cuenta de la realidad regional fuera de Europa, además de tener en cuenta que «el feminismo filosófico latinoamericano ha sido marginado de la reproducción de conocimiento en la academia»[6], no sólo desde Europa, sino en general «la academia prioriza la lectura de los textos feministas de los países desarrollados y no toma en cuenta a las pensadoras latinoamericanas como teóricas»[7] —y no sólo de América Latina, podríamos añadir—. Con ello, deberíamos plantearnos si la Ilustración es la única base y fuente del feminismo moderno, siempre que busquemos que ese feminismo moderno sea una herramienta de emancipación, igualdad y libertad con una vocación internacionalista.

Estos apuntes se realizan con el ánimo de plantear reflexiones necesarias en torno al feminismo ilustrado, de tender puentes y de permitir otras miradas y lecturas de la Ilustración y las feministas que escribieron en este momento por una igualdad diferente a la que llegó a las constituciones y las leyes.

2.- Sobre las obras recogidas

Esta compilación recoge una serie de textos relativos a la reivindicación de igualdad entre mujeres y hombres en el contexto de la Ilustración. Estas publicaciones fueron escritas originalmente en francés y actualmente no se encuentran fácilmente en su traducción al castellano —con las salvedades que se irán apuntando a continuación para cada uno de los textos—, bien sea porque nunca se realizó esta traducción o bien porque la misma no se encuentra disponible o está descatalogada. Su traducción en este trabajo ha corrido a cargo del profesor de Derecho Constitucional de la Universitat de València, Lino València i Montes.

---

[5] Para profundizar sobre esta idea, ver Heim, Daniela y Piccone, María Verónica, «Epistfemicidio y transversalidad de género. Avances en la reforma del curriculum de Abogacía de la Universidad Nacional de Río Negro», *Academia*, 17 (34), pp. 253-295. Disponible en https://rid.unrn.edu.ar/handle/20.500.12049/6766; y en Heim, Daniela, «Cultura de la jurisdicción. Interpelaciones feministas», *Revista Crítica Penal y Poder*, 21, 2021, pp. 49-54.

[6] Alvarado, Mariana, «Junturas teóricas para los feminismos del Sur», *Hermenéutica intercultural, Revista de filosofía*, 30, 2018, p. 98.

[7] Gargallo, Francesca, «El feminismo filosófico», en Dussel, Enrique; Eduardo Mendieta y Carmen Bohórquez (Eds.), *El pensamiento filosófico latinoamericano, del Caribe y latino (1300-2000)*, México, Siglo XXI Editores, 2011, p. 420.

Antes de referirnos a cada uno de los escritos traducidos, cabe aclarar algunas cuestiones en relación con su categorización como textos de la Ilustración. Si bien es habitual que los movimientos culturales y políticos no tengan una datación exacta, en tanto que procesos evolutivos, cualquiera que se acerque a la Ilustración encontrará que, en las diversas definiciones que se pueda encontrar, se suele considerar que este periodo abarca desde finales del S. XVII hasta principios del S. XIX. En nuestro caso, encontramos que el primero de los textos de esta compilación (1673) correspondería a un momento muy inicial del proceso o incluso podríamos afirmar que previo —cuestión que se retomará en la referencia al texto concreto—, mientras que el último de los textos (1844) se elaboró en su final —o incluso ya concluido—. Además, entre el primer y el segundo de los textos (1790) transcurre más de un siglo, siendo varias décadas las que transcurren entre el resto de los textos entre sí. Con ello queremos hacer notar que las obras que aquí se recogen se refieren a un amplio espacio de tiempo —unos 170 años—, con su propia diversidad dentro del periodo. Además, podemos observar en este momento histórico y en esta evolución que las expresiones más radicales se observarán ya desde el primero de los textos[8], aunque veremos cómo los últimos textos evidencian un grado más desarrollado de madurez reflexiva sobre la cuestión que trascenderá a la referencia exclusiva de los derechos de las mujeres.

Los textos recopilados suponen una pequeña muestra de cómo parte del pensamiento ilustrado del momento se preocupó y reivindicó la necesaria igualdad entre mujeres y hombres —entre otras opresiones—, cuestión que no debería tratarse de la excepción, sino que debería haber supuesto la regla si tenemos en cuenta los principios y las ideas del momento, si efectivamente esas ideas de igualdad y libertad se hubieran referido a todas las personas. Pero esta pequeña muestra sirve también para recuperar a las personas que escribieron estos trabajos, algunas más conocidas en la historiografía feminista —como Condorcet o Flora Tristán—, pero otras que resultan difíciles de encontrar en las recopilaciones clásicas —como Fanny Raoul o Claire Démar—.

El trabajo que aquí se presenta supone un interesante recurso para el abordaje de este periodo histórico, que permita revisar a los autores clásicos de la Ilustración y su misoginia, que ayude a dejar de lado la idea de que estos posicionamientos eran lo esperable en el contexto de la época o que «lo

---

8   Ver Amorós, Celia, «El feminismo: senda no transitada de la Ilustración», *Isegoría: Revista de filosofía moral y política*, 1, 1990, p. 140.

que los filósofos dicen sobre la mujer estaba condicionado por la situación de la mujer en su época, y era imposible percibir las cosas de otro modo»[9].

A continuación, se recoge por orden cronológico una breve aproximación a los textos que se incluyen en este trabajo, identificando los aspectos que se han considerado clave en cada uno de ellos, así como una aproximación a sus autores y autoras, con el objetivo de contextualizar los mismos y facilitar la comprensión de su contenido.

2.1.- François Poullain de la Barre, De la igualdad de los dos sexos. Discurso físico y moral en el que se ve la importancia de deshacerse de los prejuicios, 1676

Este texto resulta de un interés especial desde diversos puntos de vista, como el filosófico o el político. Esto es así por diferentes razones que se irán recogiendo a continuación, pero en relación con lo ya comentado podemos destacar la temprana fecha de su publicación[10] y la dificultad de encontrar una traducción al castellano completa del mismo[11]. Si, de acuerdo con Hazard, podemos encontrar el origen de la Ilustración en la llamada crisis de la conciencia europea (1680-1715)[12], podríamos ver que la obra que nos ocupa —cuya primera versión es de 1673—, o bien se situaría en un momento previo como «pre-ilustrado»[13], o bien resulta que no fue tenida en cuenta para la datación citada[14].

---

9   Amorós, Celia y Cobo, Rosa, «Feminismo e ilustración», en Amorós, Celia y De Miguel, Ana (eds.), *Teoría feminista: de la Ilustración a la globalización. De la Ilustración al segundo sexo. Vol. 1*, Madrid, Minerva Ediciones, 2007, p. 108.

10   Aunque la versión que se recoge en este trabajo es de 1676, la publicación original es de 1673 y posteriormente reeditado en 1676, 1679 y 1691. Ver Amorós, Celia, «El feminismo: senda no transitada de la Ilustración», *Ob. Cit.*, p. 146.

11   La única traducción completa al castellano se encuentra en Cazés, Daniel (Ed.), *Obras feministas de François Poulain de la Barre (1647-1723)*, UNAM, Centro de Investigaciones Interdisciplinaria en Ciencias y Humanidades, México, 2007; obra de difícil acceso desde España. Existe una traducción de algunos extractos en Puleo, Alicia H., *Figuras del otro en la ilustración francesa: Diderot y otros autores*, Escuela Libre, Madrid, 1996, pp. 141-162.

12   Hazard, Paul, *La crisis de la conciencia europea (1680-1715)*, Madrid, Alianza Editorial, 1988.

13   Amorós, Celia, *Tiempo de feminismo. Sobre feminismo, proyecto ilustrado y postmodernidad*, Madrid, Cátedra, Colección Feminismos, 1995, p. 121.

14   León, Stella, «François Poulain de la Barre: Feminismo y Modernidad», *Astrolabio. Revista internacional de filosofía*, 11, 2010, p. 257.

Poullain de la Barre (1647-1723)[15] fue un filósofo cartesiano nacido en París. Como formación para la carrera eclesiástica a la que estaba destinado, obtuvo el grado de Maestría en 1663 y el grado de Bachiller de teología en la Sorbona en 1666. Fue ordenado sacerdote católico, pero sus posicionamientos críticos le hicieron enfrentarse con la jerarquía eclesiástica hasta convertirse al calvinismo en 1688, lo que le supuso el repudio familiar y el exilio en Ginebra tras la revocación del edicto de Nantes en 1685. Ya en Ginebra se casó, tuvo dos hijos y se dedicó a la enseñanza[16].

La aportación de Poullain de la Barre como precursor del pensamiento feminista es clave y su análisis ha sido ampliamente realizado en este sentido por autoras como Celia Amorós, especialmente. Para contextualizar la entidad de su temprana aportación resulta de utilidad pensar que el filósofo vivió y se desarrolló durante el reinado de Luis XIV. Sin embargo, es necesario puntualizar la idea, relativamente extendida, de que el «el primer feminista fue un sacerdote». Para esa puntualización podríamos recordar que Poullain de la Barre también fue contemporáneo de Sor Juana Inés de la Cruz, la cual, aunque no escribiera tan abiertamente por la igualdad —habría que tener en cuenta su posición como mujer, monja y mexicana—, de su obra también se hace una lectura feminista[17]. O también sería desconocer los aportes de otras autoras más olvidadas si cabe, como Marie Le Jars de Gournay[18], que en 1622 —cincuenta años antes de la obra que nos ocupa— escribió *Sobre la igualdad de los hombres y las mujeres*, donde se defiende que la única diferencia entre mujeres y hombres es física, pero que eran perfectamente capaces para la ciencia, la filosofía o la política —como se sostiene en la obra de Poullain de la Barre—.

Además de la obra a la que nos referimos, en el sentido de la reivindicación de la igualdad de mujeres y hombres, Poullain de la Barre mantiene posteriormente esta posición con *De l'éducation des dames pour la conduite de l'esprit dans les sciences et dans les mœurs* (Sobre la educación de las Mujeres para la conducta del espíritu en las ciencias y en las costumbres) de 1674,

---

[15] La mayoría de las fuentes consultadas datan la fecha de su muerte en Ginebra en 1723, aunque en alguna ocasión se maneja el año de 1725, como en *Íbid*, p. 257.

[16] *Íbid*, p. 258.

[17] Sobre la consideración de Sor Juana como predecesora del feminismo, ver Martín Serrano, Elena, «Sobre la educación de las mujeres: el pensamiento feminista pre-ilustrado de sor Juana Inés de la Cruz en relación con Mary Wollstanecraft», *Investigaciones Feministas*, 12 (2), 2021, pp. 473-482.

[18] Sobre esta autora, ver De Gournay, Marie, *Escritos sobre la igualdad y en defensa de las mujeres*, traducción y edición de Montserrat Cabré i Pairet, Esther Rubio Herráez y Eva Teixidor Aránegui, Madrid, CSIC, 2014.

que trata sobre la educación de las mujeres y su necesidad[19]. También con el texto *De l'excellence des hommes contre l'égalité des sexes* (Sobre la excelencia de los hombres, contra la igualdad de los sexos) de 1675, en la que a partir de la ironía del propio título ridiculiza los argumentos patriarcales de la época.

El texto que aquí se recoge, *De l'égalité des deux sexes, discours physique et moral où l'on voit l'importance de se défaire des préjugez* (De la igualdad de los dos sexos. Discurso físico y moral en el que se ve la importancia de deshacerse de los prejuicios), data originalmente de 1673, por lo que ya hemos destacado la importancia de su temprana publicación. La obra es un ejemplo práctico de aplicación de los postulados y el método cartesianos contrarios al prejuicio. El autor lo explica así en el Prefacio de su obra:

> …estamos llenos de prejuicios, y (…) hay que renunciar a ellos categóricamente para alcanzar ideas claras y precisas.
>
> Con el propósito de sugerir una máxima tan importante, he creído que lo mejor era elegir un tema determinado e impactante por el que todo el mundo muestra interés, a fin de demostrar, después de haberlo examinado, que un sentimiento tan antiguo como el mundo, tan extendido como la tierra y tan universal como el género humano, es un prejuicio o un error, y de que los sabios puedan finalmente convencerse de la necesidad de juzgar las cosas por sí mismas tras haberlas examinado profundamente, y no dejarse llevar ni por la opinión ni por la buena fe de los demás hombres si lo que quieren es evitar caer en errores.
>
> De todos los prejuicios, no he podido encontrar uno más adecuado a este propósito que el que habitualmente tenemos sobre la desigualdad existente entre los dos sexos.

Es decir, que el prejuicio sobre la desigualdad entre mujeres y hombres es el más antiguo, por lo que, si se puede refutar, podrán refutarse todos los demás[20]. La obra se divide en dos partes, la primera destinada a rebatir los argumentos de la opinión común —o el vulgo—, siendo la segunda destinada a los argumentos de los «sabios». A lo largo del texto, el autor realizará afirmaciones tan avanzadas como que:

> Respecto a las diferencias existentes entre ambos sexos, no es tan difícil darse cuenta de que estas atañen tan solo al cuerpo,

---

[19]   La cuestión de la educación de las mujeres será clave en estos planteamientos ilustrados. De hecho, es el elemento central en *Vindicación de los derechos de la mujer*, de Mary Wollstonecraft (1792). Frente a estas reivindicaciones, encontramos el contrapunto del momento —y por supuesto mucho más reconocido— en el *Emilio* de Jean-Jacques Rousseau (1762).

[20]   Amorós, Celia y Cobo, Rosa, «Feminismo e ilustración», *Ob. Cit.*, p. 100.

y de que, hablando con propiedad, esas diferencias se centran en la parte del cuerpo que sirve para la reproducción humana; en cambio, la razón, que solo actúa a la hora de prestar el consentimiento, lo hace de la misma manera en todos, por lo que se puede concluir que la razón no tiene sexo.

Por otra parte, trata de explicar la situación existente de desigualdad, además de en la educación que ya se ha comentado, en que «da la impresión de que todas las leyes se hayan elaborado únicamente para mantener a los hombres en la posición que ocupan», o en que las mujeres «han quedado en ese estado de sujeción debido solo a la aplicación de la ley del más fuerte, y que, por ende, no ha sido ni su falta de capacidades naturales ni de méritos la razón por la cual hoy no compartan con nosotros lo que sitúa a nuestro sexo por encima del suyo». Como veremos, esta idea de la fuerza también se recogerá en otros de los textos que forman parte de este trabajo.

En los diversos apartados, se va argumentando la igualdad y las capacidades de las mujeres en todas las esferas de la sociedad (ciencia, derecho, oratoria, historia, medicina, teología, matrimonio, educación, filosofía, matemáticas, etc).

Cabe destacar la referencia que el texto hace a la cuestión de los cuidados, siendo este uno de los elementos clave de las reivindicaciones feministas, incluso de las necesidades relativas a políticas públicas para la igualdad en la actualidad. A este respecto, Poullain de la Barre ya afirmaba en este momento que «las mujeres deberían ser las personas más valoradas, puesto que los servicios que prestan son incomparablemente superiores a los que prestamos el resto», ya que «nunca podríamos prescindir de las mujeres durante nuestra infancia» o que «las mujeres están para asegurarnos la vida»[21]. A pesar de ello, denuncia que la realidad es que «se ningunea a las mujeres, que dedican buena parte de su vida a alimentar y educar a los hijos».

El autor afirma que la mente «está igual de dotada en ellas como en los hombres para todas las ciencias que tengan que hacer uso de este órgano», porque «las disposiciones que traemos al nacer no son ni buenas ni malas, ya que, de no ser así, no podríamos evitar el error tan común por el cual atribuimos con frecuencia a la naturaleza lo que solo procede de los usos»,

---

[21]   Algo tan evidente se tiene que seguir poniendo de manifiesto desde el feminismo al afirmar que todas las personas necesitamos y necesitaremos cuidados en algún momento de nuestras vidas, sobre la cuestión de la sostenibilidad de la vida. Ver, por ejemplo, Pérez Orozco, Amaia, *Subversión feminista de la economía. Aportes para un debate sobre el conflicto capital-vida*, Madrid, Traficantes de Sueños, 2019; o Agenjo Calderón, Astrid, *Economía política feminista. Sostenibilidad de la vida y economía mundial*, Madrid, Fuhem ecosocial y Los libros de la Catarata, 2021.

retomando la idea de que es la educación que las mujeres reciben las que las mantiene en la ignorancia y los errores, mientras se piensa «que su exclusión se basa en una impotencia natural por su parte».

La obra se dedica a desmontar prejuicios que siguen arraigados actualmente sobre las mujeres, como puedan ser la timidez, la superstición, el parloteo, la avaricia, la interpretación negativa de la curiosidad o la malicia, entre otros. Estas cuestiones permiten observar la actualidad de un texto escrito hace 350 años.

La última parte del texto se dedica a señalar la misoginia de las ideas sostenidas por filósofos clásicos que, además, constituyen la base del pensamiento filosófico actual. Lo que no podría imaginar el autor es que los filósofos posteriores a él y a su obra mantendrían estas ideas misóginas que seguirían apuntalando la epistemología actual[22].

Siguiendo a Celia Amorós al analizar esta obra, podemos ver en ella que «Para Poullain, pues, el feminismo —*avant la lettre*— era un verdadero test de filosofía, de honestidad epistemológica y de autoexigencia ética y cultural»[23], lo que nos ofrece una interesante herramienta para el análisis de textos e ideas en la actualidad.

2.2.- Nicolas de Condorcet, Sobre la admisión de las mujeres al derecho de ciudadanía, 1790

Probablemente, desde un punto de vista jurídico-constitucional, sea Condorcet el autor más conocido de los recogidos en esta compilación. El texto que aquí se presenta se publicó en un momento muy inicial del proceso revolucionario francés en el *Journal de la Société de 1789* —el 3 de julio de 1790—[24] y se ha destacado por el posicionamiento claro del autor con la reivindicación de los derechos de las mujeres. Sin embargo, a pesar

---

[22]   «Dirá, por su parte, Rousseau: «Sostener vagamente que los dos sexos son iguales, y que sus deberes son los mismos, es perderse en declamaciones vagas […]». ¿Conoció Rousseau la obra de Poullain, en que la tesis de *l'egalité* se somete al más impecable «*ordre des raisons*» cartesiano, o era él más bien el que tenía referencias vagas? (Quizá para no ser una excepción a aquello que, con respecto al pensamiento feminista, todo el mundo ha oído campanas sin tomarse la molestia de saber dónde.)», en Amorós, Celia, «El feminismo: senda no transitada de la Ilustración», *Ob. Cit.*, p. 146.

[23]   Amorós, Celia, «El feminismo: senda no transitada de la Ilustración», *Ob. Cit.*, p. 148.

[24]   El nombre de la publicación y la fecha pueden inducir a error. Puede encontrarse una versión del texto original en Bibliothèque Nationale de France, *Journal de la Société de 1789, 1790-07-03*, Gallica, disponible en https://gallica.bnf.fr/ark:/12148/bpt6k9664098w

de ser un texto notorio no se han editado muchas traducciones hasta hace poco tiempo[25].

Marie-Jean-Antoine Nicolas de Caritat, marqués de Condorcet (1743-1794) ha sido catalogado como filósofo, científico, político, matemático, legislador o escritor, entre otras categorías. Ello le permitió una comprensión global de las situaciones, así como la propuesta de soluciones complejas a los problemas, incluso se ha afirmado que su visión iba más allá de su tiempo, lo que le supuso la persecución y no considerarlo como un revolucionario por algunos de sus contemporáneos[26]. Debido a lo polifacético de su conocimiento y creación, se le ha considerado también «el último ilustrado y el más completo de ellos», que «sintetiza el pensamiento francés de su siglo y proyecta los conocimientos y doctrinas de su tiempo hacia el futuro en una optimista prospección sobre los progresos del espíritu humano»[27].

Con esta diversidad podrá entenderse que resulte complicado intentar resumir su currículum en estas breve líneas. Condorcet nació en Ribemont (Aisne), siendo que la familia Caritat toma el nombre de su título de la ciudad de Condorcet. Su padre murió siendo él joven y se educó en los colegios jesuitas de Reims y el Colegio de Navarra de París. En sus primeros años destacó en el campo de las ciencias y las matemáticas, siendo elegido miembro de la Real Academia de Ciencias —siéndolo posteriormente fuera de Francia—, y publica en esos años diversos trabajos sobre cálculo integral[28]. Es nombrado por Turgot inspector general de la Moneda en 1774, durante el reinado de Luis XVI, permaneciendo en el puesto hasta 1791. Es a partir de esta experiencia política que se interesa por la defensa de los derechos.

En 1786 se casa con Marie-Louise-Sophie de Grouchy (1764-1822) (luego conocida como Sophie de Condorcet), veinte años menor que él y con quien compartiría intereses intelectuales. El *Cercle Social*, grupo que luchaba por los derechos políticos y legales de igualdad para las mujeres y que incluía a Olympe de Gouges, se reunía en su casa.

Con el inicio de la Revolución Francesa, en 1789, es elegido para el Consejo Municipal de París y en 1791 sería representante de París en la

---

25 Una traducción de la mayor parte del texto se recogió en Puleo, Alicia H., *La Ilustración olvidada. La polémica de los sexos en el siglo XVIII*, Barcelona, Anthropos, 1993, pp. 100-106. Recientemente, y mientras se preparaba este trabajo, se ha publicado Marqués de Condorcet, *Sobre la admisión de la mujer a los derechos de ciudadanía (1789)*, Barcelona, Byron Books, 2023.

26 Martínez Dalmau, Rubén, «Estudio introductorio», en *de Condorcet*, València, Pireo editorial, 2020, p. 13.

27 Torres del Moral, Antonio, *Ob. Cit.*, p. 621.

28 Torres del Moral, Antonio, «Estudio Preliminar», en Condorcet, *Bosquejo de un cuadro histórico de los progresos del espíritu humano*, Centro de estudios políticos y constitucionales, Madrid, 2004.

Asamblea legislativa, perteneciendo al grupo de los girondinos. De este periodo se destaca su propuesta educativa laica, su propuesta constitucional y la defensa de los derechos de las mujeres, siendo de estas fechas el texto que se recoge en este trabajo. Sin embargo, su situación se complicó cuando los jacobinos tuvieron el control de la Asamblea, además de haber votado en contra de la ejecución de Luis XVI por ser contrario a la pena de muerte. Se dictó una orden de arresto contra él en 1793, lo que le hizo tener que esconderse durante meses. Sería detenido en marzo de 1794 y encontrado muerto en su celda unos días más tarde en circunstancias no aclaradas.

Condorcet pasa su reivindicación de derechos de las mujeres también por la educación, cuestión central en varios de los textos de la época, como ya se ha comentado[29]. Se ha identificado la primera vez que atiende a los derechos de las mujeres en las «Cartas de un burgués de New Haven a un ciudadano de Virginia» (1787), basándose en que las leyes están hechas por hombres y oprimen a las mujeres, además de la necesidad de representación como fundamento de los derechos[30].

Además de su defensa de los derechos, Condorcet concretará la lucha por la igualdad de quienes no tienen trabajo o lo hacen en malas condiciones, o de quienes están en situación de enfermedad o vejez. Hablará de la igualdad de derechos de quienes se encuentran fuera de la ciudadanía, como las mujeres y los esclavos, además de las personas excluidas por razones religiosas o raciales[31].

Condorcet articula su propuesta sobre las mujeres y la ciudadanía en torno a lo que considera una vulneración del principio de igualdad. Así, «¿no han vulnerado todos ellos el principio de igualdad de derechos al privar, sin pensarlo, a la mitad de la población del género humano del derecho a participar en la elaboración de las leyes excluyendo a las mujeres del derecho de ciudadanía?». Pero el texto va más allá, ya que no sólo se refiere a las mujeres como excluidas, sino que habla de todos los seres humanos, siendo así una de las primeras referencias a los derechos humanos como tales. Se refiere a:

---

[29] Un análisis de la propuesta educativa para la igualdad de derechos en Torres del Moral, Antonio, «Condorcet, un avanzado de la igualdad femenina», *Ob. Cit.*

[30] Principio de *No Taxation without Representation*, en Carducci, Michele, «Las «sin partes» del derecho comparado. En los orígenes de la ocultación de las mujeres en la enseñanza constitucional», *Revista de educación y derecho*, 18, 2018, p. 13.

[31] De Lucas, Javier, «Condorcet: la lucha por la igualdad en los derechos», en Peces-Barba Martínez, Gregorio y Fernández García, Eusebio (dirs.), *Historia de los derechos fundamentales*, Tomo II: siglo XVIII. Volumen II, Madrid, Dykinson, 1998, p. 344.

… los derechos de los hombres son resultado únicamente de que son seres dotados de consciencia, susceptibles de adquirir ideas morales y de razonar sobre dichas ideas. Por tanto, las mujeres, al poseer esas mismas cualidades, necesariamente tienen que gozar de iguales derechos. O ningún individuo perteneciente a la especie humana tiene verdaderos derechos, o todos tienen los mismos; y aquel que vote en contra del derecho de otro, sin importar qué religión profese ni el color de su piel ni su sexo, desde ese momento, está abjurando de los suyos.

El texto se referirá también a las posibles causas de aquello que se considera como diferente entre mujeres y hombres. Por una parte, el autor dice que «las mujeres no actúan bajo las mismas razones que los hombres», pero afirma a continuación que «también es verdad que se conducen por las suyas propias». La explicación que da para ello —en una suerte de lo que actualmente identificaríamos como perspectiva de género— es la de que sus intereses no son los mismos «por culpa de las leyes», así como que «no es la naturaleza, sino la educación y la forma de estar presente en la sociedad». Con esta afirmación, el autor se refiere a la cuestión de la educación que, como hemos visto, será un aspecto clave en su trayectoria política, así como en el resto de textos del periodo referidos a las mujeres y la igualdad. Además, Condorcet abunda en la cuestión al referirse a que si no se permite a las mujeres ostentar el derecho de ciudadanía por razón de no haber recibido educación, este argumento daría lugar a que «tan solo se permitiría que fuesen ciudadanos aquellos hombres que hayan cursado estudios en derecho público», lo que impediría en consecuencia contar con una constitución libre —impregnada de los ideales de la revolución—.

Es de destacar su expresión cuando niega la posibilidad de que las mujeres sean excluidas de los derechos a causa de la dependencia que tienen de sus maridos. Por una parte, porque considera esta realidad como una tiranía de la legislación civil; por otra parte, porque «una injusticia nunca puede ser motivo para la comisión de otra».

Finalmente, el texto se refiere a los cuidados, cuestión que resulta de interés en tanto que se ha destacado también en el texto anterior y se puede rescatar en los debates actuales relativos a la igualdad. Si bien es cierto que no cuestiona el rol de las mujeres en la crianza, como cuidadoras y al hogar, también es cierto que reconoce que la maternidad de mujeres que ejerzan efectivamente sus derechos de ciudadanía —y con ella el abandono de sus tareas de gobierno— no tendría que suponer un problema para la sociedad, ya que esta sería «la misma situación en la que están los hombres que, por su estado, están obligados a recibir cuidados por un tiempo». Con esta afirmación se reconoce que todas las personas necesitan recibir cuidados en algún momento de sus vidas, así como normaliza la necesidad de tener en cuenta la maternidad para la igualdad lo que, salvando las distancias, plantearía el feminismo de la diferencia dos siglos después.

Condorcet realiza un llamamiento general en esta publicación para refutar las razones que se esgrimen para dejar a las mujeres fuera del derecho de ciudadanía en un momento clave de la Revolución, ya que de este modo este debate se incorporará a los debates constituyentes.

2.3.- Fanny Raoul, Opinión de una mujer sobre las mujeres, 1801

El texto que se presenta en esta compilación fue escrito en el marco de la Francia napoleónica y ha sido traducido por primera vez al castellano para esta ocasión.

Fanny Raoul (1771-1833) nació en la ciudad bretona de Saint-Pol-de-Léon, mudándose a París posteriormente y entrando en contacto con otras personas pertenecientes a la intelectualidad. Su madre murió durante el parto y su padre, Claude-René Raoul, fue primero notario, luego fiscal, concejal de Saint-Pol-de-Léon y comisario de la corte de Morlaix después de la Revolución. Fanny Raoul recibe una educación intelectual sólida y abierta. Contaba con dos hermanas y un hermano mayores, Marie-Claude, Marianne-Jeanne y Jean-Marie. A parte de esta información, poco más se conoce sobre su vida personal. Se la considera como escritora, periodista, filósofa y ensayista.

El texto que se traduce en esta compilación, por primera vez en castellano, fue publicado en 1801, no teniéndose constancia de la siguiente publicación hasta 12 años después, cuando en 1813 publicó la novela epistolar *Flaminie ou les Erreurs d'une femme sensible*, donde también denuncia la injusticia de los prejuicios. El mismo año publica como *Fragments philosophiques et littéraires*, una colección de varios textos que tenía desde hacía años y donde acusa de plagio a Alexandre Duval, miembro de la Academia Francesa[32].

Fanny Raoul mostrará también preocupación por la Constitución —Carta otorgada de 1814— mediante diversos textos, como *Idées d'une française sur la constitution faite ou à faire* o *De la Charte constitutionnelle par une Française*. Entre 1814 y 1815 publicó 25 números del periódico *Le Véridique*, que incluye cuestiones políticas o artísticas, con una visión social y frente a todas las formas de opresión (esclavitud, desigualdad entre sexos o pobreza).

---

[32]   Sobre esta cuestión, ver Fraisse, Geneviève, «Du plagiat en 1800: Le tyran comme caractère, ou la tyrannomanie comme système?, *Théâtre Public*, nº 236, junio de 2020, pp. 44-51.

La autora morirá en París en diciembre de 1833. Cabe recoger la cita de Geneviève Fraisse, una de las principales impulsoras de la edición de sus trabajos, cuando afirma que «Ella es mujer cuando tiene una opinión sobre las mujeres, ella es francesa cuando critica la nueva Carta Constitucional (1814), ella no es ciudadana pero ilota (ni esclava ni liberta), ella es también autora cuando denuncia el plagio de su obra»[33].

El texto *Opinion d'une femme sur les femmes* se publica por primera vez en castellano en esta compilación. La principal cuestión que llama la atención al leerlo radica en identificar a quien se dirige la autora. Si bien en los anteriores textos comentados los autores se dirigen claramente a quienes tienen que adoptar decisiones —políticas, legislativas, constitucionales o filosóficas—, en este caso la autora se dirige a las mujeres:

> Permitidme que os dedique esta obra a vosotras, mujeres, para las que solo escribo. (…) ¡Ojalá con ella pudiese mejorar vuestra suerte! (…) Cualquiera que sea la suerte que pueda correr esta obra, recibiré una muy dulce recompensa por mi entrega si, a cambio, el premio es vuestra estima.

A lo largo del texto se podrán encontrar similitudes con lo expresado casi 150 años antes por Poullain de la Barre, lo que hace pensar que la autora era conocedora de su obra —seguro que lo era de la de Rousseau, al que se refiere expresamente—. En este sentido, estas similitudes pueden encontrarse en expresiones que hablan de los prejuicios, en sostener la idea de la no existencia de diferencias en cuento a facultades intelectuales o en afirmar que es necesario «Abrir a las mujeres todas las carreras relativas a las artes y las ciencias; permitir que compitan junto con los hombres en la búsqueda de distinciones y del honorable lucro que procuran».

Fanny Raoul no utiliza constantemente la idea de igualdad, sino que usa un lenguaje más basado en la opresión, la falta de libertad o la exclusión. Con este marco, reconoce como sorprendente que «hayan sido las leyes, cuyo objetivo tendría que ser acabar con esa situación, las que, por el contrario, la hayan consagrado» —en su Advertencia inicial hace referencia a «legislación bárbara»—. A diferencia de Poullain de la Barre, la autora escribe en un momento post revolucionario, donde las leyes deberían haber tendido a acabar con las desigualdades y las opresiones. En este sentido, siguiendo con el lenguaje contractualista utilizado en décadas anteriores, la autora afirma que «en el estado de naturaleza los derechos de los dos sexos son los mismos», en tanto que ambos son necesarios para la reproducción y se necesitan mutuamente.

---

[33] Fraisse, Geneviève, «Le sort des femmes», prefacio a la edición de *Opinion d'une femme sur les femmes*, Paris, éditions Le passager clandestin, 2011, p. 17.

Respecto a la legislación, se refiere con especial hincapié a la legislación civil y la que regula la familia. Así, afirma que si se reconociera a hombres y a mujeres la libertad y el ejercicio de sus derechos, esta igualdad supondría que

> …el matrimonio, así como el resto de relaciones que de él se desprenden, ya no constituirá para las mujeres un estado precario y vergonzante, sino que precisamente resultará ser un estado afortunado. ¿Por qué es solo el hombre el que puede ser cabeza de familia? ¿En qué se funda ese título exclusivo que se ha arrogado él mismo para esta situación? Los derechos de la madre, me parece, son tan legítimos como los del padre. Ambos son cabeza de familia, y ambos, por consiguiente, deben tener la misma autoridad.

Al referirse a la potestad marital indica que la misma expresión es «el lenguaje a la vez ridículo y despótico de las leyes». La autora se referirá también a que las leyes no castigan severamente a los hombres que maltratan a sus mujeres [34]. Por otra parte, afirma que las mujeres «disponen de un medio para neutralizar esas leyes opresoras y violadoras de los derechos de la persona; este es casarse en régimen de separación de bienes». Claro que, Raoul con esta afirmación se está refiriendo en exclusiva a las mujeres que tengan patrimonio e intereses propios, es decir, de una clase social adinerada.

Finalmente, cabe destacar en este texto la referencia a los cuidados, ya destacados en las obras anteriores y por la importancia política de la cuestión. De nuevo se observa la influencia de Poullain de la Barre, ya que se refiere al argumento esgrimido por quienes defienden la desigualdad en torno a la importancia de los servicios prestados al Estado para justificar la desigualdad de derechos, a lo que responderá que

> ¿o es que entregar a sus hijos para que lo defiendan no es hacer nada por el Estado?, ¿o es que criar y formar a sus ciudadanos no es hacer nada por él?, ¿o es que ser sus creadoras no es hacer nada por él? Y si la importancia de un servicio se mide en relación directa con el peligro al cual se expone aquel que lo presta, ¿no es justo que las mujeres reciban una indemnización proporcional a los riesgos que corren? ¿Qué hombre paga con su salud, incluso con su vida, el beneficio de reproducirse? En cambio, ¡¿cuántas mujeres no son víctimas de esa reproducción?!, ¡¿cuántas no dan la vida a costa de la suya?! [35]

---

[34] Ni las leyes se preocuparán por ello hasta más de dos siglos después.

[35] Habría que recordar que la madre de Fanny Raoul murió durante el parto, por lo que podemos sospechar que para ella esta es una cuestión de importancia.

En la última parte del texto, la autora hará referencias a la sociedad política, a cómo los hombres han construido ese espacio para ellos y no han dejado que las mujeres ocupen ningún lugar en ella. Precisamente, esta es la base de la crítica feminista al derecho —sobre el espacio público como el espacio entre iguales—, que no se articulará claramente hasta casi dos siglos después[36]

2.4.- Claire Démar, Llamamiento de una mujer al pueblo sobre la emancipación de la mujer, 1833

El texto breve que se recoge en este trabajo fue la primera publicación de su autora, que le supuso una importante presión personal. Se escribió durante el periodo conocido como la Monarquía de Julio.

Para aproximarnos a la figura de Claire Démar —o Émilie d'Eymard—[37] (1799-1833) es necesario referirse al conocido como movimiento sansimoniano. Tras la muerte de Henri de Saint-Simon en 1825 y a raíz de su supuesta declaración en su lecho de muerte de «el individuo social completo es el hombre y la mujer», se crea un grupo de mujeres intelectuales entre las que se encuentra Claire Démar. El contexto que favoreció también este pensamiento feminista es el de la Constitución liberal de 1830, consecuencia de la Revolución de Julio de ese año[38]. El hecho de que este movimiento se dirija a las mujeres hace que las mismas se acerquen, siendo principalmente mujeres de origen proletario, a pesar de que las líderes pertenecieran a la burguesía. Poco después, Prosper Enfantin se hace con el liderazgo del movimiento, que se transforma hacia lo religioso, sosteniendo este que sólo los hombres podrían realizar el apostolado sansimoniano, o la idea de la mujer-mesías, a punto de llegar. Todo ello acabará generando una división entre las mujeres del movimiento por diversas cuestiones: por razón de clase, entre burguesas y proletarias; y por razón de apoyo al liderazgo de Enfantin frente al empoderamiento y liberación de las mujeres sin tutelas. Como consecuencia, se funda por el grupo de burguesas la publicación *Le Livre*

---

[36] Podemos tomar como obra clave de esta crítica *El contrato sexual*, de Carole Pateman, escrita en 1988. Ver Pateman, Carole, *El contrato sexual*, Madrid, Ménades, 2019.

[37] Sobre las dudas en torno al nombre, ver Sánchez Calvo, Sara, «Escritoras sansimonianas: entre el mesianismo y la lucha feminista», en Martín Clavijo, Milagro; González de Sande, María Mercedes; Cerrato, Daniele; Moreno Lago, Eva María (Eds.), *Locas, escritoras y personajes femeninos cuestionando las normas: XII Congreso Internacional del Grupo de Investigación Escritoras y Escrituras*, Sevilla, Alciber, 2015, p. 1530. También en Corbin, Alain; Lalouette, Jacqueline; Riot-Sarcey, Michèle, *Femmes dans la Cité: 1815-1871*, Grâne, Créaphis, 1997, p. 493.

[38] Sánchez Calvo, Sara, *Ob. Cit.*, pp. 1522-1523.

des Actes (1833), que será órgano de expresión oficial de los sansimonianos, y por parte de las proletarias *La Femme Libre* (1832), que sería el primer periódico feminista francés[39]. En esta publicación, las mujeres apostaron por el empoderamiento, la crítica y la reivindicación, sufriendo en consecuencia prejuicios y problemas sociales y legales[40].

Claire Démar formó parte de este grupo de proletarias sansimonianas, siendo su primer escrito el que se presenta en este trabajo, *Appel d'une femme au peuple sur l'affranchissement de la femme*. Actualmente se la considera como periodista y escritora, a pesar de que los textos suyos que se conocen son el citado y el texto póstumo *Ma Loi d'avenir* (Mi ley de futuro). Poco se conoce también de su infancia y adolescencia antes de su militancia sansimoniana.

Parece ser que esta publicación resultó un fracaso en el momento, que no fue leída ni debatida entre sus propios compañeros[41]. Debido a sus ideas, Claire Démar se encontró en una situación de conflicto en el interior de su propio movimiento y también socialmente, al recibir aislamiento y presión. Se suicidó en agosto de 1833 en compañía de su compañero sentimental del momento, siendo culpada del suceso y de la muerte de él por la prensa por ser ella mayor y por su modo de vida[42], relacionado con su oposición al matrimonio y a la maternidad. Esta posición con respecto a la maternidad también supuso un enfrentamientocon algunas de sus compañeras, como Suzanne Voilquin, que defendían la maternidad como factor de emancipación mediante el reconocimiento de la diferencia femenina y especificidad de las mujeres en su calidad de madres[43].

---

[39] *Íbid*, p. 1528.

[40] No serían las únicas publicaciones que reivindiquen la igualdad de mujeres y hombres, de corte sansimonianas, existiendo también *La Femme nouvelle*, *L'Apostolat des Femmes* o *La Tribune de Femme*. Ver Rodríguez Palop, María Eugenia; Rey Pérez, José Luis; y Trimiño Velásquez, Celina, «La lucha por los derechos de las mujeres en el siglo XIX. Escenarios, teorías, movimientos y acciones relevantes en el ámbito angloamericano», en Peces-Barba Martínez, Gregorio y Fernández García, Eusebio (dirs.), *Historia de los derechos fundamentales*, Tomo III: Siglo XIX Volumen I, Libro II, Madrid, Dykinson, 1998, p. 1185

[41] Adler, Laure, *À l'aube du féminisme, les premières journalistes: 1830-1850*, Paris, Payot, 1979, p. 52.

[42] Sánchez Calvo, Sara, *Ob. Cit.*, p. 1531.

[43] Rodríguez Palop, María Eugenia; Rey Pérez, José Luis; y Trimiño Velásquez, Celina, *Ob. Cit.*, p. 1185. Esta postura sobre la especificidad de las mujeres como madres podríamos relacionarla con el feminismo cultural de 150 años después.

La traducción que se recoge en esta compilación de su publicación *Appel d'une femme au peuple sur l'affranchissement de la femme*, es la primera que puede encontrarse editada y traducida al castellano [44].

Sabiendo el efecto que esta publicación tuvo en Claire Démar, las primeras líneas de la misma se revelan como una declaración de intenciones truncada, ya que de algún modo este texto se llevó también la propia vida de la autora: «Este primer escrito de una mujer es solo un guante lanzado a la arena, / si bien en el carcaj de la autora todavía queda más de una flecha / para defender la verdad que en él se contiene».

Analizar este texto nos permite observar una evolución en las posiciones de las feministas del periodo, ya de mayor madurez, además de que resulta un aporte epistemológico de especial interés para los feminismos jurídicos de la actualidad.

Retomando la idea anteriormente apuntada acerca de a quién se dirigen cada uno de los textos, en este caso, la autora se refiere al pueblo, siendo que este incluye tanto a mujeres como a hombres, e introduciendo desde estas primeras líneas ya la también comentada cuestión de los cuidados:

> Quiero dirigirme al pueblo, ¿escucháis bien?, al pueblo, es decir, tanto a las mujeres como a los hombres, pues, es muy habitual que nos olvidemos de mencionar a las mujeres cuando hablamos del pueblo, de ese pueblo del que ellas componen una gran parte, de ese pueblo de cuya infancia cuidan y a cuya vejez dan consuelo…

Como en el texto anterior, se hace referencia expresa al Código Civil en lo que a obediencia de la mujer al marido se refiere. En este sentido, la autora compara la situación con la de cualquier otro contrato, afirmando que resultaría impensable la imposición de cláusulas de una parte a otra. Pudiendo entender el objetivo del símil es necesario también señalar que la autora se refiere al tenor literal de la legislación, porque en muchas situaciones se daban relaciones de poder en el marco contractual —y se siguen dando—, especialmente en lo referido a la cuestión de clase y de la cobertura de necesidades básicas como la vivienda, que hacen que *de facto* se impongan cláusulas de una parte a la otra.

Volviendo a las referencias contractualistas que se observaban en el texto de Fanny Raoul, la autora reivindica que «Queremos que se nos devuelvan nuestros derechos, de los cuales se nos privó por la justicia brutal de la

---

[44]   Su texto póstumo, *Ma Loi d'avenir*, se encuentra traducido en la recopilación realizada en Fernández Cordero, Laura, *Feminismos para la revolución. Antología de 14 mujeres que desafiaron los límites de las izquierdas*, Siglo veintiuno editores, 2021.

espada, y recuperarlos, dándoles un contenido femenino de justicia». Por una parte, esta cita nos revela que la autora entiende que los derechos fueron también de las mujeres, pero que en algún momento nos fueron arrebatados —recordemos la referencia al estado de naturaleza en el texto de Fanny Raoul—; además, que los derechos nos fueron arrebatados por el uso de la fuerza, siendo que en los anteriores textos de Poullain de la Barre y de Fanny Raoul también se refieren a que la situación de desigualdad se ha alcanzado por el uso de la fuerza por parte de los hombres. Por otra parte, la expresión utilizada por la autora de «contenido femenino de justicia» nos recuerda a todos los debates existentes en la actualidad en el seno de los feminismos jurídicos en torno a la idea de justicia y de cómo entender la justicia para que la misma incluya a todas las personas[45]. En este sentido, se trasciende a la petición de igualdad de derechos, ya que podemos recoger la idea de que lo necesario es articular derechos feministas para todas las personas. Seguidamente, el texto profundiza en esta idea al referirse a la guerra y a la violencia utilizadas tradicionalmente por los hombres para alcanzar los fines del Estado o para resolver los conflictos, reclamando el derecho de las mujeres a poner fin a esta violencia, ya que «queremos una legislación que propicie que la mitad de la sociedad deje de estar en lucha contra la otra mitad, y que, consecuentemente, la sociedad no se vea reducida más por el estado de sufrimiento en que se halla a corroerse a sí misma».

La autora hablará de la «revolución en las costumbres conyugales» como estrategia, siendo algo que debe hacerse en todo momento y en cualquier lugar, que «socava poco a poco». Para esta revolución reivindica la necesidad de la libertad, la confianza y el amor libre en la pareja. En relación con el matrimonio, se referirá también a la presión de la familia por casar a las mujeres jóvenes, haciéndolo sin amor y con un extraño elegido para ella, refiriéndose a esta situación como «prostitución de y por la ley».

El texto criticará la situación de las mujeres, tanto ricas como pobres, y la identificará como de esclavitud y sufrimiento. Sin embargo, es llamativo que la autora reconoce que esta situación también se da en los hombres. Con ello, podríamos observar en este texto algo tan actualmente asumido como que el patriarcado también afecta a los hombres, pero en un momento donde la idea de patriarcado no había sido todavía desarrollada[46]. Frente a

---

[45]   Por ejemplo, Okin, Susan Moller, *Justice, Gender and the Family*, New York, Basic Books, 1989; o Fraser, Nancy, *Escalas de justicia*, Barcelona, Herder, 2008.

[46]   Posteriormente, Flora Tristán también tomará esta postura, indicando que las leyes que esclavizan a las mujeres también oprimen a los hombres, aunque esto se entienda más como apelar a una colaboración estratégica en De Miguel Álvarez, Ana, «La articulación del feminismo y el socialismo: el conflicto clase-género», en Amorós, Celia y De Miguel, Ana (eds.), *Ob. Cit.*, p. 301.

ello, reclamará: «Libertad para todos, unidad de voluntad, unidad de amor, unidad de acción; la unidad es la clave de bóveda de todo edificio duradero». Y ya en la parte final del texto que «nunca más el amor del esclavo para con el amo, ni el del amo para con el esclavo, sino el amor libre y digno, el amor de igual a igual. Lo vuelvo a repetir: la hora ha sonado».

2.5.- Flora Tristán, La emancipación de la mujer o el testamento de una paria, 1846

El texto que aquí se presenta constituye una obra póstuma de la autora[47], que murió en 1844, completada y publicada por Alphonse Constant[48] en 1846. La obra de Flora Tristán completa el repaso realizado a la Ilustración a través de estos textos, ubicando este trabajo en el final del periodo y, además, como eslabón con los posteriores planteamientos y publicaciones socialistas. Flora Tristán será considerada como heredera del feminismo ilustrado y pionera del feminismo socialista[49].

Flora Celestina Teresa Enriqueta de Tristán y Moscoso, nació en París en 1803, siendo francesa de ascendencia peruana. Su historia personal ha sido profusamente estudiada, además de haber sido escrita por ella misma en algunos pasajes. Esta historia personal es tan espectacular y dramática que, necesariamente, marcaría su pensamiento y su obra.

Su padre fue Mariano de Tristán y Moscoso, un aristócrata, primogénito de una de las más importantes familias de Perú, además de coronel, natural de Arequipa. Su madre fue la francesa de familia pequeñoburguesa, Anne-Pierre (o Teresa) Laisnay[50]. Sus padres se habían conocido en Bilbao, contrayendo matrimonio religioso, aunque este sería legalmente nulo[51]. Por

---

47 La primera traducción al castellano de esta obra fue realizada por M.E. Mur de Lara, Lima: P.T.C.M., 1948. Recientemente se ha editado en España una traducción al castellano, por Julie Delabarre, Editorial Ménades, 2019.

48 Alphonse Louis Constant (1810–1875) fue un mago y escritor ocultista francés, conocido como Eliphas Lévi.

49 Iribarne González, María de la Macarena, Flora Tristán y la tradición del Feminismo Socialista, Universidad Carlos III de Madrid, Tesis doctoral, 2009, p. i. Este trabajo servirá de orientación en casi toda la parte biográfica de la autora, ya que recoge las aportaciones de todos los estudios realizados sobre la vida de Flora Tristán.

50 En ocasiones se ha insinuado que Flora Tristán podría ser hija natural de Simón Bolívar, lo cual no está confirmado en ninguna de las fuentes. Lo que sí se sabe es que Simón Bolívar y el padre de Flora Tristán eran amigos y existía vinculación. En cualquier caso, de lo que no se tiene constancia es de que este supuesto padre tuviera algún interés o tentativa de responsabilidad para con ella.

51 Este dato es clave para el desarrollo posterior de Flora Tristán, además de la causa de su autoidentificación como paria. La nulidad del matrimonio se

ello, tras la muerte de su padre en 1807 cuando Flora Tristán cuenta con cuatro años, la familia pasa de una situación privilegiada a la pobreza y la ausencia de bienes que hace que se trasladen a residir al campo[52]. En 1817 muere el hermano menor de Flora Tristán, lo que provoca que regresen madre e hija a París, residiendo en una de las zonas más pobres de la ciudad.

En 1821, a los 17 años, se casó con el propietario del taller de litografía donde trabajaba, André Chazal. El matrimonio tuvo tres hijos en cuatro años, muriendo uno de ellos muy pequeño. Debido al maltrato de su marido, Flora Tristán decide dejar de vivir con él, estando embarazada de su hija Aline —que sería la madre de Paul Gauguin—. Al principio la separación fue amistosa y su marido desapareció durante varios años, huyendo de sus acreedores. Flora Tristán consiguió la separación de bienes en 1828, pero el divorcio instaurado en 1792 había sido suprimido en 1816, siendo que la mujer debía obediencia al marido y que él ejercía la patria potestad de los hijos e hijas. En 1832 Chazal reaparecería para exigir la vuelta de su esposa y la custodia de su hijo e hija[53]. Ante esta situación, llegaron al acuerdo de que Chazal se quedaría con la custodia del hijo, Flora Tristán con la de su hija, y la conocida como «separación de cuerpos». Sin embargo, Chazal vulneró el acuerdo y persiguió a su esposa e hija de manera incansable. Para acabar con la persecución, la hija entraría en un internado y ella viajaría a Perú con el objetivo de recuperar herencia y posición. A pesar de que ya no volvería a vivir con ella, madre e hijo mantendrían relación en secreto.

Flora Tristán estuvo en Perú desde 1833 hasta 1834, pero su tío, Pío de Tristán, no aceptará darle su herencia y ella continuará su viaje hacia el Reino Unido, donde trabajaría como sirvienta de dos damas inglesas, gracias a cuya compañía podría conocer también otros países[54]. Los viajes tendrán una gran repercusión en ella, ya que «transformaron a una mujer condenada por su tiempo a permanecer en silencio en el espacio privado en una figura pública. Durante su viaje al Perú, Tristán se convertirá en una feminista al

---

debió, en primer lugar, a que al ostentar Mariano de Tristán y Moscoso un cargo en el ejército español necesitaba pedir autorización real para contraer matrimonio, pero no lo hizo; en segundo lugar, porque el Código Civil francés establecía la necesidad de contraer matrimonio civil antes que el religioso, lo cual tampoco ocurrió.

[52]   Sobre los detalles de esta situación, ver Iribarne González, María de la Macarena, *Ob. Cit.*, pp. 5-10.

[53]   *Íbid*, pp. 27 y ss.

[54]   Por ello se la considera también como migrante económica, si tenemos en cuenta su precaria situación económica, la crisis en Francia y su viaje destinado a trabajar. *Íbid*, pp. 56-57.

comprender que su condición de paria no era un problema privativo de su persona, sino de su sexo»[55].

André Chazal se hizo con su hija Aline, arrebatándosela a una sirvienta en 1835. A pesar de que la justicia daba la razón al padre, la niña trataba siembre de volver con la madre —recordemos que ni siquiera lo conocía—, hasta que Aline acusó a su padre de abusos sexuales en 1837. Al ser esta versión respaldada por su hijo, Chazal sería detenido, pero el asunto nunca llegaría a juicio, poniendo en libertad al acusado un mes después. En 1838 Chazal dispararía a Tristán en la calle, siendo posteriormente condenado a veinte años de prisión, gracias a la repercusión mediática del hecho violento.

Desde que en 1838 publicara *Pérégrinations d'une paria* (Peregrinaciones de una paria) como escrito autobiográfico, desarrolló su labor como escritora y filósofa, además de sus campañas políticas por los derechos de la clase trabajadora, la emancipación de las mujeres y contra la pena de muerte. Destaca, por su repercusión en los planteamientos socialistas, la publicación de un programa socialista en 1840 en *L'Union Ouvrière* (La Unión Obrera). Suya es la consigna universal de «Proletarios del mundo, uníos», además de que Marx y Engels hablan de ella en el texto La Sagrada Familia.

Murió de tifus en Burdeos en 1844 mientras se encontraba de viaje difundiendo sus ideas políticas a la edad de 41 años.

Centrando la atención en la obra que nos ocupa, si revisamos, en primer lugar, a quién se dirige la autora, observaremos diferencias en las distintas partes que componen el texto. La primera parte, el *Llamamiento a las mujeres* publicado en *La Unión Obrera* se dirige, como no podría ser de otro modo, a las mujeres. El Prefacio parece dirigirse, de manera retórica, a mujeres y hombres acaudalados, por lo que encontramos una diferencia sustancial con el resto de los textos de esta compilación, ya que para Flora Tristán la clave no se encuentra tanto en las mujeres como en la clase. En cada uno de los apartados de la obra se irá refiriendo a las mujeres, a los parias (hermanos) o a otros personajes de manera retórica («constructores de moral», padres, etc.).

Con respecto al ambivalente título, hay que reconocer que a pesar del título de *Emancipación de la mujer* que tiene la obra, lo cierto es que las referencias expresas a la cuestión son minoritarias, haciendo más referencia a la opresión de clase —el *Testamento de una paria*—[56]. En el propio Prefacio afirma que «¡Yo he sido mujer, también madre, y esta sociedad no ha hecho más que romperme el corazón! (…) Ahora ya no soy ni una mujer ni una

---

[55]   *Íbid*, p. 3.

[56]   Por ejemplo, muestra una clara conciencia de clase en el apartado XIV: «Antes os dije: «Aquel que insulte a su hermano merece ser juzgado». Ahora os digo: «Aquel que no se preocupe de las necesidades de su hermano merece ser condenado»».

madre, ¡soy una paria!», donde se refiere a su historia personal en relación con su hijo e hija, pero donde también centra su discurso en su consideración de paria, a la que se llega por razón de clase, pero también por ser mujer —además de hija ilegítima y mujer separada—.

A lo largo de los distintos capítulos de la obra Flora Tristán irá desgranando su testamento político en las diferentes cuestiones de las que se ocupó en su vida. Podemos destacar el cuestionamiento de la Iglesia que realiza en el capítulo I, pero manteniendo la temática religiosa a lo largo de otros capítulos, como los IV, V, VI, X, XII, XIV, XV, XVI, XVII, XVIII y XXIII; o también la referencia al «Dios de los malos curas» del capítulo VIII. Con ello se observa que cuestionará a la Iglesia, a los curas y a algunas de las interpretaciones, pero no a la religión, que reivindica, pero que entiende como «¡Hagamos el bien: esta es la mejor plegaria! ¡Dediquémonos a hacer el bien a los demás: este es el culto más puro!» (XVII).

El capítulo III, relativo a La mujer en la sociedad moderna, se hace referencia a la prostitución mediante su comparación con el matrimonio —cuestión que se retomará de nuevo en el capítulo XIV—. Afirma que «la mujer es una paria desde que nace, sierva de condición, infeliz por obligación y, casi siempre, forzada a elegir entre la hipocresía y la deshonra». De nuevo, se referirá a su propia experiencia: «¡Oh, si supieseis lo que cuesta protestar! ¡Si vuestro débil corazón hubiera solo soñado esa lucha contra un mundo en el que nadie os da aliento y en el que todo os oprime!».

Otra de las cuestiones por las que Flora Tristán se preocupó fue por la pena de muerte. Solicitó expresa y públicamente que no se aplicara la pena de muerte a su marido cuando intentó asesinarla por ser contraria a ella. A la pena de muerte se refiere en el capítulo VII cuando afirma que

> Pueblo oprimido, entiende bien estas palabras. Sin duda, te está permitido defenderte de tus verdugos, pero nunca reaccionar por medio del asesinato o la violencia. (…) Si quieres luchar por la justicia, no te conviertas nunca en agresor antes del combate ni en verdugo tras la victoria. (…) La sociedad, al responder al asesinato con el asesinato, ha establecido sobre esta horrible acción una especie de derecho de cambio, y toda su legislación penal se resume en acaparar solo para sí el monopolio de la sangre y en reservarse el derecho exclusivo sobre la muerte. Quien a hierro mata, a hierro muere, dicta la sabiduría suprema, y estas horrendas palabras condenan, más si cabe, a una muerte violenta a nuestras sociedades modernas.

En este mismo capítulo reivindica la educación para hacer frente al delito, volviendo a referirse a la cuestión de la educación como ya se ha destacado en todos los textos anteriores. Sobre la educación tratará de nuevo en el capítulo XXIV, donde determina el propósito de esta obra en ese objetivo: «Para emancipar a los siervos hay que instruirlos. Este es el motivo por el cual he escrito este libro que será mi testamento».

Podemos destacar también el capítulo IX, relativo al amor. Con ello se acerca de nuevo a la idea de la feminización del gobierno y a la necesidad de que el amor domine a la fuerza. En relación con ello habla de que el amor se desarrolla como filial, luego conyugal y por último maternal, siendo las mujeres las que pueden desarrollar la fase última y más perfecta[57] —lo que nos evoca al feminismo cultural de más de un siglo después—. Con ello, «Así, en la escala del amor, la mujer se sitúa en una posición más elevada que la del hombre; por ello, cuando el amor domine a la fuerza, la mujer se convertirá en la reina del mundo». Sobre esta cuestión se destaca posteriormente el capítulo XI, donde retoma la idea al afirmar que «solo seréis libres cuando sepáis amar; y ¿cómo lo sabréis si no queréis aprender nada de las mujeres?».

En el capítulo XX encontramos referencias muy relacionadas con el socialismo utópico al afirmar: «Sociedad moderna, madre sin entrañas, has de saber que esos hijos desesperados a los que repudias para siempre de tu seno son, de hecho y de derecho, tus enemigos mortales».

Finalmente, se destaca el capítulo XXII, denominado Los hipócritas, donde Flora Tristán se refiere expresamente a su historia, a su situación y al trato que constantemente ha recibido. Todo ello, frente a lo que indica que le han dicho en diversas ocasiones sobre que ella no tiene derecho a reclamar la emancipación de las mujeres. A su lectura y disfrute remitimos la recomendación.

Como conclusión a esta introducción, cabe apuntar que este trabajo ha sido posible gracias al impulso del profesor de Derecho Constitucional de la Universitat de València, Rubén Martínez Dalmau. Su interés por el periodo y por conseguir que la traducción se realizara ha permitido contar con esta interesante compilación, que da acceso al público en general a estos textos poco conocidos, además de recuperar la figura de sus autores y autoras. Como ya se ha indicado, con ello se consigue una herramienta clave para comprender el periodo, tanto desde el punto de vista de la investigación como desde el punto de vista de la docencia.

---

57   Seguro que también influida por su propia experiencia vital, aunque como madre, ya que por lo que parece y refieren las fuentes, su relación con su propia madre no era muy buena.

DE LA IGUALDAD DE LOS DOS SEXOS (1676)

Discurso físico y moral en el que se ve la importancia de deshacerse de los prejuicios

François Poullain de la Barre

París, 1676
PREFACIO
en el que se contienen el plan y el objetivo de esta obra

No hay nada más delicado que dar explicaciones sobre las mujeres. Cuando un hombre habla a su favor, existe la creencia de que lo hace, más bien, por galantería o por amor. Tengo la impresión de que la mayoría, al juzgar esta obra por su título, creerá, en un primer momento, que es consecuencia de la una o del otro; y de que muchos estarán deseosos de saber realmente cuáles son los motivos y su propósito. Helos aquí.

No hay pensamiento más acertado entre aquellos que se esfuerzan por adquirir una base científica sólida que, después de haber sido instruidos de acuerdo con el método común, dudar de si se les ha enseñado bien y querer descubrir la verdad por sí mismos.

A medida que van progresando en su investigación, necesariamente se dan cuenta de que estamos llenos de prejuicios[1], y de que hay que renunciar a ellos categóricamente para alcanzar ideas claras y precisas.

Con el propósito de sugerir una máxima tan importante, he creído que lo mejor era elegir un tema determinado e impactante por el que todo el mundo muestra interés, a fin de demostrar, después de haberlo examinado, que un sentimiento tan antiguo como el mundo, tan extendido como la tierra y tan universal como el género humano, es

---

[1]   Es decir, la emisión de un juicio sobre algo sin haberlo examinado previamente. (Nota del autor).

un prejuicio o un error, y de que los sabios puedan finalmente convencerse de la necesidad de juzgar las cosas por sí mismas tras haberlas examinado profundamente, y no dejarse llevar ni por la opinión ni por la buena fe de los demás hombres si lo que quieren es evitar caer en errores.

De todos los prejuicios, no he podido encontrar uno más adecuado a este propósito que el que habitualmente tenemos sobre la desigualdad existente entre los dos sexos.

En efecto, si consideramos el estado en el cual se hallan ambos en la actualidad, observaremos que hay más diferencias en las funciones civiles que cumplen, dependientes del espíritu, que en las funciones que pertenecen al cuerpo. Y si buscamos la razón de ello en los discursos ordinarios, llegaremos a la conclusión de que todo el mundo, tanto los que tienen estudios como los que no, incluidas las mujeres, está de acuerdo en afirmar que ellas no participan de las ciencias ni de los cargos porque no son capaces de llevar a cabo estos cometidos, ya que son menos inteligentes que los hombres y, por ello, tienen que ser en todo inferiores a ellos por el hecho de ser como son.

Regla de la verdad

Después de haber analizado esta opinión, siguiendo la regla de la verdad, que consiste en no admitir nada como verdadero siempre que no se base en ideas claras y precisas, se pone de relieve, por una parte, que esta opinión es falsa, ya que se funda en prejuicios y en la tradición popular; mientras que, por otra, se demuestra que los dos sexos son iguales, es decir, que las mujeres son igual de nobles, perfectas y capaces que los hombres. Esta afirmación solo se puede mantener si se refutan los pensamientos que albergan dos suertes de adversarios: el vulgo y casi todos los sabios.

Por lo que respecta al primero, cuyas creencias solo encuentran fundamento en la costumbre y en la fatuidad de las apariencias, parece que la mejor manera de combatirlas es haciéndoles ver el estado de sujeción en el que se hallan las mujeres y su consiguiente exclusión de las ciencias y los cargos, para que así pueda, tras haberle mostrado y conducido por los diferentes estados y principales circunstancias de la vida, finalmente reconocer que las mujeres poseen las mismas ventajas que los hombres y que, por tanto, esto las hace iguales a ellos. A este punto estará dedicada la primera parte de este tratado.

La segunda parte se dirigirá a demostrar que las pruebas aportadas por los sabios son todas vanas. Y tras haber establecido ese sentimiento de igualdad con razonamientos positivos, se justificará a las mujeres frente a los defectos de los que generalmente se las acusa, demostrando que los mismos son imaginarios o poco relevantes, ya que provienen únicamente de la educación que se les da, si bien también imprimen en ellas ventajas considerables.

Este asunto puede ser tratado de dos maneras: o bien galantemente, es decir, de un modo alegre y florido; o bien filosóficamente y con principios a fin de instruir a fondo sobre el mismo.

Quienes tienen una idea correcta de lo que significa la verdadera elocuencia saben perfectamente que estas dos formas de tratar el tema son prácticamente irreconciliables, y que no se puede por la misma vía y simultáneamente iluminar y alegrar el espíritu. No se trata tanto de que no se pueda combinar la galantería con la razón, sino de que esta mezcla a menudo impide llegar al objetivo que uno tiene que proponerse en sus discursos, que no es otro que el de convencer y persuadir, puesto que lo que es agradable y divertido para el espíritu, por ese mismo motivo, no le va a permitir, generalmente, asentarse sobre una base sólida.

Y como en todo aquello relacionado con las mujeres siempre hay visiones particulares, si, en una obra dedicada a su problemática, se introduce algo de galantería, habrá quienes al leerla hagan volar demasiado lejos su imaginación y, así, perderán de vista el tema que debería ocuparlos.

Es por ello por lo que no habiendo nada que afecte más a las mujeres que este propósito, uno esté obligado a decir en su favor toda la verdad por muy fuerte que sea y por mucho que pueda extrañar al mundo; de ahí también que uno haya creído necesario hablar del tema con seriedad, así como advertir de ello con antelación, por miedo a que se crea que esta es una obra galante y que esta suposición haga que, bien pase sin pena ni gloria, bien sea rechazada por las personas de carácter escrupuloso.

No ignoro que este discurso creará mucho malestar y que muchos no estarán contentos con él; como tampoco ignoro que aquellos cuyos intereses o principios sean contrarios a los que aquí se van a mantener no se abstendrán de manifestar su contrariedad. Como medio de dar respuesta a sus quejas, se advierte a aquellas personas inteligentes, y en particular a las mujeres, que no se dejen engañar por quienes ejerzan autoridad sobre ellas, y que si se molestan en leer este tratado con la atención que merece al menos la variedad de materias que en él se tratan, se darán cuenta de que el carácter esencial de la verdad no es otro que el de ser clara y evidente. Esto les podrá servir para discernir si las objeciones que se emitan tienen o no una entidad considerable. De igual manera, podrán darse cuenta de que las más capciosas serán las que realicen aquellas personas cuya profesión parece hacerlas más proclives a renunciar a la experiencia, al sentido común, e incluso a sí mismas, para abrazar ciegamente todo postulado que se avenga a sus prejuicios e intereses, y combatir, así, toda suerte de verdad que parezca atacarlos.

También ruego y confío en que se considere que los posibles efectos nocivos que pudiera producir un tremendo pánico derivado de esta iniciativa no alcancen jamás a ninguna mujer, además de que, en todo caso, estos serían compensados por un gran bien procedente de la misma; no hay, quizás, una vía más natural ni más segura para sacar a la mayoría de las mujeres de la pasividad en la que se hallan sumidas, ni de evitar los inconvenientes que de ello se siguen, que conducirlas al estudio, siendo esta prácticamente la única actividad de la que, en la actualidad, las damas se pueden ocupar, y, así, hacer que comprendan que ellas son tan aptas para todo como lo es cualquier hombre.

Y del mismo que si solo hubiese hombres irracionales que abusasen, en perjuicio de las mujeres, de las ventajas que les concede la costumbre, solo podría haber también mujeres poco juiciosas que se sirviesen de esta obra para levantarse en contra de los hombres que las tratan como iguales o como compañeras. En fin, si alguien se sintiera ofendido por este discurso, sin importar el motivo que aduzca, que arremeta contra la verdad y no contra el autor; y para quitarse de encima esa contrariedad que se diga a sí mismo que esto no es más que un ejercicio espiritual, puesto que es bien cierto que las vueltas que da la imaginación, por uno u otro camino, al impedir que la verdad se asiente en nosotros, la tornan mucho menos incómoda para aquellos que la han de sufrir.

DE LA IGUALDAD DE LOS DOS SEXOS

PRIMERA PARTE

EN LA QUE SE DEMUESTRA QUE LA OPINIÓN COMÚN ESTÁ BASADA EN UN PREJUICIO, Y QUE, SI SE COMPARASE OBJETIVAMENTE AQUELLO QUE PUEDE OBSERVARSE EN LA CONDUCTA DE HOMBRES Y MUJERES, SE ESTARÍA OBLIGADO A RECONOCER LA IGUALDAD ABSOLUTA ENTRE LOS DOS SEXOS

Los hombres están llenos de prejuicios

Los hombres están persuadidos de una infinidad de cosas sobre las que no sabrían dar razón, ya que su persuasión se funda solo en leves apariencias por las cuales se han dejado llevar; y habrían creído profundamente lo contrario en el caso de que esas mismas impresiones que dejan los sentidos o las costumbres les hubiesen influido de otra forma.

Excepto un pequeño número de sabios, todo el mundo afirma como un hecho incuestionable que es el Sol el que gira alrededor de la Tierra; sin embargo, y a pesar de lo que aparenta el transcurso de los días y los años, este fenómeno, de igual modo, lleva a los que realmente le prestan atención a pensar que es al revés, y que es la Tierra la que gira alrededor del Sol. Por la misma razón que se cree que en el comportamiento que rige a las bestias hay algún tipo de razonamiento, se cree también que los salvajes imaginan que, dentro de los relojes o de cualquier otro artilugio que se les muestre, hay un duendecillo, cuando en realidad lo que sucede es que no conocen ni cómo se fabrican ni el mecanismo que los hace funcionar.

Si se nos hubiese criado en medio del mar y no se nos hubiese acercado nunca a tierra, no habríamos dejado de creer en ningún momento que, al cambiar de lugar en el barco, fuese la costa la que se aleja de nosotros, como creen los niños cuando zarpan los navíos. Todo el mundo considera que su país es el mejor porque está acostumbrado a él, y que la religión de la cual se ha nutrido es la verdadera y, por tanto, la que hay que profesar, aunque seguramente nunca haya pensado en hacer un análisis sobre ella ni en compararla con otras. Uno siempre se siente más cercano a sus compatriotas que a los extranjeros, incluso en aquellos asuntos en los que el derecho esté a favor de estos últimos, de igual manera que tenemos mayor complicidad con aquellos que comparten nuestra profesión a pesar de que sean menos inteligentes y carezcan de virtudes. Así, no son sino las desigualdades existentes en bienes y condiciones las que llevan a mucha gente a juzgar que los hombres no son iguales entre sí.

Si uno se pone a indagar cuáles son los fundamentos de esta diversidad de pensamientos, concluirá que están basados en el interés y en la costumbre, y que es incomparablemente más difícil librar a los hombres de los prejuicios con que se han formado que de las ideas que han abrazado gracias a razones que les han parecido convincentes y sólidas.

Entre estos juicios se puede incluir el que habitualmente conduce a establecer diferencias entre los dos sexos y, en particular, a lo que de ello se deriva. No hay nada más antiguo ni más universal. Tanto sabios como ignorantes están tan imbuidos de la idea de que las mujeres son inferiores a los hombres en capacidades y méritos que no les queda más remedio que caer en la dependencia en la que se encuentran; de ahí que el sentimiento contrario sea percibido como una auténtica paradoja[2].

Sin embargo, para establecer esto no sería necesario emplear ninguna razón positiva si los hombres fueran más equitativos y sus intereses influyesen menos en sus juicios. Bastaría con advertirles de que hasta ahora solo se ha hablado a la ligera, y siempre en perjuicio de las mujeres, de las diferencias que hay entre los sexos; y que, para juzgar sanamente si el nuestro goza de alguna preeminencia natural sobre el suyo, primero hay que pensar seria y desinteresadamente sobre el tema, renunciando a lo que hayamos venido creyendo que esté basado en lo que otros hayan podido opinar sin antes haberlo analizado.

Lo que hay que hacer para juzgar bien las cosas

Bien es cierto que, si a un hombre se le ocurriese colocarse en un estado de equidistancia y desinterés, reconocería, por una parte, que son las pocas luces y la precipitación las que hacen que se piense que las mujeres son menos nobles y poseen menos excelencias que los hombres; y que son las llamadas indisposiciones naturales que les afectan las que hacen que se las relacione

---

[2]   Opinión contraria a la de la gente. (Nota del autor).

con los defectos y las imperfecciones que se les atribuyen, y que las vuelven despreciables para tanta gente. Por otra parte, ese mismo hombre también se daría cuenta de que las mismas apariencias que provocan que el pueblo caiga en el error sobre este asunto desde el momento en que lo juzga tan a la ligera, servirían también para sacarlo de él solo con que profundizase un poco más en el tema. En fin, si ese mismo hombre fuera filósofo, llegaría a la conclusión de que hay razones físicas que prueban irrefutablemente que los dos sexos son iguales en cuerpo y espíritu.

Pero como no hay muchas personas que estén en estado de ponerlo en práctica por sí mismas, este consejo sería inútil si no nos tomásemos la molestia de colaborar con ellas para ayudarlas a sacar alguna utilidad del mismo. Y puesto que la opinión de los que no poseen estudios es la más generalizada, vamos a empezar el examen por ellos.

Lo que los hombres piensan de las mujeres

Si se preguntase a cada hombre en particular qué es lo que piensa en general sobre las mujeres, y siempre que quisiera confesarlo sinceramente, sin duda diría que ellas están hechas para nosotros y que solo tienen aptitudes para educar a los niños en su más tierna infancia y encargarse de los cuidados del hogar. Los más reflexivos, quizás, añadirían que hay muchas mujeres inteligentes y con dotes de mando, pero que, si analizásemos detenidamente a las más inteligentes y dotadas, siempre hallaríamos en ellas algo que delata a su sexo: no tienen ni firmeza ni comedimiento ni fondo espiritual, cosas que, sin embargo, ellos creen reconocer en sí mismos; que es efecto de la providencia divina y de la sabiduría de los hombres haberles cerrado las puertas de acceso a las ciencias, al gobierno y a los empleos; y que sería cómico ver a una mujer, en calidad de profesor, impartir enseñanza sobre elocuencia o medicina desde una cátedra, o ir por las calles seguida de comisarios y sargentos para imponer el orden, o pronunciar arengas, en calidad de abogado, ante un juez; o estar sentada en un tribunal a fin de impartir justicia, o presidir un parlamento, o dirigir un ejército y librar una batalla, o parlamentar, como embajador, ante repúblicas y príncipes.

Confieso que estas situaciones nos sorprenderían, pero no sería por otro motivo sino por su novedad. Si a la hora de organizar los estados y establecer los diferentes cargos y empleos que los componen, se hubiese llamado también a las mujeres a participar de ellos, ahora estaríamos acostumbrados a ver como los ocupan, igual que ellas lo están respecto a nosotros; y ya no nos parecería tan extraño verlas enarbolar la Flor de Lis[3], igual que ahora no nos extraña y nos parece normal verlas en las tiendas.

---

3   La Flor de Lis es el símbolo de la realeza francesa y por extensión del Reino de Francia. (N. del T.).

Es más, si se incitase un poco a la gente, nos daríamos cuenta de que la razón más poderosa que esgrimen se reduce a decir que las cosas siempre han sido así en lo tocante a las mujeres, lo que prueba que deben continuar del mismo modo; y que, si estas hubiesen demostrado tener capacidades para el desarrollo de las ciencias y el desempeño de los empleos, los hombres las hubiesen admitido sin más junto a ellos.

Falsa idea de la costumbre

Estos razonamientos provienen de la opinión que tenemos acerca de la ecuanimidad de nuestro sexo, así como de la falsa idea que nos hemos ido forjando de lo que deba ser la costumbre, por lo que basta con que esta haya arraigado para creer que está bien fundada; e igual que se cree que los hombres no deben hacer nada si no los mueve la razón, la mayoría de ellos no puede imaginarse que, antes de haberse procedido a introducir las prácticas que se consideran tan universalmente implantadas, no se les haya consultado previamente; del mismo modo, también se tiene la creencia de que son la razón y la prudencia las que las han configurado, y que, por tanto, sean la causa de que nos sintamos obligados a estar de acuerdo con ellas desde el momento en que uno no puede evitar seguirlas sin que ello le acarree ningún problema.

Por qué se cree que las mujeres son inferiores a los hombres

Todos somos conscientes de la sumisión a la que están sujetas las mujeres en todas partes, así como de su dependencia para todo de los hombres, ya que no tienen acceso a las ciencias ni a ninguna otra profesión intelectual que les permita alcanzar una posición ventajosa, y nada indica que haya habido algún hombre que haya contemplado de manera diferente la posición que ocupan. También es sabido que siempre han estado en esta situación, y que no hay un solo lugar en el mundo donde no se las trate igual que aquí. Es más, hay lugares en los que incluso las tienen como esclavas. En China les vendan los pies desde su infancia para que no les crezcan y, así, impedirles salir de casa, sitio en el cual solo pueden relacionarse con sus maridos e hijos; en Turquía las vigilan incluso más estrechamente; y en Italia apenas están mejor. Casi todos los pueblos de Asia, África y América se aprovechan de sus mujeres como aquí nos aprovechamos de nuestras sirvientas. En todos ellos solo se ocupan de tareas consideradas menores, es decir, que tan solo se las involucra en el cuidado del hogar y los hijos. Es un pensamiento generalizado que si están en este mundo no es sino para llevar a cabo dichas labores, puesto que son incapaces de cumplir otras. Uno siente pena cuando imagina que las cosas muy bien podrían ser de otro modo, y de que parezca que no se puedan cambiar por muchos esfuerzos que se realicen.

A este respecto, cuando los legisladores más sabios organizaron sus repúblicas, no establecieron en ellas nada favorable a las mujeres, ya que da la impresión de que todas las leyes se hayan elaborado únicamente para mantener a los hombres en la posición que ocupan. Casi todos los hombres que han pasado por ser personas juiciosas no han dicho nunca nada en sus discursos a favor de ellas. Además, nos topamos con que la conducta masculina es tan uniforme en todas partes, tan duradera en el tiempo, y tan extendida a lo largo y ancho del planeta, que parece, o bien que todos ellos se hayan puesto de acuerdo en el trato que han de darles, o bien que, como muchos se imaginan, movidos por un instinto secreto, es decir, por un orden general establecido por el Autor de la naturaleza, simplemente se hayan aprovechado de la situación.

Cómo hay que juzgar las costumbres antiguas

Uno se convence de ello, más si cabe, cuando piensa de qué manera las propias mujeres soportan su condición. La contemplan como si fuera su estado natural, bien porque no piensan en lo que hacen, bien porque nacen y crecen siendo dependientes; por ello, contemplan su situación de la misma manera que los hombres. Partiendo de esta idea, tanto unas como otros se persuaden de que sus espíritus son tan diferentes como sus cuerpos, además de que en cada sexo existen tales diferencias en todo lo relativo a las funciones de la vida que, entre estas, hay algunas que son particulares para ellas. Sin embargo, tanto esa persuasión como la mayoría de las convicciones que tenemos sobre los usos y las costumbres son solo meros prejuicios que nos formamos a partir de la apariencia de las cosas por no examinarlas de cerca, de los que nos desengañaríamos si nos molestásemos en remontarnos hasta sus orígenes, para, así, comparar y juzgar cómo se actuaba, en muchos casos, en otros tiempos y cómo actuamos ahora, es decir, juzgar las antiguas costumbres comparándolas con las que observamos que se han establecido en nuestro tiempo. Si hubiésemos seguido esta regla en una infinidad de juicios, no habríamos incurrido en tantos menosprecios, y nos habríamos dado cuenta de que, respecto a la condición actual de las mujeres, las mismas han quedado en ese estado de sujeción debido solo a la aplicación de la ley del más fuerte, y que, por ende, no ha sido ni su falta de capacidades naturales ni de méritos la razón por la cual hoy no compartan con nosotros lo que sitúa a nuestro sexo por encima del suyo.

Cómo nos hemos gobernado siempre

En efecto, cuando examinamos sinceramente los asuntos humanos en el pasado y en el presente, nos damos cuenta de que todos son muy parecidos en un punto: la razón siempre ha sido el elemento más débil; y parece que, en todas partes, la historia se haya construido solo para mostrar lo que todo el mundo percibe en su tiempo: que la fuerza ha prevalecido siempre desde que existe el hombre. Los mayores imperios de Asia, desde sus orígenes, no han sido sino obra de usurpadores y bandidos; y las ruinas de las monarquías de griegos y romanos no fueron recogidas sino por gentes que se creyeron bastante fuertes para resistir a sus amos y dominar a sus iguales. Ninguna sociedad ha padecido menos este comportamiento; y si los hombres se han aprovechado de él con respecto a sus iguales, parece verosímil que esa misma conducta la hayan reproducido con más razón, sobre todo al principio, con sus mujeres. He aquí más o menos cómo sucedió esto.

Cómo se convirtieron los hombres en amos. Conjetura histórica

Cuando los hombres se dieron cuenta de que eran más robustos que las mujeres y de que, en comparación con ellas, disponían de una ventaja corporal, se imaginaron también que ellas debían pertenecerles en todo. En los inicios de la humanidad, las consecuencias de esta conducta no fueron muy graves para las mujeres. En aquellos tiempos las cosas se hallaban en un estado muy diferente al actual: aún no había ni gobierno ni ciencia ni cargos y tampoco se había establecido ninguna religión, por lo que la idea de dependencia no tenía connotaciones molestas. Me los imagino viviendo como niños y que cualquier ventaja que sacasen sería como la que se saca en los juegos; los hombres y las mujeres, simples e inocentes en aquel entonces, se dedicaban por igual al cultivo de la tierra o a la caza, igual que hacen ahora los salvajes. El hombre iba por su lado y la mujer, por el suyo, y quien aportase mayores beneficios sería también más estimado.

Pero al ver disminuidas sus fuerzas las mujeres durante determinados periodos como consecuencia de las incomodidades ocasionadas por el embarazo y el posterior parto, cosa que les impedía trabajar como antes, la asistencia que sus maridos les pudieran proporcionar resultó ser absolutamente necesaria para ellas, más todavía si ya tenían hijos. Todo esto se limitaba a algunas miradas de cariño o preferencia mientras las familias estuvieran compuestas por un padre, una madre y algunos hijos pequeños. Pero a medida que las familias fueron creciendo y en un mismo hogar conviviesen el padre, la madre del padre, los hijos de los hijos, con hermanos y hermanas, unos mayores y otros menores, esta dependencia se extendió y se volvió más patente, y se vio cómo la mujer se sometía al marido, los hijos honraban al padre, y el padre mandaba a los hijos; y como es harto difícil que los hermanos se pongan siempre de acuerdo en todo, uno se puede imaginar que surgiesen diferencias entre ellos y no se mantuvieran unidos ya por mucho tiempo; y que el mayor, al ser más fuerte que los otros, no quisiera cederles nada. Esa fuerza obligó a los menores a plegarse a las exigencias de los mayores, y a que las hijas siguieran el ejemplo de sus madres.

No es difícil imaginarse, entonces, que en los hogares empezaran a desarrollarse otro tipo de funciones, y que las mujeres, obligadas a permanecer en casa para cuidar de sus hijos, se encargaran del interior del hogar, mientras que los hombres, al tener más libertad y ser más fuertes, tomaran las riendas de los asuntos externos, y que, tras la muerte del padre y la madre, fuera el primogénito quien quisiera mandar en él. Las hijas, por su parte, acostumbradas a quedarse en casa, ya no pensaron siquiera en abandonarla, mientras que, descontentos con tal situación, algunos de los hijos más jóvenes, demostrando tener más coraje que otros, rechazaron someterse al yugo impuesto por el mayor, por lo que fueron expulsados del hogar y obligados a hacer vida aparte. Entre los expulsados, los que tenían un carácter similar se fueron juntando, empezaron a hablar de la suerte que habían corrido y, así, forjaron amistad entre ellos; pero al carecer de bienes, buscaron la forma de adquirirlos y, como no había otro modo de acceder a ellos que hacerse con las pertenencias de los demás, se lanzaron sobre las que tenían más a mano, y para mejor conservar lo adquirido y de manera más segura, al mismo tiempo se apoderaron también de sus dueños.

La dependencia voluntaria existente en las familias cesó con esta intromisión, y padres, madres e hijos se vieron obligados a obedecer al injusto usurpador; de este modo, las condiciones en que vivían las mujeres se tornaron más odiosas que antes, pues, en vez de casarse como hasta entonces con familiares cercanos que las trataban como hermanas, ahora fueron obligadas a tomar por maridos a extraños desconocidos que no las consideraban sino el más bello de los botines.

Por qué las mujeres no tuvieron parte en los primeros cargos

Entre los vencedores es normal despreciar a los vencidos, en particular, a los que consideran más débiles; y como las mujeres lo parecen por el hecho de que las tareas que realizan requieren menos fuerza, empezaron a ser consideradas inferiores a los hombres.

Algunos se contentaron con esta primera usurpación, pero otros, más ambiciosos y espoleados por el éxito de la victoria, quisieron ir más lejos en sus conquistas. Para llevar a cabo ese vil propósito, las mujeres fueron descartadas por ser más humanas que los hombres y se las recluyó en casa; los elegidos, en cambio, fueron los hombres al ser considerados más adecuados a este tipo de empresa en que la fuerza es imprescindible. En este estado de cosas, se creía que solo era útil aquello que sirviese a los propósitos que se pretendían alcanzar; por tanto, no hay que extrañarse de que, al haberse convertido el deseo de dominio en una de las pasiones más fuertes e imposible de satisfacer si no es por medio de la violencia y la injusticia, los hombres hayan sido preferidos a las mujeres como instrumento de fuerza a fin de lograr este cometido. Así, estos no solo eran utilizados para conservar las conquistas, sino que, además, a la hora de instaurar la tiranía, solo eran escuchados sus consejos por la mera razón de que solo ellos eran los que podían establecerla; de esta suerte, la causa de que las mujeres fueran excluidas del gobierno de los Estados no fue otra que su cariño y humanidad.

Este ejemplo dado por los príncipes pronto fue imitado por sus súbditos, de tal manera que todos querían prevalecer sobre sus compañeros. Así, los particulares empezaron a ejercer un dominio más absoluto sobre sus familias; y desde el momento en que un señor se veía amo de un pueblo y un feudo de considerables proporciones, formaba su propio reino, en el que imponía sus leyes y para mejor gobernarlo nombraba, entre los hombres, a sus oficiales a los que iría elevando de rango siempre y cuando le hubiesen servido bien en sus empresas. Esta preferencia tan acusada de un sexo sobre el otro hizo que la consideración hacia las mujeres fuera todavía menor, ya que tanto su carácter como las funciones que desempeñaban las alejaban de la crueldad y la guerra, de tal modo que se pensaba que solo serían capaces de contribuir a la conservación del reino mediante su poblamiento.

Los estados no se podrían haber implantado si no se hubiesen introducido distinciones entre los que los componían. Por ello, se crearon las marcas de honor que servían para distinguirlos y se inventaron las señales de respeto para testimoniar las diferencias que se reconocían entre ellos. Así, a la idea de poder se unió la de sumisión externa que se rinde a aquellos que tienen la autoridad en sus manos.

Cómo, entre los paganos, se excluyó a las mujeres de los ministerios de la religión

No es necesario comentar aquí cómo los hombres tuvieron conocimiento de Dios; sin embargo, hay que hacer notar la constancia con la que ha sido adorado por las personas desde los albores de la humanidad. Respecto al culto que se le rinde, hay que decir que su práctica solo se volvió regular cuando comenzamos a reunirnos para formar sociedades públicas. Como estábamos acostumbrados a reverenciar al poder por una serie de señales de respeto, se llegó a la conclusión de que también hacía falta honrar a Dios por medio de algunas ceremonias que sirviesen para dar testimonio de los sentimientos que albergábamos hacia su grandeza. Para ello, se erigieron templos y se instituyeron sacrificios; y como los hombres ya se habían hecho con las riendas del gobierno, ahora se apresuraron a apropiarse también de todo lo que rodeaba a la religión; y las mujeres, advertidas por la costumbre de que todo pertenecía a los hombres, ya no demandaron ser parte también de este ministerio. Y como la idea que se tenía de Dios estaba tan corrompida por fábulas y ficciones poéticas, se instituyeron nuevas divinidades, tanto masculinas como femeninas; y para el servicio de las femeninas se nombraron sacerdotisas, pero con la condición de que tuvieran la anuencia de los sacerdotes y estuvieran bajo su dirección.

Por otra parte, alguna vez se han visto grandes Estados ser gobernados por mujeres. Pero en todo caso no hay que imaginarse por ello que estas fueran llamadas a su gobierno por espíritu de restitución, sino porque estaban dotadas de grandes habilidades para dirigir los asuntos públicos, de tal manera que hubiera sido una osadía retirar de sus manos la autoridad. Hoy en día hay Estados hereditarios donde las mujeres suceden a los hombres para convertirse en reinas o princesas; no obstante, también hay motivos para creer que si, en un primer momento, se permitió a las mujeres heredar estos reinos, fue solo para evitar que cayeran en la guerra civil; de igual modo, si se permitieron las regencias, fue porque se creía que las madres, que aman siempre incondicionalmente a sus hijos, pondrían especial empeño durante la minoría de edad del hijo en el cuidado del Estado que le pertenecería en el futuro.

Por qué no participaron en las ciencias

Tampoco hay que sorprenderse de que las mujeres, al no haber tenido nada más que hacer que cuidar del hogar encargándose de las múltiples tareas domésticas que ocupaban todo su tiempo, no hayan inventado ninguna de las ciencias, la mayoría de las cuales, por otra parte, no son sino obra de ociosos y ocupación de los que no tienen nada que hacer. Los sacerdotes egipcios, que tampoco tenían gran cosa que hacer, se distraían reuniéndose para hablar sobre los efectos de la naturaleza, tema sobre el que mostraban gran interés, y, a fuerza de tanto razonar, llevaron a cabo observaciones cuyo eco excitó la curiosidad de algunos hombres que se dedicaron a estudiarlas. Pero las ciencias, todavía en pañales, no lograron sacar a las mujeres de sus hogares, y los celos, que ya consumían a sus maridos, los llevaron a creer que las visitas que realizaban a los sacerdotes eran, más bien, por amor hacia sus personas antes que por los conocimientos que poseían.

Cuando algunos de ellos se sintieron imbuidos de conocimiento, empezaron a reunirse en determinados lugares para debatir más a gusto. Allí cada uno exponía su pensamiento y, así, las ciencias se fueron perfeccionando. De ahí se pasó a la creación de academias, pero tampoco se las llamó a participar en ellas, de tal manera que las mujeres fueron excluidas de las ciencias como antes ya lo habían sido de todo.

El constreñimiento al que eran sometidas no impidió, sin embargo, que algunas pudieran conversar con los sabios o leer sus escritos y que, en poco tiempo, igualaran a los más hábiles; pero como ya se habían forjado una serie de convenciones en la sociedad inoportunas para muchos hombres, estos no se atrevían a ir a visitarlas a sus casas, mientras que el resto de mujeres tampoco quería encontrarse con esas otras por temor a sentirse agraviadas; de ahí que estas últimas no llegaran a tener discípulos ni a hacer partidarios, y que todos los conocimientos que habían adquirido murieran inútilmente con ellas.

Por qué las mujeres cayeron en la fruslería

Si uno se para a observar cómo se introducen las modas y se las alimenta día a día, podrá apreciar con facilidad que en sus inicios el mundo apenas les prestaba atención. Todo era simple y sencillo y solo se pensaba en lo necesario. Los hombres desollaban las bestias y con las pieles confeccionaban sus vestimentas. Las comodidades llegaron más tarde, cuando cada cual comenzó a vestirse a su antojo; entonces se empezó a creer que algunas formas de vestir eran mejores que otras, por lo que nadie podía obviarlas; y al ir adoptando los príncipes algunas de estas modas, los que vivían bajo su mandato no dejaron la ocasión, a su vez, de vestirse como él.

Con la moda, sin embargo, no pasó lo mismo que con el gobierno y las ciencias. Aquí las mujeres, en colaboración con los hombres, sí que tuvieron participación, ya que estos al darse cuenta de que la moda las embellecía, no tuvieron coraje de privarlas de ella; así, unos y otras pronto se percataron de que, según las ropas que vistiesen, se volvían más atractivos a ojos de los demás; también cayeron en la cuenta de que portar ciertos complementos aumentaba la atracción que ejercían, por lo que todos, hombres y mujeres sin distinción, se dedicaron a perseguirlos sin descanso; pero, como las ocupaciones de ellos eran mayores y más importantes, ello les impidió dedicarse con más empeño que ellas a buscarlos para conseguirlos.

En este campo, las mujeres mostraron toda su prudencia y destreza, ya que al apercibirse de que esos raros ornamentos las tornaban más dulces y bellas ante las miradas masculinas que no dejaban de observarlas, pensaron que su situación se volvería más llevadera si no dejaban de ponerse nada que creyeran que podría servir para embellecerlas. Así, recurrieron al oro y la plata, y empezaron a utilizar todo tipo de joyas tan pronto como se ponían de moda, y comprendiendo que los hombres las habían privado de los medios con los que destacar por su inteligencia, se aplicaron únicamente a lo que podía hacerlas parecer más agradables. A partir de ese momento se sintieron mucho mejor, ya que los adornos combinados con su propia belleza han conseguido que se las considere más y mejor que todo lo que hayan podido hacer por ellas los libros y la ciencia de este mundo. Esta costumbre, cuya práctica ha continuado hasta nuestros días, está ya tan instalada y ha arraigado tanto entre nosotros que ahora nos parece una tradición tan antigua que no hay nada que pueda oponerse a ella, además de que se ve preparada para recibir nuevas aportaciones en su evolución.

Lo que deberían hacer los hombres para justificar su comportamiento respecto a las mujeres

De acuerdo con esta conjetura histórica, bastante ajustada a la manera de actuar tan usual en todos los hombres, parece evidente que solo la fuerza masculina es la que les ha permitido reservarse para sí los beneficios que reportan las actuaciones fuera del hogar, vetadas, en cambio, a las mujeres. Pero, para poder decir que este comportamiento responde a la razón, sería necesario que esas ventajas solo se transmitiesen a los hombres que, seleccionados tras un justo discernimiento, demostrasen ser los más capaces; o bien que solo se admitiese en los estudios a aquellos en los que se detectase una mayor predisposición para las ciencias; o bien que solo se concediesen cargos a aquellos que previamente hubiesen demostrado ser aptos para ellos, excluyendo a los demás; o, en fin, que nadie se dedicase a otra tarea que no fuese la más apropiada para él.

Cómo ingresan los hombres en los cargos

Ahora bien, en la práctica vemos que acontece justo lo contrario, y que es solo el azar, la necesidad o el interés lo que lleva a los hombres a que se encuentren en un estado u otro dentro de la sociedad civil. El hijo aprende el oficio del padre porque nunca le han hablado de otra cosa; otro se ve obligado a colocarse la toga cuando, en realidad, hubiera preferido coger la espada si le hubieran dejado elegir; y uno ya puede ser el hombre más hábil del mundo que jamás accederá a un cargo si no tiene con qué comprarlo.

¿Cuántas personas que ahora mismo están en el fango podrían haber destacado si se les hubiese ayudado un poco? ¿Cuántos campesinos serían hoy grandes doctores si hubiesen tenido la oportunidad de estudiar? Nos equivocaríamos si pretendiésemos que las personas más hábiles de hoy son aquellas que tiempo atrás tuvieron mayor predisposición hacia las cosas en que destacan; al igual que nos engañaríamos si pensásemos que, entre la ingente cantidad de personas que hoy se hallan sumidas en la ignorancia, no hay ninguna que, si hubiera dispuesto de los mismos recursos de que otros han disfrutado, no se habría convertido en un ser muy capaz.

¿Cuáles son las razones, entonces, por las que podemos asegurar que las mujeres son menos capaces que nosotros, pues no es el azar sino una necesidad insuperable la que les impide hacer todo lo que nosotros hacemos? No sostengo que todas ellas tengan capacidad para las ciencias o para acceder a los cargos; tampoco creo que sean capaces de hacer todo, pero nadie pretende eso mismo de todos los hombres. Lo único que pido es que a la hora de juzgar en general a los dos sexos se reconozca que hay tanta disposición en uno como en otro.

Comparación entre niños de uno y otro sexo

Observemos simplemente lo que sucede en los pequeños juegos infantiles. En ellos las niñas muestran más amabilidad, ingenio y destreza; y siempre que el miedo o la vergüenza no ahogue sus pensamientos, se expresan de manera más inteligente y agradable: sus conversaciones están llenas de vivacidad y entusiasmo, y, además, hablan con más libertad. Si se aplican igual que los niños, ellas siempre aprenden más rápido lo que se les enseña; además, son más constantes y pacientes en el trabajo, así como más sumisas, modestas y discretas. En pocas palabras, en ellas se perciben, en un grado más elevado de perfección, todas las cualidades excelentes que hacen que juzguemos a los jóvenes que las poseen más aptos que sus compañeros para llevar a cabo grandes tareas.

Sin embargo, a pesar de que los indicios que puedan aparecer desde la cuna en cada uno de los sexos deberían bastarnos para juzgar que el más bonito da también las más bellas esperanzas, no hay manera de que esto lo tenga en cuenta nadie. Tanto maestros como instrucción quedan reservados para los hombres; además, en ellos se pone un especial cuidado en educarlos en todo lo que se cree que es lo más apropiado para formar su espíritu, mientras que a las mujeres, bien se las deja languidecer en la ociosidad, la molicie y la ignorancia, bien se las arrastra a la práctica de los ejercicios más bajos y viles.

Pero basta con tener ojos para ver que lo que sucede en el caso de los dos sexos es lo mismo que pasa a menudo en las familias en que hay dos hermanos y se educa con negligencia al menor, y este se encarga de demostrar que la única ventaja que posee sobre él el mayor es haber nacido primero.

De cómo el estudio es inútil para la mayoría de los hombres

¿De qué sirve a los hombres normalmente la educación que se les da? De muy poco o de nada; a la mayoría les es inútil para la finalidad que se proponen; asimismo, tampoco impide caer a muchos de ellos en el desorden y el vicio; ni que otros continúen siendo unos ignorantes toda su vida o se vuelvan incluso más tontos de lo que ya son; y si en ellos hubiese algo de honestidad, jovialidad o civismo, lo pierden con el estudio. Todo les desagrada y son desagradables con todo; podría decirse que durante su juventud no hubiesen hecho otra cosa que viajar por un país en el que solo habrían frecuentado a salvajes: tanta es la rudeza y la grosería de que hacen gala en sus maneras. Lo poco que han aprendido se parece a mercancía de contrabando que ni se atreven ni saben cómo deshacerse de ella; y si quisieran ingresar en este mundo y representar bien su papel, primero deberían ir a una escuela de señoritas para aprender modales y cortesía, además de las formas que hoy son parte esencial de todas las personas correctas.

Si analizásemos más de cerca este asunto, en vez de despreciar a las mujeres porque no participan de las ciencias, las consideraríamos afortunadas por ello, puesto que, si, por una parte, se han visto privadas de los medios para poner en valor el talento y las ventajas que les son propias, por otra, no van a tener ocasión de echarlos a perder o, incluso, perderlos; no obstante, pese a esta privación, a medida que crecen, aumentan en virtud, gracia e ingenio, y si comparásemos, dejando de lado los prejuicios, a los hombres jóvenes al acabar sus estudios con las mujeres de su misma edad e inteligencia similar, sin saber cómo han sido educados unos y otras, llegaríamos a creer que han recibido una educación completamente diferente.

Diferencias en las maneras de los dos sexos

Aunque solo sea por su apariencia externa, el aspecto de sus rostros, las miradas, la forma de caminar, la compostura y los gestos, en las mujeres hay algo de calma, sabiduría y honestidad que las distingue bien de los hombres. En todo observan siempre con exactitud el decoro, y no se puede ser más comedido de lo que lo son ellas. De su boca nunca se escuchan salir palabras con doble sentido, los menores equívocos molestan a sus oídos, y no pueden soportar la visión de todo aquello que atenta contra el pudor.

El comportamiento en el común de los hombres, por el contrario, es justo el opuesto. Con frecuencia caminan precipitadamente, sus gestos son perturbadores y su mirada, descontrolada. Nunca se divierten tanto como cuando conversan entre ellos, ni se regocijan con tanta fruición como cuando hablan sobre asuntos acerca de los cuales lo mejor sería guardar silencio o esconderlos.

Comparación de las mujeres con los sabios

Si se mantiene una conversación, da igual que sea en conjunto o por separado, con mujeres y con lo que se ha dado en llamar sabios, se verá la diferencia existente entre unas y otros. Se diría que lo que los hombres se meten en la cabeza con tanto estudio no les sirve para nada más que para obstruir su inteligencia y crearles confusión. Pocos son los que se expresan con claridad, y las penalidades por las que hay que pasar a fin de arrancarles algunas palabras hacen que uno pierda el gusto por escuchar lo bueno que puedan decir; y a menos que sean bastante inteligentes, y siempre que lo hagan con gentes de su condición, no son capaces de mantener una conversación durante más de una hora.

Las mujeres, en cambio, dicen clara y ordenadamente lo que saben; no les cuesta nada expresarse mediante el uso de la palabra; empiezan y continúan sus discursos como les place, además de que su imaginación está siempre provista de una fuente inagotable de ideas si se las deja pensar libremente. Tienen el don de sugerir sus opiniones con tal delicadeza y comedimiento que estas dos características les sirven, tanto como la razón, para insinuarlas; por el contrario, los hombres en general las sugieren seca y ásperamente.

Si, en presencia de mujeres algo ilustradas, se pone sobre la mesa cualquier tema, ellas pronto descubren desde qué perspectiva hay que tratarlo, pues lo analizan en todas sus facetas, y lo que haya de verdadero en él su espíritu lo aprehende con facilidad. Asimismo, si saben un poco del tema y no les resulta sospechoso, uno se da cuenta de que los prejuicios que puedan tener sobre él no son tan profundos como los de los hombres, lo que hace que, en general, estén menos predispuestas en contra de las verdades que se les presentan. También se muestran alejadas del espíritu de contradicción y debate al que tanto apego tienen los sabios; tampoco discuten en vano por unas palabras u otras, ni se sirven de esos términos científicos y misteriosos tan apropiados para encubrir la ignorancia, sino que, más bien, todo lo que dicen resulta inteligible y lleno de sentido.

Siempre he encontrado un gran placer en las conversaciones que he podido mantener con mujeres de toda clase y condición con las que he tenido el gusto de departir tanto en la ciudad como en el campo, y gracias a ellas he descubierto sus fortalezas y debilidades; además, también me he dado cuenta de que, siempre que no se tratase de mujeres a las que la necesidad o el trabajo habían vuelto estúpidas, en ellas había más sentido común que el que se puede encontrar en la mayoría de esas obras tan apreciadas entre los sabios vulgares.

Opinión de un gran filósofo

Hablando de Dios, no ha habido ni una sola mujer que se haya atrevido a comentarme que *se lo imaginaba bajo la forma de un venerable anciano*[4]; decían, más bien, lo contrario: que no podían imaginárselo, es decir, representárselo, bajo ninguna forma parecida a la humana; que eran conscientes, eso sí, de la existencia de Dios porque no concebían que ni ellas ni todo lo que las rodea fuesen producto del azar o de alguna criatura; afirmaban, además, que la gestión de sus asuntos no era precisamente resultado de su buen juicio, porque el éxito rara vez les llegaba por los caminos que habían elegido, sino que, por fuerza, tenía que ser fruto de una providencia divina.

Opiniones de filósofos

Cuando les he preguntado qué pensaban acerca de su alma, no me han respondido que *es una llama muy sutil*, ni tampoco que *es la disposición de sus órganos corporales*, ni que la misma *sea capaz de expandirse o de contraerse*[5]; por el contrario, me han contestado que sentían hondamente que era algo distinto a sus cuerpos, y que lo más acertado que podían decir era que no creían que fuera nada parecido a algo que se pueda percibir a través de los sentidos; y que, si se les hubiese dado la oportunidad de estudiar, sabrían lo que es con más precisión.

No hay ninguna enfermera que se atreva a decir, como, en cambio, sí hacen los médicos, que sus pacientes mejoran porque la *facultad de cicatrización está cumpliendo bien su función*[6]; y se ríen de aquellos que, desconocedores de que las venas están comunicadas entre sí, cuando ven salir una gran cantidad de sangre de una vena, aun así, niegan la circulación sanguínea.

Por otra parte, cuando he querido descubrir si sabían cuál era la razón por la que las rocas expuestas al sol y las lluvias del mediodía se erosionan más que las situadas al septentrión, ninguna ha sido tan estúpida de respon-

---

4   En cursiva en el original. (N. del T.).
5   En cursiva en el original. (N. del T.).
6   En cursiva en el original. (N. del T.).

derme que eso sucedía porque *la Luna las va royendo a dentelladas*[7], como jocosamente imaginan algunos filósofos, sino que es la acción del calor producido por el sol la que las deseca, y que las lluvias subsiguientes las van deshaciendo con mayor facilidad.

Cuestión de escolástica

Asimismo, he llegado a preguntar expresamente a más de veinte mujeres si no creían *que Dios, por medio de una fuerza irresistible o extraordinaria, podría hacer que se elevase una piedra a visión beatífica*[8]; la única respuesta que obtuve a esta pregunta fue que creían que me estaba burlando de ellas.

Cuál es el fruto de las ciencias

El mayor fruto que podemos esperar de las ciencias es que nos proporcionen discernimiento y exactitud para distinguir lo que es verdadero y evidente de lo falso y obscuro, y ayudarnos, así, a evitar caer en el error y los malentendidos. Tenemos inclinación a pensar que los hombres, al menos los que se hacen pasar por eruditos, poseen esa ventaja por encima de las mujeres. Sin embargo, si uno se considera acreedor de la exactitud a la que acabo de referirme, se dará cuenta de que esta es precisamente una cualidad de la que, en gran parte, carecen. Pues no solo son obscuros y confusos en sus discursos, a pesar de que es gracias a esta supuesta cualidad que tan bien dominan con la que se ganan la confianza de las personas simples y crédulas, sino que rechazan lo claro y evidente, y se ríen de los que se expresan de forma clara e inteligible por ser esta una cualidad bastante común y demasiado fácil de poseer; así, son siempre los primeros en entregarse a cualquier asunto obscuro que se les proponga dando una imagen misteriosa de sí mismos. Para convencerse de lo que afirmo, solo hace falta escucharlos con un poco de atención para después obligarlos a que se expliquen.

Tienen ideas precisas

En cambio, la actitud de las mujeres está muy alejada de lo que acabamos de exponer. Esto lo podemos comprobar, por ejemplo, en las mujeres que han visto un poco de mundo que no pueden soportar que sus hijos hablen en latín en presencia suya ni se fían de que lo hagan otros, ya que, como a menudo comentan, temen que pueda colarse alguna impertinencia escondida bajo esos ropajes extraños. Y no solo no se las oye pronunciar nunca esos términos científicos a los que se ha dado en calificar de consagrados, sino que serían incapaces de retenerlos, a pesar de tener una buena memoria, por

---

[7]   En cursiva en el original. (N. del T.).

[8]   En cursiva en el original. (N. del T.).

más que se los repitiesen mil veces; y cuando se les habla de forma poco clara, bien confiesan de buena fe que no tienen suficientes luces o inteligencia para entender lo que se les está diciendo, bien caen en la cuenta de que los que de tal suerte les están hablando no tienen suficiente instrucción.

En fin, si nos paramos a pensar de qué forma los hombres y las mujeres construyen y expresan sus pensamientos, podremos llegar a la conclusión de que los hombres se parecen más a esos obreros que trabajan en las canteras de donde extraen con esfuerzo bloques de piedra brutos e informes; mientras que las mujeres se asemejan más a arquitectos, o a esos hábiles escultores que saben cómo pulir la piedra, tratarla con cuidado, y sacarle todo su esplendor para, en su momento, transformada, mostrar cómo brilla entre sus manos.

Y no solo encontramos una gran cantidad de mujeres que, sin haber recibido la mejor educación, saben juzgar acertadamente las cosas sin esos prejuicios ni ideas confusas tan comunes entre los eruditos, sino que muchas de ellas, además, poseen un sentido común tan agudo que las lleva a hablar sobre los objetos de las más bellas ciencias como si los hubiesen estado estudiando durante toda su vida.

Conocen el arte de hablar

Las mujeres, en general, tienen un don que las hace expresarse con gracia. Poseen el arte de la palabra, ya que para explicarse casi siempre encuentran los más bellos términos y, con pocas palabras, se suelen hacer entender mejor que lo hombres con muchas; y si se conversa con ellas sobre cuestiones lingüísticas en general, demuestran tener unos pensamientos superiores similares a los que solo podemos hallar en los más hábiles gramáticos. En fin, se puede ver cómo ellas sacan más partido al buen uso que hacen del lenguaje que la mayoría de hombres por muchos estudios que tengan.

Conocen la elocuencia

La elocuencia es un talento tan natural y especial en ellas que es imposible discutírselo. Saben convencer al otro de todo lo que quieren. Sin haber estudiado leyes, conocen el arte de la acusación y la defensa, y apenas debe de haber jueces que no hayan experimentado que pueden pasar por auténticos abogados. ¿Hay algo más convincente y elocuente que las razones que puedan aducir las damas cuando en sus cartas escriben sobre asuntos o cuestiones ordinarios, especialmente los tocantes a las pasiones, en cuya defensa muestran una fuerza de espíritu que refleja toda la belleza y los secretos de la elocuencia? Las tratan de manera tan delicada y conmovedora, y las expresan con tanta naturalidad que uno está obligado a confesar que no ha escuchado hacerlo a los hombres de modo similar, y que toda la retórica del mundo no podrá darles a ellos lo que nada les cuesta a ellas. Ni las obras de elocuencia o poesía, ni las arengas, ni las prédicas, ni los discursos, constituyen para ellas un placer demasiado elevado e inalcanzable, como tampoco escapa nada a sus críticas realizadas siempre según las reglas y los términos del buen arte.

Mucho me temo que este tratado tampoco escapará a sus críticas, y que muchas mujeres encontrarán en él puntos que rebatir: algunas dirán que no guarda proporción con la grandeza y la dignidad que merece el tema; otras, que el enfoque no es suficientemente galante o las maneras, bastante nobles; otras dirán que lo que se expresa en él no es demasiado convincente ni elevado, o que hay aspectos que han sido tratados muy a la ligera y se podrían añadir observaciones remarcables. En todo caso, espero que tanto mi buena voluntad como el propósito que me impuse a mí mismo de no decir más que la verdad y evitar expresiones demasiado fuertes para no tener que escuchar después monsergas, me excusarán ante ellas.

Poseen la elocuencia de la acción

Es más, disponen de otra ventaja: se expresan con una elocuencia de acción mucho más vivaz que la de los hombres. Para comprobarlo, basta con ver en sus rostros la intención que tienen de conmover al otro para que acabe por rendirse a sus deseos. Su aire es noble y grandioso; su porte, libre y majestuoso; su compostura, honesta; sus gestos, naturales; su voz, dulce y amable; sus maneras, encantadoras; su palabra, fácil. La belleza y la gracia con que acompañan sus disertaciones no solo se introducen en los espíritus, sino que les abren las puertas del corazón. Cuando hablan, da igual que sea del bien o del mal, en sus rostros se percibe ese carácter honesto que hace que la persuasión sea más fuerte si cabe. Y cuando quieren entregar su amor de forma virtuosa, su corazón se refleja en sus labios, y las ideas que exponen, revestidas de los ornamentos del discurso y de las gracias que les son tan particulares, las vuelven cien veces más seductoras.

Conocen el derecho y entienden su práctica

Es un placer escuchar a una mujer cuando defiende una causa. Por muy enrevesado que sea el asunto, sabe desenmarañarlo y explicarlo con claridad. Expone con nitidez sus pretensiones, así como las de la parte que defiende; muestra bien a las claras lo que ha dado lugar al proceso, las vías por las que lo conduce, los resortes con los que se maneja y los procedimientos realizados. En todo ello, uno descubre en las mujeres cierta capacidad para gestionar los asuntos de la que carecen la mayoría de los hombres.

Esto me hace pensar que, si se les diese la oportunidad de estudiar derecho, tendrían como mínimo tanto éxito como nosotros. Se ve que son grandes amantes de la paz y la justicia; que sufren penosamente las discrepancias que puedan surgir y que, para resolverlas, no dudan en involucrarse con gusto en la búsqueda de una solución amistosa: su esmero las lleva a ver aspectos y encontrar los recursos necesarios, muchas veces singulares, a fin de reconciliar los espíritus; y hacen con naturalidad, tanto en la dirección de su casa como en las de otros, esas primordiales reflexiones de equidad sobre las que se basa toda la jurisprudencia.

Son aptas para la historia

En los relatos que hacen, por lo menos las que están dotadas de un poco de ingenio, además del orden con que los narran, siempre hay un toque de encanto que emociona más que el masculino. Saben discernir lo que es propio o extraño al tema, desenmascarar los intereses, señalar a las personas de acuerdo con su carácter, desenredar cualquier intriga, grande o pequeña, y seguirla siempre que estén bien informadas. Todo esto se revela muy a las claras en las historias y novelas de las damas eruditas, muchas de las cuales hoy están aún vivas.

Conocen la teología

¡Cuántas mujeres hay que se instruyen por medio de sermones, conversaciones y libritos que tratan sobre virtudes piadosas como doctores que lo hacen, en sus despachos y cátedras, a través de las obras de santo Tomás! La solidez y profundidad con que hablan de los más grandes misterios y de toda la moral cristiana harían que se las tomase por insignes teólogos si sobre sus cabezas llevasen un solideo y pudiesen citar en latín algunos pasajes.

Entienden la medicina

Parece que las mujeres hayan nacido para ejercer la medicina y devolver la salud a los enfermos. Solo el buen hacer y el cariño que despliegan hacen que los sufrimientos se alivien y se mitiguen, por lo menos, a la mitad. Además, no sólo son duchas en la aplicación de remedios, sino también en encontrarlos. Inventan muchos que llaman pequeños por el mero hecho de que son menos costosos que los recomendados por Hipócrates[9] y porque no hace falta expedirlos bajo prescripción médica, ya que son naturales, pero tan seguros y fáciles de administrar como los otros. En fin, sus observaciones, gracias a la práctica que realizan, son tan justas y están tan certeramente razonadas que a menudo hacen que todos los cuadernos de escuela se tornen inútiles.

Saben qué es lo contrario a las fantasías astrológicas

Entre las mujeres del mundo rural, las que van a trabajar a los campos conocen muy bien los caprichos de las estaciones, y se puede confiar mucho

---

[9] Hipócrates de Cos (c. 460 a. C. – c. 370 a. C.) fue un prestigioso médico de la Antigua Grecia, considerado por muchos como el «padre de la medicina», de ahí la exigencia a los titulados en Medicina de realizar el *juramento hipocrático* en honor a este antes de iniciar su carrera profesional. (N. del T.).

más en sus almanaques que en los impresos de mano de los astrólogos. Explican de una manera tan sencilla las causas de la fertilidad o la esterilidad de las tierras durante las añadas, que achacan a los vientos o las lluvias o a todo aquello que provoca cambios en el tiempo, que uno no puede dejar de escucharlas sin compadecerse de los sabios que atribuyen esos efectos a los aspectos, las aproximaciones y los ascendentes de los planetas.

De dónde proviene la diversidad de costumbres y las diferentes inclinaciones

Todo esto me lleva a pensar que, si se hubiese enseñado a las mujeres que las alteraciones a las cuales está sujeto el cuerpo humano pueden ser provocadas, bien por una constitución particular del mismo, bien por el ejercicio, el clima, la alimentación, la educación o, incluso, las diferentes vicisitudes por las que se pasa en la vida, nunca se les ocurriría atribuir las inclinaciones ni los cambios que sufre el cuerpo a la influencia que puedan ejercer sobre él los astros, cuerpos que están alejados de nosotros varios millones de leguas.

Por qué no se las escucha hablar de ciertas ciencias

Es cierto que hay algunas ciencias sobre las que nunca se escucha hablar a las mujeres; esto es debido a que son ciencias, o que no están de moda, o que en sí no trascienden en sociedad. El álgebra, la geometría, la óptica, son ciencias que casi nunca se aventuran a salir de los despachos o las academias de los eruditos para hacerse presentes en el mundo real. Y como su mayor utilidad es aportar precisión a los pensamientos, las mismas no aparecen en el trato normal sino con secretismo, como si fuesen los resortes ocultos que mueven grandes máquinas. Es decir, que hay que hacer uso de ellas, pensando y expresándose con precisión geométrica, en las conversaciones y temas de debate, pero sin parecer un geómetra.

Todo lo comentado es más visible en las damas

Estas observaciones acerca de las cualidades del espíritu se pueden hacer sin esfuerzo con las mujeres de condición mediocre, pero si uno se acercase a la Corte y se le permitiese participar en las conversaciones que mantienen las damas, se daría cuenta de otras muchas cosas, ya que su ingenio parece ser directamente proporcional a su posición social. Esto se puede apreciar en la precisión, la prudencia y la cortesía con que se expresan, en la manera en que despliegan un fino toque, delicado y natural, de inteligencia, en el que, no sé por qué, pulula algo de noble y grandioso que les es muy particular. Se diría que tanto objetos como hombres se aproximan a ellas siempre con respeto. Observan todo siempre desde la perspectiva correcta, y, cuando hablan, no importa sobre qué tema, en todo momento aportan un enfoque muy diferente al común. En pocas palabras, si se mostrase a alguien con buen gusto dos cartas, cada una escrita por damas de diferente condición, reconocería fácilmente cuál de las dos goza de una calidad más elevada.

Las mujeres cultas, que las hay en gran cantidad, son más notables que los hombres cultos

¡Cuántas mujeres cultas ha habido, y hay todavía, que habría que añadir a la relación de sabios si no queremos que ninguno de los dos sexos esté por encima del otro! Este siglo en que nos ha tocado vivir[10] nos ha dado muchas más que todos los anteriores juntos; y, como han conseguido igualar en número a los hombres, por ello, son más notables. Las razones de esta notoriedad son bien particulares, ya que han tenido que superar la indolencia con que se ha educado a su sexo; renunciar a los placeres y a la ociosidad a la que se han visto reducidas; vencer ciertos reparos sociales que las han alejado de los estudios; y ponerse por encima no solo de las ideas desfavorables que el vulgo tiene acerca de las mujeres cultas, sino, además, de las que, en general, exhibe acerca de su sexo. Ellas han tenido que superar todo esto y mucho más; y, ya sea que todas estas dificultades han hecho que su intelecto se vuelva más vivo e incisivo, ya sea que esas cualidades les son innatas, lo cierto es que, en proporción, han llegado a ser más hábiles que los hombres.

Hay que reconocer que las mujeres, en general, son aptas para las ciencias

Sin merma de los sentimientos que merecen esas ilustres damas, se puede decir, sin embargo, que son las circunstancias y los condicionamientos externos, sin olvidarnos del empeño que han puesto los más cultos de entre nosotros, los que las han situado en tal estado; a ello, habría que añadir otra infinidad de causas que no han contribuido menos, incluso en el caso de que hubiesen disfrutado de las mismas ventajas que los hombres. Y puesto que somos lo bastante injustos como para creer que todas las mujeres pecan de indiscreción cuando solo conocemos a cinco o seis de ellas que sí pecan, deberíamos ser también lo bastante equitativos como para juzgar que su sexo tiene aptitudes para la práctica de las ciencias, cosa comprobable en muchas de ellas siempre que hayan sido convenientemente educadas.

Es común pensar que turcos, bárbaros y salvajes no tienen tanta aptitud para las ciencias como los pueblos europeos. Sin embargo, si encontrásemos en estas tierras nuestras a cinco o seis de ellos que tuviesen dicha capacidad o bien poseyesen el título de doctor, cosa en absoluto descartable, corregiríamos ese juicio erróneo, y admitiríamos que esas gentes, personas igual que nosotros, son capaces también de hacer lo mismo que nosotros, y que, si hubiesen recibido la misma instrucción que nosotros, en nada serían infe-

---

[10]   Recuérdese que el autor nos está hablando del siglo XVII. (N. del T.)

riores a nosotros. Si esta apreciación es válida para bárbaros y salvajes, no puede dejar de serlo para las mujeres que conviven con nosotros, lo que nos obliga a tener, respecto a ellas, pensamientos que no sean menos ventajosos ni razonables.

Y si, a pesar de todas estas observaciones, la gente se obstina en no admitir que las mujeres son igual de aptas para las ciencias que nosotros, al menos se ha de reconocer que a ellas les son menos necesarias, ya que la aplicación de la ciencia se dirige al cumplimiento de dos fines: el primero, conocer en profundidad las materias que son objeto de estudio; y el segundo, alcanzar la virtud por medio del conocimiento. Así, en esta vida tan corta, la ciencia debe estar únicamente dirigida a alcanzar la virtud, y como las mujeres ya la poseen, podemos afirmar que, gracias a una especial fortuna, gozan de la principal ventaja que ofrecen las ciencias sin haberlas estudiado.

Las mujeres tienen tanta virtud como nosotros

Lo que vemos todos los días nos tiene que llevar al convencimiento de que las mujeres no son menos cristianas que los hombres. Reciben el evangelio con sumisión y sencillez. Practican sus máximas de modo ejemplar. Su respeto hacia todo lo referente a la religión ha sido siempre tan grande que pasan, sin duda, por tener más devoción y piedad que nosotros. Bien es verdad que su culto a veces es excesivo; pero no creo que dicho exceso haya de ser tan censurable, puesto que la causa que las conduce a él no es otra que la ignorancia en que son educadas. Si su celo es indiscreto, al menos su persuasión es verdadera, por lo que se puede decir que, si conociesen la virtud perfectamente, la abrazarían, sin duda, de modo muy diferente, puesto que, incluso en medio de las tinieblas, se aferran a ella con fuerza.

Son caritativas. Las hijas de la Caridad[11]

Parece que la compasión, virtud evangélica, sea afecta a su sexo. Los males del prójimo no solo hieren su espíritu, sino que afectan su corazón, y hacen que las lágrimas acudan a sus ojos. ¿No son, acaso, siempre sus manos las primeras en distribuir la ayuda en caso de una calamidad pública? ¿No son las damas, por casualidad, las que especialmente cuidan de pobres y enfermos en todas las parroquias? ¿No son ellas, acaso, las que van a visitarlos a las prisiones y a asistirlos en los hospitales? ¿Acaso no son ellas, jóvenes piadosas, las que, esparcidas por los barrios, se encargan a ciertas horas del

---

[11] La Compañía de las Hijas de la Caridad de San Vicente de Paúl es una orden femenina fundada en Francia en 1633 por Vicente de Paúl y Luisa de Marillac dedicada a dar asistencia corporal y espiritual a enfermos pobres. Las mujeres miembros de esta sociedad son conocidas como hijas de la Caridad. (N. del T.).

día de llevarles la comida y los remedios que necesitan? ¿No es, acaso, la caridad lo que ellas tan dignamente ejercen?

Las hijas del Hospital de Dios [12]

En fin, si no hubiese en el mundo otras mujeres que practicasen esta virtud hacia el prójimo que las que asisten a los enfermos en el Hospital de Dios, no creo que los hombres pudieran aspirar, sin cometer ninguna injusticia, a ver en ello que su sexo es acreedor de alguna ventaja superior. Es precisamente con este tipo de muchachas con el que debería enriquecerse el pabellón de mujeres ilustres; asimismo deberíamos colmar sus vidas con los más grandes elogios, y honrar su muerte con los más excelsos panegíricos, ya que esta es la forma en que debe manifestarse la religión cristiana para comprobar si se practica la verdadera virtud heroica siguiendo rigurosamente sus instrucciones y consejos. Ejemplo de ello, como podemos ver, es la renuncia al mundo, a sí mismas incluso, que efectúan esas jóvenes muchachas resueltas a conservar su castidad y a hacer voto de pobreza eterna; dispuestas a cargar sobre sus espaldas no solo con su propia cruz, sino con la más pesada si cabe del mundo, para pasar el resto de sus días bajo el yugo de Cristo; resueltas a consagrar sus vidas a un Hospital donde se recibe sin discriminación a toda suerte de enfermos, sin que importe la religión que profesen ni de dónde procedan, para cuidar de todos ellos sin hacer distinción ninguna; siempre dispuestas a encargarse, cumpliendo con el ejemplo que les dio su Esposo, de todas las enfermedades humanas sin negarse en ningún momento a que sus ojos sean golpeados constantemente por la visión de los más horrendos espectáculos, ni a que sus oídos se llenen de las injurias y los gritos de los convalecientes, ni a que llegue hasta a su nariz todo el hedor emanado de las infecciones del cuerpo humano; y, como prueba del espíritu que las anima, están siempre dispuestas a trasladar, entre sus brazos, de una cama a otra a cualquiera de esos pobres miserables, al tiempo que les dan consuelo y ánimos no con vanas palabras, sino con el ejemplo efectivo y personal de una paciencia infinita y una caridad invencible.

¿Se puede concebir obra más grandiosa entre los cristianos? Asimismo, las otras mujeres no es que estén menos dispuestas a aliviar las penas del prójimo, sino que no encuentran ocasión para hacerlo por las muchas tareas que las mantienen ocupadas y las distraen de ese otro cometido; por ello, me parece indigno pensar, como cree el vulgo, que las mujeres por naturaleza son sirvientas del hombre, así como pretender que los que han recibido de

---

[12] Los llamados Hospitales de Dios (*Hôtels-Dieu*) eran y continúan siendo unas instituciones benéficas dedicadas al cuidado de enfermos y de personas en situación de exclusión social. (N. del T.).

Dios un talento especial hayan de ser servidores y esclavos de aquellos otros para cuyo bien lo despliegan.

De cómo viven en celibato

Sea cual sea el tipo de vida que lleven las mujeres, en su conducta siempre hay algo notable. Parecería que las que viven al margen del matrimonio, pero continúan a pesar de todo viviendo en este mundo, no se queden en él sino para servir de ejemplo a las otras. En sus rostros y ropas, la modestia cristiana se hace visible, y de la virtud hacen su principal adorno. Su alejamiento de la compañía y diversiones mundanas, así como su dedicación a las obras pías, nos muestran bien a las claras que las mismas no se han comprometido con los cuidados y preocupaciones que conlleva el matrimonio, sino para gozar de una mayor libertad de espíritu y estar, así, obligadas únicamente a complacer a Dios.

De cómo viven en los conventos

Hay tantos conventos dirigidos por mujeres donde no se lleva una vida menos ejemplar que en los que están bajo la dirección de hombres. El retiro en ellos es más acusado si cabe, y la penitencia tan austera como en los otros, de tal manera que la dirección que llevan a cabo las abadesas es equiparable a la que podría realizar cualquier abad. Elaboran sus reglas con admirable sabiduría, y gobiernan a sus hijas con tanta prudencia que en estos conventos no llegan a producirse graves desórdenes. En fin, las causas de que hayan proliferado tanto estos recintos para religiosas, así como los muchos bienes que poseen y la solidez de sus establecimientos, hay que buscarlas en el efecto que produce el buen orden con el que sus superioras los dirigen.

De cómo viven en el matrimonio

El matrimonio es el estado más natural y común para los hombres. Cuando se comprometen con él, lo hacen de por vida. En él pasan el periodo de la vida en que uno siempre ha de actuar razonadamente; y los diferentes accidentes de la naturaleza y de la fortuna a que esta condición es propensa, además de poner a prueba constantemente a los que en ella se encuentran, también les dan la oportunidad de ir adquiriendo prestancia. No hace falta tener una gran experiencia para saber que las mujeres son más aptas para el matrimonio que nosotros, ya que incluso de adolescentes, etapa en que los hombres aún necesitan de alguien que los guie, ellas se muestran ya capaces de dirigir una casa, por lo que el remedio más habitual para enderezar el rumbo a un joven adolescente es darle esposa, quien lo mantendrá por el camino correcto con su buen ejemplo, moderando sus ímpetus y apartándolo de la perdición.

¡¿A qué complacencias no recurren las mujeres para vivir en paz con sus maridos?! Se someten a sus órdenes, no hacen nada sin su consejo, se reprimen en multitud de aspectos para evitar disgustarlos, e incluso a menudo renuncian a las diversiones más honestas con tal de no sembrarles dudas. Es bien sabido cuál de los dos sexos se muestra más fiel al otro, así como cuál de ellos soporta con más paciencia todos los sinsabores que acaecen en el matrimonio, y cuál hace que en el hogar luzca con más brillo la sensatez.

De cómo educan a sus hijos

Casi todos los hogares están dirigidos por mujeres a quienes sus maridos confían el gobierno. Pero, sobre todo, a las mujeres se les confía la tarea de educar a los hijos, labor en la que, en el seno familiar, tienen un papel mucho más destacado y, por ende, de vital importancia para el Estado, que el que se les pueda encomendar a la hora de gestionar el patrimonio. A esa tarea, junto a la de proteger a sus hijos, se dedican en cuerpo y alma hasta tal punto que el temor a que les suceda algún mal es tan grande que con frecuencia les hurta la tranquilidad. Se privan con gusto de todo lo que les es imprescindible con tal de que a sus hijos no les falte nada. De igual modo, no soportan lo más mínimo verlos sufrir, y ellas mismas sufren sus desgracias en lo más profundo de sus almas, por lo que se puede decir que el mayor castigo que se pueda infligir a una mujer consiste en no poder consolarlos haciéndose cargo ella misma de todos sus males.

Del cuidado que ponen en su educación

¿Quién ignora el empeño que ponen en instruirlos en la virtud desde su más tierna infancia? Intentan educarlos siempre en el conocimiento y temor de Dios, y les enseñan a adorarlo de una manera acorde con su edad. Y tan pronto sus hijos demuestran que ya están preparados, ponen gran cuidado a la hora de dejarlos en manos de los maestros, que escogen haciendo gala de gran precaución con el objetivo de que sus hijos reciban la mejor educación. Y lo que es todavía más destacable: añaden el buen ejemplo a la educación.

Una visión más detallada de las mujeres las favorecería

Si quisiéramos descender hasta el más ínfimo detalle de todo lo que nos sucede en la vida y precisar todas las virtudes que las mujeres practican en ella, así como analizar las principales circunstancias por las que pasan, tendríamos material más que suficiente para elaborar un panegírico en su favor. En él podríamos reflejar hasta dónde llega su sobriedad en el beber, su frugalidad en el comer, la paciencia que demuestran ante las incomodidades, o la fuerza de ánimo con que soportan los males y fatigas, las vigilias y los ayunos; de igual modo, hay que hacer notar su continencia en los placeres y las pasiones, su tendencia a hacer el bien, la prudencia que manifiestan en todos los asuntos, y la honestidad que despliegan en todas sus acciones. En pocas palabras, se puede ver que no hay ninguna virtud que no compartan con nosotros; en cambio, los hombres tienen una cantidad considerable de defectos privativos de su sexo.

Hasta aquí las observaciones generales y comunes referidas a las mujeres respecto a las cualidades del espíritu, cuya práctica debería ser lo único que se tuviese en cuenta para establecer distinciones entre las personas.

Pero como desgraciadamente no se dan muchas oportunidades en que uno pueda descubrir las inclinaciones, el genio, los defectos y las virtudes de las personas, así como sus capacidades, los que quieran escapar al error en el que están atrapados acerca de las féminas, siempre estarán a tiempo de hacerlo, tanto en público como en privado, en la Corte o entre rejas, bien en su tiempo de ocio, bien durante el trabajo, en conversaciones con ricos o pobres, sea cual sea su estado y condición. Y si se piensa en ello con sinceridad y dejando de lado cualquier interés, uno se podrá dar cuenta respecto a las mujeres de que, si bien hay apariencias que les son poco favorables, hay más que les son propicias, y que no es por falta de méritos, sino de fortuna o fuerza, por lo que su condición no es igual a la nuestra; en fin, que la opinión generalizada no es sino producto de toda una serie de prejuicios populares mal fundados.

SEGUNDA PARTE

EN LA QUE SE DEMOSTRARÁ POR QUÉ TODOS LOS TESTIMONIOS, EXTRAÍDOS DE POETAS, ORADORES, HISTORIADORES, JURISCONSULTOS Y FILÓSOFOS, QUE PUEDEN APORTARSE EN CONTRA DE LA OPINIÓN SOBRE LA IGUALDAD DE LOS DOS SEXOS, SON VANOS E INÚTILES

Lo que confirma en el vulgo las creencias que tiene acerca de las mujeres no es, sino que sus ideas se vean apoyadas por la opinión de los sabios. Así, no hay por qué extrañarse de hallarlas tan arraigadas en el espíritu de las personas simples y sin luces, ya que estas actúan como caja de resonancia del pensamiento de la elite intelectual, creadora de opinión pública, acerca de la inferioridad de las mujeres, lo que hace que ambos lados coincidan en general en determinados aspectos. Resultado de ello, como de una infinidad de otros asuntos, es que se fortalezca un prejuicio gracias al influjo de otro.

Al estar la idea de la verdad tan estrechamente ligada a la de la ciencia, existe una tendencia normal a tomar como ciertas las proposiciones que lanzan los que presumen de tener reputación de sabios; pero como el número de los que solo lo son de nombre es bastante superior al de los que efectivamente sí lo son, la cantidad hace que la masa se fije solo en las voces que representan a la mayoría, se adhiera del lado de los primeros y abrace sus opiniones voluntariamente y de buen grado, más si cabe cuando dichas opiniones coinciden con las ideas de las cuales ya están totalmente imbuidos.

Idea que tiene el vulgo de la ciencia

Este es el motivo por el que al vulgo, que escucha a esa retahíla de poetas, oradores, historiadores y filósofos proclamar a los cuatro vientos la inferioridad de las mujeres respecto a los hombres, además de considerarlas menos nobles y perfectas, le es más fácil persuadirse de todos esos prejuicios porque ignora que la ciencia que practican aquellos está basada en los mismos prejuicios que los suyos, con la diferencia de que están más extendidos y son más engañosos; lo que los lleva a añadir al legado de las costumbres el parecer de los antiguos sobre cuya autoridad fundan toda su verdad. Por ello, creo que, respecto al sexo, tanto los que pueden presumir de tener estudios como los que no, caen siempre en un error similar, que consiste en juzgar como verdadero todo lo que dicen sobre él los que cuentan con su estima porque están convencidos de antemano de que las opiniones de estos van a ser las correctas, en vez de persuadirse de que efectivamente tendrán razón solo cuando se haya comprobado que dicen la verdad.

Contra la autoridad de poetas y oradores

A poetas y oradores, al ser sus únicos objetivos los de placer y convencer, la verosimilitud que puedan mostrar ante el público, hombres comunes, les basta. Así, valiéndose de exageraciones e hipérboles, muy adecuadas a dichos propósitos, consiguen adornar sus ideas según les convenga y agrandar o empequeñecer a su gusto tanto el bien como el mal; y recurriendo a giros muy al uso, atribuyen a las mujeres en general lo que solo conocen de algunas en particular. Por ello, les basta con conocer a algunas hipócritas para decir que todo el sexo femenino adolece de este defecto. Además, la pompa con la que acompañan sus discursos contribuye maravillosamente a llamar la atención del público y a embaucar a aquellos que no están en guardia. Así, gracias a su facilidad de palabra y al donaire con el que se expresan mediante el empleo de ciertas técnicas encantadoras, agradables y poco comunes, encandilan a las gentes, impidiéndoles que puedan distinguir lo verdadero de lo falso. Es más, podemos comprobar que hay una gran cantidad de obras, en apariencia bastante sólidas, que van en contra de las mujeres, y ante las que uno se rendirá siempre que ignore que lo que las hace sólidas y verdaderas no son sino las figuras de la elocuencia, las metáforas, los proverbios, las descripciones, las similitudes y los símbolos, y no precisamente otra cosa; y como en este tipo de obras se suele combinar normalmente el ingenio con la habilidad, el efecto que producen en uno es que no pueda llegar a imaginarse que lo que se cuenta en ellas no sea sino la verdad.

De este modo, uno se convence de que a las mujeres les gusta que las cortejen solo por el hecho de haber leído el soneto de Sarazin[13] en el que se finge la caída en desgracia de la primera simplemente por haber prestado oídos a las lisonjas del Demonio. Pero si bien es cierto que estos versos están escritos en tono jocoso, con toques divertidos y una intención bastante ajustada a su propósito, que hacen que dicha caída sea percibida como muy grata, no lo es menos que, si se analiza esta pieza a fondo y se la reduce a prosa, uno descubrirá que en ella no hay nada más falso y anodino.

Hay personas lo suficientemente estúpidas que se imaginan que las mujeres son más proclives a la ira que los hombres por el mero hecho de que los poetas han representado a las Furias[14] con figura de mujer, pero no caen en la cuenta de que esas representaciones no son más que fruto de la imaginación poética; lo mismo pasa con los pintores cuando representan a las Harpías[15] con rostro de mujer, pero esas mentes simples tampoco reparan en que también pintan al Demonio bajo la apariencia de un hombre.

Yo mismo he sido testigo de cómo se intenta probar la inconstancia de las mujeres solo porque a un célebre poeta latino se le ocurrió decir que las féminas están sujetas a cambios continuos, y otro francés las comparó en broma con una veleta que se mueve al antojo de los vientos, sin darse cuenta esas gentes de que son solo maneras de hablar dirigidas, e incluso apropiadas, para alegrar el espíritu, pero no para instruirlo.

Por otra parte, la elocuencia vulgar es para la oratoria una especie de prisma óptico a través del cual se pueden observar los objetos bajo la figura y el color que a uno le plazca; por ello, gracias a los recursos que proporciona, no hay ninguna virtud que no se pueda representar también como un defecto.

No hay nada de especial en descubrir que para estos autores las mujeres son menos perfectas y más innobles que los hombres; sin embargo, no llego a vislumbrar las razones que aducen para que ello sea así, de ahí que parezca que los mismos hayan sido persuadidos de ello igual que el vulgo. Al contrario que nosotros, las mujeres no participan de ninguna de las ventajas que proporciona la vida social, como pueden ser las ciencias o la autoridad, identificadas comúnmente con la perfección, de lo que se deduce que ellas no son tan perfectas como nosotros. Pero para que uno se convenciese totalmente

---

[13] Jean-François Sarrasin o Sarazin (1614–1654) fue autor francés del siglo XVII. (N. del T.).

[14] Las Furias en la mitología romana, o las Erinias en la griega, son la personificación femenina de la venganza que persiguen a los culpables de ciertos crímenes. (N. del T.).

[15] En la mitología griega, las harpías, o arpías, eran seres con apariencia de hermosas mujeres aladas que, valiéndose de su capacidad de volar, robaban continuamente comida. (N. del T.).

de que esto es así, habría que demostrar primero que no son admitidas en estos campos porque no disponen de aptitudes. No obstante, demostrar esto no es tan fácil; es más, no resultará nada difícil demostrar justo lo contrario en lo que se expondrá a continuación, ya que dicho error proviene de la idea confusa que se tiene de lo que deba ser la perfección y la nobleza.

Todos los razonamientos de los que sostienen que el bello sexo no es tan noble ni excelso como el nuestro están basados en la creencia de que, al ser los hombres dueños y señores, todo está hecho para ellos; sin embargo, estoy seguro de que se creería incluso con más vehemencia lo contrario, es decir, que son los hombres los que están hechos para las mujeres, si a las mismas se les otorgase toda la autoridad como ocurre en el Imperio de las Amazonas[16].

Es verdad que, aquí y ahora, las mujeres solo se encargan de realizar las tareas consideradas de más bajo rango; pero también es verdad que, no por ello, son menos valiosas desde la perspectiva de la religión y la razón. No hay nada más bajo que el vicio, ni nada más grandioso que la virtud, y como las mujeres demuestran que son más virtuosas que los hombres en el desempeño de sus nimias ocupaciones, son, por tanto, merecedoras también de mayor estima. Incluso me atrevería a decir que, echando simplemente un vistazo a sus dedicaciones cotidianas, como son, por ejemplo, alimentar y criar a los hombres durante su infancia, las mujeres son, por ello, dignas de ocupar el primer rango en la sociedad civil.

Las mujeres son más valiosas que los hombres en atención a las tareas que desempeñan

Si fuésemos libres y no hubiese nada por encima de nosotros que nos gobernase, solo nos juntaríamos a fin de conservar mejor nuestras vidas, y gozaríamos, así, pacíficamente de todo aquello que nos fuese necesario, además de que valoraríamos mucho más a aquellos que contribuyesen en mayor medida a dicho fin. Este es el motivo por el que nos hemos habituado a considerar a los príncipes como las primeras figuras del Estado, porque tanto las labores que los ocupan como los planes que elaboran son de carácter general y nos afectan a todos, de lo que se desprende que nuestra estima hacia los que están situados por debajo de ellos sea proporcional a la posición que ocupan. La mayoría de nosotros prefiere los soldados a los jueces, porque los primeros se oponen directamente a quienes pueden atentar contra nuestras vidas de un modo más atroz; así, todos valoramos a los demás proporcionalmente, es decir, en la medida en que creemos que nos rinden alguna utilidad. De este modo, las mujeres deberían ser las personas

---

[16] Las amazonas, en la mitología clásica, eran mujeres guerreras que dirigían y gobernaban por sí mismas todo un imperio conformado solo por mujeres. (N. del T.).

más valoradas, puesto que los servicios que prestan son incomparablemente superiores a los que prestamos el resto.

Cuál es el mérito de las mujeres

Podríamos prescindir totalmente de príncipes, soldados y comerciantes, como ocurría, en efecto, en los albores de la humanidad, y como sucede, de hecho, en la actualidad entre los pueblos salvajes. Sin embargo, nunca podríamos prescindir de las mujeres durante nuestra infancia. En los Estados que se hallan en situación pacífica, la mayoría de las personas que detentan la autoridad están como muertas y parecen inútiles; pero, aun en ese caso, las mujeres nunca dejarán de sernos necesarias. Los jueces solo existen para asegurar los bienes a quienes los poseen, mientras que las mujeres están para asegurarnos la vida; asimismo, los soldados se ocupan de defender a hombres hechos y derechos y que ya son capaces de defenderse por sí mismos, mientras que las mujeres también se ocupan de los hombres, pero con la diferencia de que lo hacen justamente cuando esos hombres todavía no saben lo que son, ni si están rodeados de amigos o de enemigos y, sobre todo, en la etapa en que la única arma a su alcance es el llanto cuando se sienten amenazados. Señores, magistrados y príncipes actúan con frecuencia solo en pos de su propia gloria y motivados por intereses particulares, mientras que la actuación de las mujeres va siempre dirigida al bienestar de los niños que crían. En fin, huelga recordar que las penalidades y las preocupaciones por las que pasan, así como las fatigas que padecen o las atenciones que dedican, no tienen ni punto de comparación con las vicisitudes que puedan acontecer en los diversos estados de la sociedad civil.

Así pues, es solo la fantasía la que hace que sean menos valoradas. La prueba de ello la tenemos en la más que generosa recompensa que recibiría un hombre por domesticar un tigre; o en lo bien considerados que están los adiestradores de caballos, monos o elefantes; asimismo, siempre se habla con elogio de todo hombre que haya escrito una pequeña obra en la cual, como mucho, habrá invertido algo de tiempo y esfuerzo; en cambio, se ningunea a las mujeres, que dedican buena parte de su vida a alimentar y educar a los hijos. Si analizásemos bien el motivo de este menosprecio, hallaríamos que no es otro que las actividades que ellas desempeñan son más comunes y ordinarias que las de los otros.

Contra los testimonios que podemos extraer de la historia

Lo que dicen los historiadores en desfavor de las mujeres tiene más incidencia en el espíritu que los discursos de los oradores. Como parece que no dicen nada que sea de su propia cosecha, su testimonio parece ser menos sospechoso, aún más cuando se ajusta a las ideas de las cuales uno ya está convencido, y en concreto, en lo relativo a las mujeres, cuando nos informan de que antaño las mismas estaban ya en la misma situación que, según se cree, están ahora. Pero toda la autoridad que despliegan sobre nuestros espíritus no es sino producto de un prejuicio bastante común en la Antigüedad, representado por la imagen de un venerable anciano que, poseedor de gran sabiduría y amplia experiencia, no es capaz de equivocarse ni decir nada más que la verdad.

No obstante, los antiguos no eran menos hombres que nosotros y, por tanto, tampoco eran menos proclives al error, por lo que hoy en día no tenemos por qué plegarnos a sus opiniones como si estuviésemos aún en aquellos tiempos. En la actualidad, la consideración hacia las mujeres es la misma que en el pasado, es decir, muy poco razonable. Así, como en este campo los hombres actúan como juez y parte, todo lo dicho por ellos acerca de las mujeres tiene que ser puesto bajo sospecha, de tal modo que cuando alguno les dirige cualquier reproche basándose en las enseñanzas de esos millares de autores, lo que expresan tiene que ser considerado el fruto de una tradición henchida de prejuicios y errores. Por otra parte, hay un reconocimiento bastante generalizado en torno a la poca fidelidad y exactitud que podemos encontrar tanto en los relatos antiguos como en las narraciones familiares, por no decir que ambas son prácticamente inexistentes. Los que los escribieron mezclaron en ellos pasiones e intereses propios, lo que se ve reflejado en las muy confusas ideas que tenía la mayoría acerca de lo que deben significar defecto y virtud, de ahí que a menudo hayan tomado a uno por la otra; otro tanto podemos decir de sus lectores quienes, a pesar del normal cuidado que deberían poner cuando los leen, no dejan de incurrir en el mismo defecto, por lo que el efecto de los prejuicios en que se hallan sumidos escritores y lectores no es sino el esmero que ponen en exagerar las virtudes y ventajas de su propio sexo; y motivados por el interés contrario, el empeño con que rebajan y desacreditan los méritos de las mujeres. Esto último resulta tan obvio que es banal aportar ningún ejemplo.

Lo que podemos encontrar en la historia a favor de las mujeres

Sin embargo, si uno sabe desentrañar el pasado, comprobará que las mujeres no han claudicado ante los hombres, y que la virtud que muestran sería más sobresaliente si fuese juzgada sinceramente en todas y cada una de las circunstancias por las que deben pasar. Esto lo podemos observar en las muy considerables muestras de inteligencia y capacidad que han sabido dar en toda clase de vicisitudes. Algunas han gobernado grandes Estados, incluso imperios, con una sabiduría y una moderación dignas de ejemplo; otras han impartido justicia con una integridad similar a la del Areópago[17]; mientras que muchas otras, gracias a su prudencia y buenos consejos, no solo

---

[17]   El Consejo del Areópago, en la Grecia antigua, era un tribunal que controlaba a los magistrados, interpretaba las leyes y juzgaba a los homicidas. (N. del T.).

han sido capaces de restablecer la paz en sus reinos, sino, además, restituir en el trono a sus maridos. A otras muchas se las ha visto también dirigir ejércitos o defender murallas con un coraje más que heroico. ¡¿Cuántas no ha habido, pues, a quienes ha sido imposible arrebatar su castidad a pesar de las espantosas amenazas de que eran objeto o de las magníficas promesas que se les hacía?! ¡¿Cuántas no ha habido que hayan padecido con sorprendente generosidad los más horribles tormentos por causas religiosas?! ¡¿Cuántas no ha habido, acaso, que se hayan mostrado tan hábiles como los hombres en todas las ciencias, o que hayan penetrado los misterios de la naturaleza, o que hayan mostrado un olfato especial para la política, o una robusta solidez en asuntos morales, o que se hayan elevado hasta los más altos pedestales de la teología cristiana?! Así, esa misma historia de la que muchos se valen y abusan para posicionarse en contra de su sexo e intentar rebajarlo, sirve también a los que se fijan en él con equidad para demostrar que su sexo no es menos noble que el nuestro.

Contra los jurisconsultos

El gran peso que tiene sobre la mayoría de la gente la autoridad de los jurisconsultos en todo lo relativo a las mujeres proviene de la profesión tan particular que ejercen a fin de dar a cada uno lo que le pertenece. Así, no dudan en poner a las mujeres bajo el poder de sus maridos, igual que a los hijos bajo el de sus padres; para ello, alegan que esta situación no es sino obra de la naturaleza, que es la que ha asignado a ellas funciones sociales menores y, por tanto, las ha alejado de los asuntos públicos.

Los jurisconsultos aducen que la razón para afirmar lo comentado está muy bien fundamentada. No obstante, y sin querer menoscabar el respeto que merecen, también nos está permitido no ser de su opinión; tanto es así que los pondríamos en un grave aprieto si los obligásemos a explicar de forma inteligible qué consideran que sea la naturaleza en este caso, y hacernos entender, como pretenden, cómo hace esta para distinguir a cada uno de los sexos.

Por otra parte, también hay que tener en cuenta que son solo los hombres los que elaboran o compilan las leyes, de ahí que tengan tendencia a favorecer a su sexo; las mujeres, quizás, harían lo mismo si estuviesen en su lugar. Pero como en lo tocante a las mujeres las leyes se han elaborado siempre de la misma manera, desde el establecimiento de la sociedad hasta nuestros días, y sin olvidarnos de que los jurisconsultos tienen también sus prejuicios, estos les han venido atribuyendo como obra de la naturaleza una distinción que, sin embargo, proviene de la costumbre, además de que nunca han considerado necesario cambiar el orden establecido para alcanzar el objetivo que siempre se han propuesto: ejercer la justicia para que el Estado esté bien gobernado. De tal modo que, si se empecinasen en sostener que las mujeres están por naturaleza sometidas al hombre, esta idea se les podría discutir con sus propios argumentos, puesto que ellos mismos reconocen que tanto el sometimiento como la servidumbre son contrarios al orden natural que hace a todos los hombres iguales.

Al ser la dependencia una relación de carácter puramente corporal y civil, hay que considerarla como una situación que es consecuencia, bien del azar, bien de la fuerza, bien de la costumbre, a menos que sea la dependencia en que se hallan los hijos respecto a quienes les han dado la vida hasta alcanzar una determinada edad en la que se supone que los hombres ya han adquirido suficiente inteligencia y experiencia para poder gobernarse por sí mismos, momento en el cual serán liberados por la ley de toda autoridad ajena.

Pero entre personas de igual o parecida edad, solo debería existir una subordinación razonable, según la cual, los que carezcan de luces o las tengan disminuidas se someterían voluntariamente a quienes sí las posean. Y si a los hombres se les retirasen las acciones civiles que las leyes les conceden y los erigen en cabezas de familia, no podríamos hallar entre ellos y sus mujeres más sumisión que la debida a la experiencia y la instrucción. Tanto los hombres como las mujeres se comprometen en unirse libremente en un momento en que las mujeres tienen tanto o, a menudo, más discernimiento que sus maridos. Así, tanto las promesas como los convenios matrimoniales deberían ser recíprocos y el poder sobre sus personas, igual; ahora bien, si las leyes dan mayor autoridad al marido sobre los bienes, no es menos cierto que la naturaleza dota a la mujer de mayor poder y más derechos sobre los hijos. Y como la voluntad de uno no puede llegar a convertirse en regla para la otra, si una mujer está obligada a hacer lo que su marido le aconseja, este no está menos obligado a obedecer a su mujer en todo aquello que le demuestre que es su obligación, de tal manera que, excepto en lo que resulte razonable, no se puede constreñir a una mujer a someterse a la voluntad de su marido por el hecho de que tenga menos fuerza que él. A esta forma de proceder se la conoce comúnmente como actuar como un moro o un turco, pero, en cualquier caso, no se puede considerar que sea la forma de actuar de una persona dotada de razón.

Contra los filósofos

En los casos anteriores, apenas nos ha costado esfuerzo separarnos de la opinión de aquellas clases de eruditos, porque, como fácilmente se ha comprobado, sus profesiones no los obligan a estar informados exactamente de lo que significan las cosas en sí mismas, sino que, para lograr sus fines, por ejemplo, a poetas y oradores les bastan las apariencias y las verosimilitudes; o a los historiadores les es suficiente el testimonio de la Antigüedad; o la costumbre, a los jurisconsultos. Sin embargo, apartarse de la opinión de los filósofos no va a resultar tan fácil, ya que da la impresión de que estos estén por encima de todas las consideraciones previas, como en efecto deben estarlo debido a que aparentan realizar análisis más profundos de las cuestiones tratadas, lo que hace que se ganen una credibilidad generalizada y se tengan por indubitables sus propuestas, sobre todo, cuando no contradicen la opinión que uno pueda tener sobre ellas.

Así, las masas se reafirman en su opinión acerca de la desigualdad entre los dos sexos, porque en esa opinión ven una posición coincidente con la de aquellos cuyos juicios siguen como si se trataran de reglas que han de seguir ellos mismos para los suyos, sin percatarse de que casi todos los filósofos no siguen más que una regla: la suya propia, y sin reparar en que sus pronunciamientos, en especial sobre la materia que estamos tocando, no están basados en la ciencia.

Qué son los filósofos de escuela

Los filósofos han llevado sus prejuicios a las instituciones académicas, pero en ellas no han aprendido nada que les sirva para librarse de ellos, sino que, más bien al contrario, toda su ciencia se funda en los juicios que han ido construyendo y de los que son portadores desde la cuna; así que para ellos constituye un delito o un error desdecirse o dudar de todo lo que han venido creyendo antes de entrar en la edad del discernimiento. No se les enseña a conocer al hombre, ni en cuerpo ni en alma; y lo que ellos enseñan a los demás sirve en general para probar qué hay de más y de menos entre nosotros y las bestias; pero no se les cuenta nada acerca de los sexos, ya que se supone que sobre este tema ya saben bastante, por lo que se sitúan en un plano lejos de analizar las verdaderas capacidades y las diferencias naturales existentes entre ambos sexos, cuestión que, por otra parte, constituye uno de los puntos más curiosos y, quizás, también de mayor importancia para la física y la moral. Pasan años enteros, incluso algunos toda su vida, preocupados por bagatelas, o debatiendo sobre los llamados seres de razón, o enredándose en discusiones acerca de si más allá de este mundo hay espacios imaginarios, o si los átomos o las partículas de polvo que se hacen visibles en los rayos de sol son divisibles hasta el infinito. ¿Qué fondo puede quedar, entonces, de lo que digan unos eruditos de tal calaña cuando se trate de asuntos serios y de calado?

No obstante, podríamos pensar que, a pesar de que se instruyan tan mal, sus principios sean, quizás más que suficientes para averiguar cuál de los dos sexos posee una ventaja natural frente al otro; con todo, esta idea solo se les podría ocurrir a quienes, bien no los conocen, bien tienen alguna predisposición especial hacia ellos. Conocernos a nosotros mismos es absolutamente necesario para plantear correctamente esta cuestión y, en particular, tenemos que conocer nuestro cuerpo, órgano de las ciencias, de la misma manera que para saber por qué una lupa hace que se agranden los objetos cuando los miramos a través de ella es necesario conocer cómo funcionan las lupas. Los filósofos, sin embargo, solo se refieren al cuerpo, al igual que a la verdad y la ciencia, de pasada, o lo que es lo mismo, solo hacen referencias vagas al método para adquirir conocimientos ciertos y verdaderos, método sin el cual es imposible analizar correctamente si las mujeres disponen de las mismas capacidades que nosotros. En todo caso, no voy a detenerme aquí a exponer las ideas que defienden, sino que me limitaré a comentar en general lo que yo pienso al respecto.

En qué consiste la ciencia

Todos los hombres, al estar hechos del mismo modo, tienen los mismos sentimientos e ideas acerca de las cosas naturales, por ejemplo, la luz, el calor o la materia; y toda la ciencia que podemos intentar extraer de las cosas se reduce a saber con exactitud cuál es la disposición particular, tanto interna como externa, que pueda tener cada objeto, a fin de que dicho conocimiento produzca en nosotros una serie de impresiones y pensamientos en relación con cada uno de ellos. Todo lo que los maestros pueden hacer para conducirnos a ese conocimiento se limita, por una parte, a enseñarnos cómo aplicar nuestra inteligencia sobre lo que percibimos sin precipitarnos ni prejuzgarlo a fin de examinar cuál sea su apariencia y cuáles, sus efectos; y, por otra, a mostrarnos el orden que hay que seguir en la construcción de nuestros pensamientos para hallar finalmente lo que estamos buscando.

Un ejemplo: en qué consisten los líquidos

Por ejemplo, si alguien sin estudios me pidiese que le explicase en qué consiste el estado líquido del agua, yo no le afirmaría nada al respecto, sino que le preguntaría qué es lo que ha observado en ella, como, por ejemplo, que si no está contenida en un recipiente, se derrama, es decir, que todas sus partes se disocian y se separan las unas de las otras sin haber introducido ningún cuerpo extraño en ella; o que si uno introduce los dedos en el líquido elemento, comprobará que lo hace sin esfuerzo y sin encontrar resistencia a diferencia de lo que sucede con los cuerpos sólidos; o que si vertemos en ella azúcar o sal, nos daremos cuenta de que los dos se disuelven poco a poco y sus partículas se van repartiendo por todas partes en el líquido.

Hasta aquí no le habré enseñado nada nuevo; pero si, en todo caso, con este proceder le hubiese hecho entender lo que significa estar en reposo o en movimiento, lo llevaría a reconocer que la naturaleza de los líquidos consiste en que sus partes imperceptibles están en constante movimiento, lo que nos obliga a retenerlos en un recipiente, así como que esa misma característica es la que facilita a los cuerpos duros penetrar en ellos; y como las partículas que componen el agua son tan diminutas, lisas y afiladas, consiguen penetrar, asimismo, en el azúcar a través de los poros, lo que provoca que sus componentes se vayan dividiendo y deshaciendo en contacto con el líquido; y como este se mueve constantemente en todos los sentidos, esos componentes, ya separados y diluidos, van siendo transportados y repartidos por todo el espacio que ocupa el recipiente.

Esta concepción de los líquidos, que no es sino una rama desgajada del área general de la física, debería quedar bien clara si se la considera desde el lugar que ocupa; y en ella no hay nada en particular que las mujeres no sean capaces de entender; por tanto, si este ejemplo lo trasladamos al resto de conocimientos, y siempre que los mismos estén expuestos con orden y claridad y se preste la debida atención a la explicación, no tiene por qué haber mayores dificultades en su comprensión. De ahí se desprende que todas las ciencias para cuyo estudio es necesario razonar requieran menos inteligencia e inversión de tiempo que el que se necesita para aprender bien a hacer punto o para ejercer el oficio de tapicero.

No es necesario ser menos inteligente para aprender a hacer punto o ejercer la tapicería que para aprender física

En efecto, las ideas que tenemos acerca de las cosas naturales no solo nos son necesarias, sino que se forman en nosotros siempre de la misma manera. Adán las tenía como las tenemos nosotros; tanto niños como ancianos las tienen, lo mismo que hombres y mujeres. Estas ideas se van renovando, fortaleciendo y manteniendo a través del uso continuo que hacemos de nuestros sentidos. En este punto, siempre actúa la razón; y quien conozca bien cómo actúa la razón sobre una cosa descubrirá sin dificultad cómo actúa sobre todas las demás. No hay mucha diferencia, por no decir ninguna, a excepción de la intensidad, entre el destello emitido por el Sol y el de una chispa. Para entender cabalmente esto no hace falta tener muchas habilidades ni gran experiencia.

Sin embargo, no podemos decir lo mismo de las labores a las cuales me acabo de referir hace un momento, ya que para su realización hay que aplicar un poco más de inteligencia. Las ideas, al ser arbitrarias, son más difíciles de aprehender y retener; esta es la causa de que se necesite tanto tiempo para aprender bien un oficio y que su correcto aprendizaje dependa de una larga práctica: hace falta tener mucha habilidad para guardar bien las proporciones en la confección de un tapiz, o para distribuir equitativamente la seda y la lana en él, o para combinar con precisión los colores, o para no apretar demasiado los nudos o dejarlos sueltos, o para no poner más en una fila que en otra, o para que no se noten. En pocas palabras, no solo hay que saber realizar, sino también variar en mil y una formas diferentes las obras de arte que se realicen para ir adquiriendo maestría y transformarse en maestro; en cambio, en el campo de las ciencias basta con observar atentamente las obras uniformes y ya completamente acabadas, de ahí que la dificultad para alcanzar el éxito en esta área provenga menos de los objetos en sí mismos y de la disposición de sus cuerpos que de la poca capacidad que muestren los expertos en su estudio.

Así, no tenemos por qué sorprendernos tanto de ver tanto a hombres como a mujeres sin estudios charlar sobre temas que atañen a las ciencias, puesto que el método para aprenderlas no está encaminado sino a rectificar el sentido común, el cual se puede equivocar debido a la precipitación, la costumbre o los usos.

La idea de la ciencia que acabamos de exponer bastaría, en general, para convencer a las personas sin prejuicios de que hombres y mujeres poseen las mismas capacidades; pero como la opinión opuesta está mucho más enraizada, para arrancarla de cuajo hay que combatirla con argumentos a fin de que, sumando los aspectos favorables al bello sexo expuestos en la primera parte de esta obra a las razones de carácter físico que expondremos a continuación, podamos llegar a estar totalmente convencidos de esta idea favorable a las mujeres.

LAS MUJERES, CONSIDERADAS SEGÚN LOS PRINCIPIOS DE LA SANA FILOSOFÍA, SON TAN CAPACES COMO LOS HOMBRES PARA TODA CLASE DE CONOCIMIENTOS

La razón no tiene sexo

Respecto a las diferencias existentes entre ambos sexos, no es tan difícil darse cuenta de que estas atañen tan solo al cuerpo, y de que, hablando con propiedad, esas diferencias se centran en la parte del cuerpo que sirve para la reproducción humana; en cambio, la razón, que solo actúa a la hora de prestar el consentimiento, lo hace de la misma manera en todos, por lo que se puede concluir que la razón no tiene sexo.

La razón es igual en todos los hombres

Y si la consideramos en sí misma, vemos que la razón es igual y tiene la misma naturaleza en todos los hombres, y que es capaz de abarcar toda clase de pensamientos, desde los más nimios hasta los más complicados; así pues, no hace falta ser menos inteligente para conocer bien un bichito y más para conocer un elefante; cualquiera que sepa en qué consisten la luz y el destello producido por una chispa, sabrá también en qué consiste la luz emitida por el Sol. De modo similar, si uno está acostumbrado a pensar en temas que solo a la razón conciernen, seguramente vislumbrará estos tan nítidamente como los aspectos más materiales de los objetos que se perciben a través de los sentidos. Yo no consigo adivinar cuál es la diferencia entre el espíritu de un hombre grosero e ignorante y el de otro refinado e instruido, como tampoco creo que haya más diferencia entre esos dos espíritus que entre la que pueda haber en el espíritu de un hombre a la edad de diez años y de ese mismo hombre cuando tenga cuarenta; y como no parece que haya mayor diferencia entre los espíritus de ambos sexos, se puede concluir que su diferencia no reside en este punto.

De dónde proviene la diferencia entre los hombres

La diferencia entre los hombres proviene de la constitución de sus cuerpos, pero también y en mayor medida de la educación que hayan recibido, del ejercicio que realicen, y de las impresiones que tengan de todo aquello que nos rodea; en general, estas son las causas naturales y perceptibles de la gran diversidad existente y notoria que hay entre ellos.

La razón actúa igual en mujeres y hombres

Igual que lo hizo con el hombre, Dios unió el espíritu de la mujer a su cuerpo, y en los dos casos los unió bajo las mismas leyes; y no son sino los sentimientos, las pasiones y las voluntades los que construyen y mantienen dicha unión; y como la razón no actúa de diferente manera en uno y otro sexo, esta se muestra igual de capaz en ambos para realizar las mismas cosas.

La razón percibe las cosas de la misma manera en ambos sexos

Si nos fijamos solo en la cabeza, único órgano que interesa para conocer las ciencias y a través del cual la razón cumple todas sus funciones, lo que acabamos de comentar se torna más claro si cabe, ya que los estudios anatómicos más precisos no nos permiten atisbar ninguna diferencia entre hombres y mujeres en lo referente a esta parte del cuerpo: el cerebro de las mujeres es en todo similar al nuestro, ya que él recibe las impresiones captadas por los sentidos, las procesa, y las conserva de la misma manera para posteriormente ser utilizadas por la imaginación o, en su caso, por la memoria cuando tengamos que recurrir a ella. Las mujeres oyen igual que nosotros, es decir, por medio de los oídos, igual que ven con los ojos y perciben los gustos a través de la lengua; y en la disposición de estos órganos no hay nada de particular en ellas, excepto que, por lo general, los tienen más desarrollados, lo que en sí constituye una ventaja para las féminas, y, por tanto, perciben los objetos exteriores igual que nosotros: la luz por medio de la vista y el sonido por medio del oído.

Las mujeres están capacitadas para la metafísica

¿Qué les impediría entonces dedicarse por sí mismas a analizar en qué consiste la naturaleza del espíritu, cuántos tipos de pensamiento hay y cómo se activan con ocasión de determinados movimientos corporales, para, a continuación, consultar las ideas naturales que tienen de Dios, disponer ordenadamente sus pensamientos comenzando por los aspectos espirituales, y practicar, por ende, la ciencia denominada metafísica?

Están capacitadas para la física y la medicina

Puesto que también tienen ojos y manos, ¿acaso no podrían por sí mismas realizar la disección de un cuerpo humano, u observar cómo la practican otros, para examinar su simetría y estructura, analizar su variedad, fijarse en las diferencias y relaciones existentes entre sus diversas partes, cómo están diseñadas, cuáles son y cómo se mueven, qué funciones cumplen, así como detectar las posibles alteraciones de las que siempre son susceptibles y, por tanto, pueden sufrir, para, gracias a esos estudios, llegar a averiguar cuáles son los medios para conservar el cuerpo en buen estado y, en su caso, sanarlo una vez se haya producido en él algún cambio?

Para ello les bastaría con conocer la naturaleza de los cuerpos exteriores y la relación que mantienen con el suyo, descubrir sus propiedades y las impresiones que causan en nosotros, ya sean buenas o malas, así como su porqué. Todo esto se conoce a través de los sentidos y de las diversas experiencias que hayamos podido tener; y como las mujeres, igual que los hombres, disponen de sentidos y experiencias, perfectamente pueden llegar a aprender tan bien como nosotros la física y la medicina.

¿Hace falta ser tan inteligente para comprender que respirar es imprescindible para mantenerse con vida?; ¿o que inspiramos el aire por la nariz y la boca y que, tras pasar por el tubo respiratorio, alcanza los pulmones para en ellos refrescar la sangre que circula por nuestro cuerpo?; ¿o que ese aire nos puede causar diferentes alteraciones dependiendo de que sea más o menos puro debido a la mezcla y confusión que a veces se producen en él con otros gases y emanaciones?

En qué consiste el gusto

¿Es tan difícil descubrir que el sentido para distinguir el sabor de los alimentos se halla en esa parte del cuerpo en la que, sobre la lengua, se diluyen por la acción de la saliva? No hay nadie que, tras haber comido y sentirse satisfecho, no sienta que la carne que después se mete y mastica en la boca, al deshacerse de un modo tan diferente al que se deshacía al principio, en el momento en que se estaba alimentando, produce en el paladar una sensación menos agradable que la de los primeros bocados. Así, no hay mayores dificultades, siempre que se haga ordenadamente, en conocer lo restante sobre las funciones del cuerpo humano.

Conocen las pasiones

Las pasiones son sin duda lo que despierta mayores curiosidades en esta materia. En ellas podemos observar dos cosas: por una parte, la agitación corporal; por otra, los pensamientos y emociones del alma asociadas a esa agitación, que mujeres y hombres experimentan con igual facilidad. En cuanto a las causas que excitan las pasiones, gracias al estudio de la física, sabremos cómo actúan estas una vez hayamos entendido la manera en que las cosas que nos rodean nos importan y afectan; asimismo, sabremos cómo caemos o nos alejamos de ellas de acuerdo con nuestra voluntad conformada por las experiencias adquiridas y los usos establecidos.

Pueden aprender la lógica

Si una mujer se pusiese a reflexionar regularmente sobre los objetos de las tres ciencias de las que acabamos de hablar, se dará cuenta de que el orden de sus pensamientos debe seguir el de la naturaleza, y que serán más precisos cuanto más se ajusten a ella, pues no hay nada que contribuya más a impedir que se alcance la certeza que la precipitación en nuestros juicios; y, si, a continuación, recordase el proceso mediante el cual ha llegado a establecer las conclusiones, bien podría en el futuro valerse de este método de reflexión que habrá de servirle como regla a seguir para formarse una lógica.

Y si, a pesar de todo, se dijese que las mujeres por sí mismas no pueden adquirir estos conocimientos, digámoslo así, sin ayuda, por lo menos no se podría negar que los pudiesen alcanzar con la ayuda de maestros y libros, medios, por otra parte, a los que han recurrido las personas más hábiles en todo momento a lo largo de los siglos.

Las matemáticas

Baste con alegar la propiedad reconocida que tiene su sexo para demostrar que la mujer es capaz de interpretar las proporciones matemáticas; así que, entraríamos en contradicción con nosotros mismos, si dudásemos de que su sexo no tendría tanto éxito como el nuestro si se dedicase a la construcción de artefactos mecánicos, ya que le hemos atribuido más talento e ingenio.

Están capacitadas para la astronomía

Solo hay que tener ojos en la cara y prestar un poco de atención a los fenómenos naturales para darse cuenta de que tanto el Sol como el resto de cuerpos luminosos localizados en el cielo son auténtico fuego, puesto que nos iluminan y causan las mismas impresiones que los que hay aquí abajo; asimismo, nos daríamos cuenta de que estos cuerpos celestes aparecen sucesivamente en diversos lugares de la Tierra, por lo que podemos imaginar a qué responden sus movimientos y cuáles son las trayectorias que describen, de tal manera que cualquiera que sea capaz de concebir en su mente grandes mecanismos y los resortes que los activan, será capaz también de concebir la maquinaria que mueve el mundo con tal de que antes haya observado bien cómo van apareciendo esos cuerpos.

Distinción entre las ciencias

Ya hemos visto que las mujeres poseen las mismas características que hacen que los hombres se consideren en sí mismos aptos para las ciencias; pero si continuamos observando y nos fijamos más de cerca, todavía descubriremos otras necesarias para las ciencias que no solo les afectan, sino que las vinculan con sus semejantes en la sociedad civil.

Es un defecto de la filosofía vulgar establecer entre las ciencias una distinción tan grande que lleva a que, aun siguiendo el método que le es propio, apenas podamos reconocer conexiones entre ellas. Esta es la causa de que la vastedad del conocimiento humano se vea tan restringido, ya que tenemos tendencia a pensar que es casi imposible que un hombre sea capaz de abarcar varias de ellas, y el hecho de que tenga aptitudes para la física o la medicina lo inhabilitaría para la oratoria o la teología, puesto que se cree que hay que tener tantos talentos diferentes como ciencias diferentes haya para poder practicarlas.

Este pensamiento proviene, de una parte, de que, por lo general, se confunda la naturaleza con la costumbre al considerar que la disposición que tengan determinadas personas hacia una ciencia más que a otra es por efecto de su constitución natural, en vez de pensar que esa predisposición, a menudo, no es consecuencia sino de la casualidad, y que dicha inclinación les puede venir, más bien, de la necesidad, la educación o la tradición; de otra parte, esa idea proviene también del error que cometemos al no advertir que, propiamente, en el mundo no hay más que una ciencia, que no es otra que la ciencia de nosotros mismos, y que todas las demás no son sino aplicaciones particulares de esta.

En efecto, la dificultad que encontramos hoy en día para aprender lenguas, moral o cualquier otra ciencia, radica en el hecho de que no sepamos relacionar estas ciencias con esa otra general, cuya consecuencia es que todos los que creen que las mujeres tienen capacidades para la física o la medicina, por el contrario, y por ese mismo motivo, no crean que las tienen también para las otras ciencias de las que vamos a hablar a continuación. Con todo, la dificultad es la misma en los dos ámbitos, ya que en ambos de lo que se trata es de razonar correctamente. Y esto se hace aplicando con seriedad la razón a los objetos que se nos presentan para formarnos de ellos ideas claras y precisas, contemplándolos en todas sus facetas para establecer, así, todas las posibles relaciones, y extrayendo solo conclusiones sobre los aspectos que se manifiesten nítidamente como verdaderos. Para ello, solo hay que disponer en un orden natural los pensamientos a fin de alcanzar, de este modo, una ciencia perfecta. Y si en todo ello no hay nada que sea inaccesible para las mujeres, si se las instruye por esta vía, en las áreas de la física o la medicina, ¿no serían acaso igualmente capaces de progresar en las otras ciencias?

Están capacitadas para la gramática

¿Qué motivo podría haber por el que las mujeres no puedan entender que la necesidad de vivir en sociedad nos obliga a comunicar nuestros pensamientos mediante determinados signos exteriores, el más cómodo de los cuales es el habla que consiste en el uso de palabras sobre cuyo significado nos hemos puesto de acuerdo?; ¿o que debe haber tantas clases de palabras como ideas tengamos?; ¿o que es necesario que entre ellas se establezca algún tipo de relación entre su sonido y su significado a fin de que las podamos aprender y memorizar más fácilmente y no tener que estar obligados a multiplicarlas hasta el infinito?; ¿o que hay que disponerlas en el orden más natural correspondiente al de nuestros pensamientos?; ¿o que solo debemos emplear en nuestros discursos las que necesitemos para hacernos entender?

Estas reflexiones situarían a una mujer en estado de trabajar como académica en el perfeccionamiento de su lengua natural, reformando o eliminando las malas palabras, introduciendo nuevas, y regulando su uso con base en la razón y las ideas exactas que se tengan de las lenguas. Además, el método con el cual hubiese aprendido la lengua de su país le serviría maravillosamente para aprender las extranjeras, descubrir sus sutilezas, leer a sus autores, y convertirse, así, en una experta en gramática y en todo lo relacionado con las Humanidades.

La elocuencia

Al igual que los hombres, las mujeres hablan para hacerse entender, contando las cosas tal como las conocen, así como para predisponer al prójimo a que actúe según sus deseos; esto se llama persuadir, y en la persuasión suelen tener más éxito que nosotros; y si quisieran hacerlo con más arte, solo tendrían que estudiar cómo presentar las cosas, es decir, primero, cómo se les presentan a ellas, y, después, cómo se las presentarían a los que pretenden influir si estuviesen en su lugar. Todos los hombres, al estar hechos de la misma pasta, casi siempre se emocionan de la misma manera y por las mismas cosas, y si alguno se emociona de manera diferente, no es sino debido a sus inclinaciones, habitudes o estado, cosas que una mujer con un poco de reflexión y práctica sabría reconocer sin mayor esfuerzo; y si supiese ordenar sus pensamientos de la forma más adecuada y exponerlos con gracia y pulcritud, acompasando sus gestos y el aspecto de su rostro al relato, entonces poseería la verdadera elocuencia.

La moral

Resulta increíble que las mujeres puedan practicar tan elevadamente la virtud si no son capaces de penetrar sus máximas fundamentales. En efecto, una mujer instruida, como ya la hemos descrito, descubriría por sí misma las reglas que rigen su conducta si, a su vez, descubriese los tres tipos de deberes que comprenden toda la moral, siendo los primeros los referentes a Dios; los segundos, los referentes a nosotros mismos; y los terceros, los referentes a nuestros prójimos. Las ideas claras y diáfanas que se habría formado de su espíritu y de la unión del cuerpo con el alma, la llevarían infaliblemente a reconocer que existe un espíritu infinito, Autor de toda la naturaleza, y a concebir en él los sentimientos sobre los cuales se basa la religión. Así, tras haber aprendido gracias a la física en qué consiste el placer de los sentidos y de qué manera el mundo exterior contribuye a la perfección del espíritu y a la conservación del cuerpo, no podría dejar de juzgar que hay que ser enemigo de uno mismo para no utilizarlas sino con moderación. Si, a continuación, diese el paso de considerarse un miembro más de la sociedad civil, comprometida con otras personas iguales a ella, todas sujetas a las mismas pasiones, así como a las mismas necesidades que serían imposibles de satisfacer si no nos valiésemos de una mutua asistencia, entonces llegaría sin dificultad a esa idea de la que depende toda nuestra justicia, que no es otra que hay que tratar a los demás como queremos que se nos trate a nosotros mismos, y que, para ello, es necesario que reprimamos nuestros deseos, cuyo desorden, conocido como codicia, es la causa de todos los males y la infelicidad en la vida.

El derecho y la política

Esa mujer aún se reafirmaría más en el convencimiento del último de estos deberes si fuese más incisiva y descubriese el fondo de la política y la jurisprudencia. Y como una y otra versan sobre los deberes de los hombres en sus relaciones, pronto se daría cuenta de que para comprender a qué están obligados estos en la sociedad civil, hay que saber antes qué los ha llevado a formarla. Los consideraría, pues, como fuera de esta sociedad, todos libres e iguales en derechos y con un único propósito: su propia conservación; y todos tendrían el mismo derecho sobre lo que haya que hacer para garantizar su supervivencia. Pero también se daría cuenta de que dicha igualdad los conduciría a la guerra continua y a la desconfianza mutua, cosa que sería, a su vez, contradictoria con el fin anterior, de tal manera que la razón natural les dictaría que nunca podrían vivir en paz mientras no renunciasen a su derecho y llegar a un acuerdo, es decir, a un contrato; y para dar validez a ese acto y despejar, así, su inquietud, tendrían que recurrir a un tercero, quien dotado de autoridad obligaría a cada uno a cumplir con lo que ha prometido a los otros, ya que, habiendo sido elegido aquel para asegurar la tranquilidad de los miembros del grupo, no tendría otra misión que cumplir; pero para lograr el objetivo perseguido con su establecimiento, sería necesario que fuese señor de bienes y personas, de la paz y la guerra.

Examinando a fondo esta cuestión, no habría nada que impidiese a una mujer descubrir qué es la equidad natural; o qué significa sellar un acuerdo; o qué es la autoridad y la obediencia; o cuál sea la naturaleza de la ley o el uso que se tenga que hacer de las penas; o en qué consiste el derecho civil o el de gentes; o cuáles son los deberes de los príncipes y súbditos. En pocas palabras, aprendería, gracias a sus propias reflexiones y al estudio de los libros, lo que hay que saber para convertirse en jurista o político.

La geografía. De dónde proviene la diversidad de costumbres que vemos entre los pueblos

Después de haber adquirido un perfecto conocimiento de sí misma y haberse instruido sólidamente en las reglas generales que rigen la conducta de los hombres, pudiera ser que estuviera dispuesta también a informarse de qué manera se vive en tierras extranjeras. Y como habría observado que los cambios de tiempo, de estaciones, de lugar, de edad, de alimentación, de compañía y de ejercicio, habrían provocado en ella, a su vez, una serie de alteraciones y diferentes pasiones, apenas tendría dificultad en reconocer que esta diversidad produce el mismo efecto sobre pueblos enteros, es decir, que estos tienen usos, costumbres, tradiciones, inclinaciones y leyes diferentes según se hallen más cerca o más lejos del mar, moren al sur o al norte, estén rodeados de llanuras o montañas, o sus territorios poblados de bosques o ríos, o las tierras en que habiten sean más o menos fértiles y den uno u otro producto en particular, o los negocios que desarrollen y el tipo de comercio que practiquen con otros pueblos vecinos o lejanos. Podría estudiar perfectamente todos estos aspectos y aprender, así, cuáles son las costumbres, la economía, la religión, el gobierno y los intereses de, por lo menos, veinte o treinta naciones diferentes; y su examen le resultaría tan fácil como estudiar casos familiares particulares. De igual modo, no hallaría tampoco mayores dificultades en aprender de un mapa dónde están situados los distintos reinos, así como la relación de mares, territorios, islas y continentes, que las que encontraría en saber cuáles son los barrios y las calles de la ciudad en que vive o los caminos de la provincia donde reside.

La historia profana

El conocimiento del presente podría hacer que naciese en ella también la curiosidad por conocer el pasado, así que, lo que hubiese aprendido de geografía, le sería de gran ayuda en este otro propósito, proporcionándole un buen medio para entender mejor los asuntos relacionados con las guerras, los descubrimientos y las negociaciones, al indicarle esos conocimiento geográficos los lugares en los que han sucedido, los trayectos y rutas elegidos o las vías de comunicación existentes entre los Estados, así como las relaciones y los lazos que los unen. En todo caso, ese conocimiento de la manera de actuar que tienen los hombres en general, aprendido gracias a las reflexiones que hubiese hecho sobre sí misma, la introduciría en el mundo de la política, de sus fines, intereses y deseos, y la ayudaría a descubrir cuáles son los móviles y las razones que se aducen en las campañas que se emprenden, o cuáles son las fuentes que alimentan las revoluciones; del mismo modo, ese conocimiento la ayudaría a aportar a todas esas grandes iniciativas un examen de los pequeños detalles que a los historiadores se les suelen escapar, pero que, en cambio, contribuyen al éxito de los proyectos. Asimismo, guiada por la justa idea que tendría acerca del vicio y la virtud, se pondría en guardia frente a los halagos, las pasiones o la ignorancia de los autores, y se prevendría contra las inexactitudes, escritas en relatos donde es común que se mezclen todos estos defectos, que se cuentan y corrompen la historia. Así, al no ser la política antigua tan sofisticada como la moderna, ni estar los intereses de los príncipes de antaño tan entrelazados ni la actividad comercial tan extendida como ahora, en la actualidad resulta más necesario que nunca tener un poco más de ingenio que el mostrado en su día por Tito Livio[18] o Quinto Curcio[19] para poder desenmarañar y entender lo que hoy se escribe en las gacetas.

La historia eclesiástica y la teología

Existe un buen número de personas que consideran la historia eclesiástica más agradable y sólida que la profana o civil, porque piensan que en ella tanto la razón como la virtud tienen un alcance superior, y que las pasiones y los prejuicios, revestidos con el pretexto de la religión, hacen que el espíritu tome un giro muy particular en su conducta. Por ello, una mujer se aplicaría a su estudio con tanta o más afección cuanta más importancia juzgase que esta tiene, y se persuadiría de que los libros que comprenden las Escrituras no son menos auténticos que los otros que poseemos, además de que contienen la verdadera religión, así como las máximas sobre las cuales esta se funda; o que el Nuevo Testamento, con el que se inicia propiamente la historia del cristianismo, no es más difícil de entender que los autores griegos o latinos; o que los que la leen con la ingenuidad de un niño en busca del reino de Dios descubren su verdad y sentido con más facilidad y placer que los que hallarían en la lectura de los enigmas, los símbolos y las fábulas. Y después de haber ordenado su espíritu según la moral de Jesucristo, se hallaría en condiciones de dirigir a sus semejantes, quitarles sus escrúpulos y resolver los conflictos de conciencia con mayor solidez que si se hubiese llenado la cabeza con todos los casuistas del mundo.

No veo nada que pueda impedir que, en el desarrollo de sus estudios, una mujer no pueda observar tan fácilmente como lo haría un hombre cómo el evangelio ha pasado de mano en mano, de reino en reino y de siglo en siglo hasta llegar al suyo; como tampoco veo nada que no pudiese aprender, mediante la lectura de los Padres de la Iglesia, lo que representa la verdadera teología, o que no descubriese que la misma no consiste en otra cosa que en conocer la historia de los cristianos y los sentimientos personales de aquellos que la han escrito. Así, llegaría a ser lo bastante hábil para producir obras sobre religión, pregonar la verdad y combatir, mostrando lo que siempre se ha creído en la Iglesia, las nuevas ideas que se aporten al respecto en materias controvertidas.

---

18   Tito Livio (59 a. C.-17 d. C.) fue un historiador romano; autor de *Ab urbe condita*, historia de Roma en ciento cuarenta y dos libros. (N. del T.).

19   Quinto Curcio Rufo fue un escritor e historiador romano del siglo I cuya única obra conocida es *Historiae Alexandri Magni Macedonis*. (N. del T.).

El derecho civil

Si una mujer es capaz de instruirse, mediante el estudio de la historia, de lo que son todas las sociedades públicas, cómo se han formado y se mantienen en virtud de una autoridad fija y constante ejercida por magistrados y oficiales subordinados los unos a los otros, no lo es menos para informarse de cómo se refleja dicha autoridad en las leyes, ordenanzas y reglamentos respecto a la conducta de quienes están sometidos a esas normas, ya sea como consecuencia de las relaciones que se crean entre las personas según la diversa condición en que se encuentren, ya sea por la posesión y el uso que hacen de los bienes. ¿Tan difícil es saber cuál es la relación que se establece entre un marido y su mujer, o entre un padre y sus hijos, o entre un dueño y sus sirvientes, o entre un señor y sus vasallos, o entre aliados, o entre un tutor y su pupilo? ¿Tanto misterio hay en entender qué significa adquirir la posesión gracias a un acto de compra-venta, trueque o donación, o por medio de legado, testamento, prescripción o usufructo? ¿Tan complicado es saber cuáles son los requisitos necesarios para que estos actos sean válidos?

El derecho canónico

No parece que haga falta ser más inteligente para entender mejor el espíritu de la sociedad cristiana que el de la sociedad civil, o para formarse una idea precisa de cuál es la autoridad particular sobre la que basa todo su proceder, así como para distinguir con claridad el ejemplo de conducta que Jesucristo dejó a su iglesia de ese otro ejemplo de dominación que la misma ejerce y que pertenece en exclusiva a los poderes temporales. Después de haber hecho esta distinción, absolutamente necesaria para entender bien el derecho canónico, no hallo ningún motivo por el cual una mujer no lo pudiese estudiar y, con el conocimiento adquirido, comprender cómo la Iglesia se ha venido organizando sobre la base del derecho civil, y cómo en este proceso ha ido confundiendo la jurisdicción secular con la espiritual. Tampoco creo que no puedan llegar a entender en qué consiste la jerarquía, o cuáles son las funciones de los prelados, o el poder de papas, obispos, pastores y concilios; o qué significa la disciplina y cuáles son sus reglas y mudanzas, es decir, sus cánones; o cuáles son sus privilegios y exenciones, o, lo que es lo mismo, cómo se han establecido sus beneficios, y cuál es el uso y la posesión que hace de ellos. En pocas palabras, cuáles son las costumbres y ordenanzas de la Iglesia y los deberes de sus miembros. En todo ello no hay nada que una mujer no pueda entender, por lo que muy bien podría llegar a convertirse en toda una experta en derecho canónico.

Estas son solo algunas ideas generales de los más elevados conocimientos de los que se han servido los hombres a fin de señalar su espíritu y hacer fortuna. Conocimientos que poseen desde hace mucho tiempo y utilizan en perjuicio de las mujeres; y, a pesar de que las mujeres no tengan menos derecho al conocimiento que los hombres, sin embargo, estos muestran hacia ellas unos pensamientos y unas actitudes de lo más injustos, porque precisamente no se ve nada parecido en el uso de los bienes materiales.

A propósito de este tema, siempre ha existido la creencia de que la prescripción se implantó para mantener la paz y la seguridad de las familias, es decir, que un hombre que hubiese disfrutado de un bien de otro de buena fe y sin problemas durante un tiempo determinado continuaría siendo su posesor sin que posteriormente se pudiese hacer nada al respecto. Pero nunca se le ha ocurrido a nadie pensar que quienes hubieran sido desposeídos de uno de sus bienes por negligencia, o por cualquier otra razón, fueran incapaces de recuperarlo por cualquier medio, ya que su incapacidad nunca ha sido contemplada sino como civil.

Al contrario, después de una larga prescripción en contra de las mujeres, no nos hemos limitado simplemente a no llamarlas a compartir con nosotros las ciencias y los cargos, sino que hemos ido aún más lejos al pensar que su exclusión se basa en una impotencia natural por su parte.

La causa de la exclusión de las mujeres de las ciencias no es en absoluto su indisposición natural

Sin embargo, no hay nada más quimérico que esta idea, pues, tanto si consideramos a las ciencias en sí mismas, como si nos fijamos en el órgano que sirve para adquirir su conocimiento, hallaremos que los dos sexos están igual de capacitados. Solo hay un método y una vía para que la verdad, alimento del espíritu, llegue a él, igual que solo hay una vía para que la comida, sustento del cuerpo, llegue al estómago. En cuanto a las diferentes disposiciones del órgano que hace que una persona sea más o menos apta para las ciencias, si queremos ser honestos y actuar de buena fe, tendremos que reconocer y confesar que las mujeres llevan la ventaja.

Quiénes son los más aptos para las ciencias

Es indiscutible que, entre los hombres, aquellos que se muestran más burdos y ordinarios son generalmente estúpidos, mientras que, por el contrario, los más refinados son siempre los más inteligentes. En este tema, me parece que la experiencia es lo bastante general y constante para tener aquí la necesidad de apoyarnos en razones. Así, al mostrar el bello sexo un temperamento más refinado que el nuestro, si le diésemos la oportunidad de estudiar, no tardaría en igualarnos.

Me da la sensación de que esta idea no va a ser del gusto de mucha gente, ya que la considerarán un poco atrevida, pero no puedo hacer nada al respecto. Esa gente piensa que, por el simple hecho de haber colocado a nuestro sexo por encima de todo, el mismo se juega su honor; sin embargo, creo que es de justicia dar a cada uno lo que le corresponde.

Los dos sexos tienen el mismo derecho sobre las ciencias

En efecto, todos, hombres y mujeres, tenemos el mismo derecho sobre la verdad, puesto que nuestro espíritu no solo tiene la misma capacidad para conocerla, sino que las impresiones que dejan los objetos en nuestro cuerpo las captamos todos de la misma manera. El derecho que nos concede a todos la naturaleza sobre los mismos conocimientos nace del hecho de que todos, hombres y mujeres, tenemos la misma necesidad de ellos. No hay nadie que no pretenda ser feliz, y, por ello, todas nuestras acciones van dirigidas a serlo; pero ninguno de nosotros llegará verdaderamente a ser feliz si no alcanza la felicidad por medio de un conocimiento claro y distinto; y es precisamente a la felicidad, en que consistirá la otra vida, a la que tanto Jesucristo como san Pablo quieren que aspiremos.

La felicidad consiste en el conocimiento

Un avaro se considera feliz cuando sabe que posee grandes riquezas; un ambicioso, cuando se da cuenta de que está por encima de sus semejantes. En pocas palabras, la felicidad, verdadera o imaginaria, de las personas radica en el conocimiento, es decir, en la certeza que tienen de saber que poseen el bien que llevaban buscando.

Esto me lleva a pensar que solo las ideas de verdad, que se adquieren por medio del estudio y son fijas e independientes de la posesión o no de bienes materiales, pueden conducir a la verdadera felicidad de esta vida. Pues lo que hace que un avaro no pueda ser feliz con el simple hecho de saber que tiene riquezas es que ese conocimiento, para que pueda hacerlo feliz, debe estar asociado al deseo o a la idea de poseerlas en el presente, por lo que, si su imaginación las percibe como algo lejano o fuera de su alcance, no pensará en ello sino con aflicción. No ocurre lo mismo cuando se trata del conocimiento que uno tiene de sí mismo y de todo lo que depende de él, en especial, lo relacionado con los asuntos de la vida. Y como los dos sexos, por igual, son capaces de alcanzar la felicidad, ambos deben tener también el mismo derecho sobre todo aquello que les sirva para llegar a ella.

La virtud consiste en el conocimiento

Cuando se afirma que la felicidad consiste principalmente en el conocimiento de la verdad, no significa que de ella quede excluida la virtud, sino que, más bien al contrario, esta constituye una parte esencial de la misma. Pero un hombre solo puede alcanzar la felicidad por medio de la virtud si es consciente de que es un ser virtuoso o al menos hace todo lo posible por serlo. Esto quiere decir que, si bien es cierto que, para considerar que un hombre es feliz, baste con verlo practicar la virtud, a pesar de que no sea totalmente consciente de ello y de que esa práctica, aun confusa e imperfecta, pueda ayudarlo a alcanzar la felicidad en la otra vida, no es menos cierto que ese mismo hombre pueda considerarse plenamente feliz si no es consciente de que está haciendo el bien, de la misma manera que uno no puede creerse rico si no sabe que posee riquezas.

Por qué tan pocas personas aman la virtud

La causa de que haya tan poca gente que muestre gusto y tenga amor por la auténtica virtud es que no la conocen, y, como no la conocen, no le prestan atención, de ahí que cuando la practican no sientan la satisfacción que ello produce, cosa que, de hecho, constituye la felicidad de la que estamos hablando. Esto ocurre porque la virtud no es una simple especulación del bien al que estamos obligados, sino un deseo efectivo que nace del convencimiento que tenemos de ella; así, no la podemos llevar a la práctica sin sentir, con ello, emoción; porque en el fondo es como esos licores excelsos que, cuando los paladeamos, a veces nos dan la impresión de que son amargos o carecen de dulzor porque nuestro espíritu está distraído con otros asuntos y no está atento a las sensaciones que producen.

Hace falta ser sabio para ser realmente virtuoso

Los dos sexos no solo necesitan estar bien instruidos para encontrar la felicidad en la práctica de la virtud, sino que, además, necesitan de las luces para practicarla correctamente. La persuasión es lo que nos mueve a actuar bien, por lo que estaremos más convencidos de cuál es nuestro deber cuanto mejor lo conozcamos. Lo poco que hemos comentado aquí sobre la moral es más que suficiente para insinuar que el conocimiento que uno tenga de sí mismo es fundamental para reforzar la persuasión de los deberes a los cuales estamos obligados, y, como es fácil imaginar, a ese convencimiento contribuirán también los otros conocimientos; por eso, tampoco será difícil demostrar que la razón por la cual tantas personas practican tan mal la virtud o caen en el vicio no es otra que la ignorancia de lo que son.

De dónde viene que algunos sabios sean también unos viciosos

Lo que generalmente hace que creamos que no es necesario ser un sabio para ser una persona virtuosa es que a menudo vemos en el vicio a una buena cantidad de gente que pasa por tener dotes y ser habilidosa, de ahí que pensemos que no solo el conocimiento es inútil para la virtud, sino que con frecuencia puede llegar a ser pernicioso para la misma. Este error hace que los espíritus débiles y poco instruidos sospechen de la mayoría de las personas que gozan de la reputación de ser más ilustradas que el resto, a la vez que provoca en ellos desprecio y aversión hacia los más elevados conocimientos.

Como esas gentes son ignorantes, bajan la guardia ante el hecho de que son las falsas ideas las que mantienen o empujan al hombre al caos, porque esas ideas confusas, que la falsa filosofía crea sobre nosotros mismos y sobre todo lo que entra en el cuerpo con nuestras acciones, enardecen tanto al espíritu que, no sabiendo qué es él mismo ni qué son las cosas que lo rodean, ni las relaciones que se establecen entre uno y otras, no puede resistir el peso de las dificultades que se le presentan en esa oscuridad, y acaba necesariamente por sucumbir y abandonarse a las pasiones, ya que la razón es demasiado débil para detenerlo.

El estudio en absoluto volvería soberbias a las mujeres

Así pues, el estrambótico pensamiento que tiene el vulgo de que el estudio volvería más altivas y malvadas a las mujeres no se basa sino en un tremendo miedo, consecuencia esta tan dañina que solo es capaz de producirla el falso conocimiento, pues no se puede aprender el verdadero sin volverse uno más humilde y honesto; y no hay nada más apropiado para bajarle a uno los humos y convencerse de su propia debilidad que ponerse a revisar los mecanismos que componen su propia máquina, es decir, los órganos del cuerpo, la delicadeza con la que están creados y el número casi infinito de alteraciones y dolorosos desórdenes a los cuales están sujetos. Y no hay mejor reflexión para inspirar humildad, moderación y tranquilidad en un hombre, sin importar de quién se trate, que prestar atención, por medio del estudio de la física, a los lazos existentes entre su espíritu y su cuerpo a fin de que se dé cuenta de que está sujeto a tantas necesidades; o de que la dependencia en que se halla en sus funciones de las más delicadas partes de su cuerpo lo mantendrá continuamente expuesto a mil clases de trastornos y molestas agitaciones; o de que, por muchas luces que tenga, no hace falta casi nada para que sus pensamientos se confundan totalmente; o de que un poco más de bilis, o de sangre más caliente o fría de lo habitual, quizás lo arrojarán a la excentricidad, a la ira o a la locura, que lo harán ser víctima de horribles convulsiones.

Aviso muy importante para todos los sabios

Como estas reflexiones podrían influir tanto en el espíritu de una mujer como en el de un hombre, en el caso de ellas harían, más bien, que, en vez de acercarse al orgullo, lo rechazasen. Y si, después de haberse llenado el espíritu de los más elevados conocimientos, trajesen a su memoria toda su conducta pasada y observasen el camino seguido hasta llegar al estado de felicidad en el cual deberían hallarse, lejos de creerse por encima de los demás, comprobarían que este proceso les ha servido para ser más humildes; pues, a lo largo de dicho examen, sin duda repararían en la infinidad de prejuicios que antes tenían y de los cuales no se habrían podido deshacer sino a base de combatir con fiereza las impresiones que en ellas hubiesen forjado la costumbre, el ejemplo y las pasiones que, a pesar suyo, las mantenían presas; asimismo, también les serviría para darse cuenta de que todos los esfuerzos que hubiesen realizado hasta el momento a fin de descubrir la verdad, les habrían resultado prácticamente inútiles, ya que esta solo se les habría aparecido por azar y cuando menos lo esperaban en esos encuentros que apenas se dan una vez en la vida y que a muy pocas personas acontecen. De estas reflexiones concluirían infaliblemente que es injusto y ridículo sentir resentimiento o menosprecio hacia quienes no han tenido la fortuna de ser ilustrados como nosotros o mantienen ideas contrarias a las nuestras, y que, por tanto, con ellos hay que mostrarse más comprensivos y compasivos si cabe; pues, si ellos no ven la verdad como la vemos nosotros, no es por su culpa, sino porque no se les ha aparecido a pesar de que la buscaban, y porque todavía restan velos tendidos, por su parte o por la nuestra, que impiden a la verdad aparecer en sus espíritus en todo su esplendor; y teniendo en cuenta que todo lo que antes creían lo tenían por verdadero, ahora, sin duda, se lo replantearían, y juzgarían que todavía es posible realizar nuevos descubrimientos que harían que se diesen cuenta de que es falso o erróneo lo que antes les había parecido tan verdadero.

Si bien es cierto que ha habido mujeres que se han vuelto despreciativas por sentirse más inteligentes, no lo es menos que también hay muchos hombres que todos los días caen en ese mismo defecto, por lo que este hecho no debe ser interpretado en ellas como un efecto provocado por los conocimientos que posean, sino, más bien, por el misterio con el que se los ha envuelto para su sexo; y como, por una parte, esos conocimientos son por lo general bastante confusos, y, por otra, las que los tienen ven en ellos una ventaja que les es particular, no hay por qué sorprenderse de que los tomen como palanca de elevación; porque es una necesidad casi infalible que, en esta situación, les suceda lo mismo que a esos que, habiendo nacido en un escalafón social bajo y disfrutado de escasas posesiones, han logrado con esfuerzo hacer una buena fortuna, pero, viéndose en una posición tan elevada a la que los de su clase no están acostumbrados a llegar, les entra una sensación de vértigo que les provoca que vean las cosas de una manera muy diferente a como son. Al menos es bastante verosímil pensar que, como las sabias no estarían tan obsesionadas por ese pretendido orgullo que muestran los eruditos, orgullo que no es nada en comparación con ese otro del que tanta gala hacen los que se dan el título de maestros y sabios, las mujeres estarían menos sometidas a él si se permitiese a su sexo compartir en igualdad con el nuestro las ventajas que le generan.

Además de para los cargos, los conocimientos son necesarios para otras cosas

Es un error bastante extendido pensar que los estudios son inútiles para las mujeres porque, como se dice, las mismas no participan de los cargos para los que son necesarios. Al contrario, estos son tan necesarios para ellas como la felicidad o la virtud, puesto que sin estudios no se pueden llegar a poseer perfectamente ni la una ni la otra. Son necesarios para alcanzar la corrección en nuestros pensamientos y la justicia en nuestras acciones; lo son para conocernos mejor a nosotros mismos y a las cosas que nos rodean, además de para hacer un uso legítimo de ellas, así como para ordenar nuestras pasiones a la vez que moderamos nuestros deseos. Volverse hábil para acceder a cargos y dignidades es uno de los beneficios que nos proporcionan los conocimientos; y hay que tener muchos, cuantos más mejor, para llegar a ser juez u obispo, porque de otro modo no se podrían cumplir bien las funciones que acarrean estos cargos; ahora bien, esos conocimientos no deben precisamente emplearse para llegar a esos puestos y sentirse más feliz por el mero placer que produce disfrutar de tales honores y ventajas, ya que eso sería hacer un uso bajo e innoble de la ciencia.

No hay ninguna prescripción en materia científica

Así, o bien es la falta de luces, o bien un interés secreto y oculto, lo que puede llevar a decir que debe excluirse a las mujeres del conocimiento por la sola razón de que ellas nunca han participado de él públicamente; no obstante, los bienes espirituales son muy distintos de los materiales, ya que sobre los primeros no recae ninguna prescripción que impida adquirirlos y, por mucho tiempo que se haya estado privado de ellos, siempre subsiste el derecho a su reintegro. En cambio, sucede justo lo contrario con los bienes materiales que no pueden ser poseídos por varias personas a la vez sin que se produzca una disminución en los derechos de las partes; por ello, en razón del bien familiar, se arbitró la solución de mantener en ellos a los poseedores de buena fe en detrimento de sus antiguos propietarios.

Pero, como vengo manteniendo, ese régimen debe ser otro y muy diferente cuando nos referimos al provecho espiritual, pues todos tenemos derecho sobre todo aquello que es de sentido común, ya que la fuerza de la razón no tiene límites y su jurisdicción es igual sobre todos los hombres. Todos nacemos jueces de las cosas que nos afectan, y si no podemos todos disponer de ellas con igual poder, al menos sí podemos conocerlas por igual. Y del mismo modo que todos los hombres gozan de la luz y del aire sin perjudicar a nadie, todos pueden también poseer la verdad sin perjudicarse los unos a los otros. Y cuanto más y mejor se conozca la verdad, más hermosa y radiante se nos presentará; y cuantas más personas haya que la persigan, antes se descubrirá; de ahí que, si ambos sexos se aplicasen con igual empeño en alcanzarla, antes la encontraríamos. De forma que, al ser la verdad y el conocimiento bienes imprescriptibles, aquellos que se hubiesen visto privados de ellos podrían recuperarlos sin causar, por ello, ningún perjuicio a los que ya son dueños. Así pues, solo las personas cuya pretensión es dominar los espíritus mediante la fe tendrían motivos para sentirse nerviosos por esta restitución, por temor a que, si el conocimiento se extendiese y llegase a ser común, su gloria seguiría el mismo camino, y, por lo tanto, la gloria a la que aspiran disminuiría por el mero hecho de tener que compartirla.

LAS MUJERES NO TIENEN MENOS CAPACIDAD QUE LOS HOMBRES PARA ACCEDER A LOS CARGOS SOCIALES

No existe ninguna razón por la que las mujeres no puedan dedicarse a estudiar igual que los hombres. Ellas son muy capaces de hacer buen uso de los estudios y sacar los dos provechos que se esperan de ellos: el primero, adquirir esos conocimientos claros y nítidos a los que naturalmente todos aspiramos y cuyo deseo se ve a menudo cegado y ahogado por la confusión de ideas, las necesidades y las agitaciones de la vida; el segundo, emplear esos conocimientos para regir nuestra propia conducta y la de los demás de acuerdo con las diferentes posiciones que ocupemos en la sociedad de la que formamos parte. Esto no concuerda con la opinión común, ya que muchos piensan que las mujeres bien pueden aprender todo lo que está bajo el paraguas de las ciencias físicas o naturales, pero, por el contrario, también creen que no son tan aptas como los hombres para las ciencias que podríamos denominar civiles, como la moral, el derecho o la política; y que, si bien ellas pueden regir su conducta por sí mismas aplicando las máximas de estas últimas ciencias, en cambio, no por ello podrían dirigir a los demás.

Esta idea la tienen porque no han caído en la cuenta de que el espíritu, en todas sus acciones, tan solo necesita de discernimiento y precisión; y cualquiera que haya tenido alguna vez estas dos cualidades en algo, las puede tener también sin problemas y por la misma vía en el resto de cosas. Ni la moral ni la civilidad cambian en nada la naturaleza de nuestras acciones, pues continúan siendo siempre físicas, ya que la moral no es otra cosa que saber la forma en que los hombres contemplan las acciones de sus semejantes en relación con la idea que tengan de lo que sea el bien y el mal, el vicio y la virtud, la justicia y la injusticia; así, del mismo modo que una vez uno ha entendido las leyes del movimiento en la física las puede aplicar a todos los cambios y variaciones que observamos en la naturaleza, debería pasar lo mismo con las ciencias civiles, ya que, una vez se hubiesen aprendido sus verdaderas máximas, no habría mayores dificultades en aplicarlas a los nuevos incidentes que pudiesen acaecer.

Los que ocupan cargos, por el simple hecho de haber tenido más fortuna, no siempre tienen por qué ser más inteligentes que los demás; incluso no es preciso que lo sean más que la media, por muy deseable que sea que solo se admita en ellos a los que demuestren ser los más apropiados. Siempre actuamos de la misma forma y bajo las mismas premisas sea cual sea el estado en que nos encontremos, solo que, cuanto más alta sea la posición que ocupemos, mayores serán nuestras responsabilidades y más amplia deberá ser también la perspectiva con que las afrontemos al tener que actuar sobre ellas con mayor intensidad. Todo cambio que lleve a un hombre a colocarlo en una posición superior a la de demás es como el que se produce en cualquier persona que ha subido a lo alto de una torre y, desde esa altura, puede divisar más lejos que los que están abajo y ver objetos nuevos y diferentes. Esta es la razón por la que, si las mujeres son tan capaces como nosotros de regirse bien por sí mismas, también lo son para dirigir a los demás, y, por ende, para participar de los cargos y dignidades de la sociedad civil.

Las mujeres tienen capacidad para enseñar

El uso público más simple y natural que puede hacerse de los conocimientos aprendidos es enseñarlos a los demás. Si se permitiese a las mujeres estudiar junto con los hombres en las universidades o en cualquier otra institución de enseñanza creada a tal efecto para ellas, bien podrían ingresar en los grados y sacarse los títulos de doctor o maestro en teología, medicina, o en cualquiera de los dos derechos; y ese talento que las predispone tan ventajosamente para el estudio las predispondría también para impartir la enseñanza con éxito. Asimismo, encontrarían métodos y medios para propagar su doctrina, sabrían detectar con destreza los puntos fuertes y débiles de sus discípulos para adaptarse, así, a sus necesidades; por último, la facilidad de la que hacen gala para explicarse, cualidad que es, si no la principal, una de las más esenciales en todo buen docente, acabaría por hacer de ellas admirables maestras.

Las mujeres tienen capacidad para ingresar a las dignidades eclesiásticas

La ocupación más parecida a la de maestro es la de pastor o ministro de la iglesia, y es evidente que es solo la costumbre la que aparta a las mujeres de estas ocupaciones. Por tanto, si su espíritu es igual al nuestro, son tan capaces como nosotros de conocer y amar a Dios y de dirigir a los demás para que lo conozcan y lo amen. Compartimos con ellas la misma fe, de ahí que tanto el evangelio como sus promesas se dirijan a ambos sexos por igual. Asimismo, la caridad también está incluida entre sus deberes, por lo que si saben llevarla a la práctica con sus acciones, ¿cómo no van a saber enseñar sus máximas en público?, y si cualquiera puede predicar con el ejemplo, con más razón lo podría hacer por medio de la palabra, por lo que una mujer que sumase a la moral de Cristo su elocuencia natural sería tan capaz como cualquier otro de exhortar, dirigir, corregir y admitir en la sociedad cristiana a quien fuese digno de ella, así como de expulsar a quienes rechazasen observar sus reglas después de haber jurado someterse a ellas. Así, si los hombres estuviesen acostumbrados a ver a las mujeres en el púlpito, no estarían más sorprendidos que ellas de ver a ellos ocupar ese lugar.

Las mujeres pueden ostentar la autoridad

La razón por la que nos hemos reunido en sociedad no es otra que la de vivir en paz y encontrar en ella la asistencia mutua que nos permita acceder a todo lo que nos es necesario para la subsistencia tanto del cuerpo como del alma. Pero no podríamos disfrutar de esa vida en paz y tranquilidad si no existiese la autoridad; por ello, es necesario que haya personas que ostenten la potestad de elaborar las leyes e imponer las penas a quienes las violen. Sin embargo, para hacer un buen uso de dicha autoridad, hay que saber, primero, a qué obliga la misma, y, después, estar convencido de que el objetivo de quienes no solo la ostentan, sino que además la ejercen, no puede ser otro que procurar la salvación y el bienestar de quienes están en una posición inferior a la suya. Y como las mujeres no son menos susceptibles de esta persuasión que los hombres, estos últimos no solo no deberían resistirse a sus órdenes sino someterse a ellas, aceptarlas y contribuir en todo lo que les fuera posible a obligar a su cumplimiento a quienes opusieran resistencia o se negasen a obedecerlas.

Las mujeres también pueden reinar

Así, no debería haber nada que impidiese a una mujer acceder al trono, y, para gobernar bien a su pueblo, estudiar su naturaleza, intereses, leyes, usos y costumbres; esta debería atender solo a los méritos a la hora de repartir cargos o elevar a los llamados puestos de toga y espada únicamente a aquellas personas que considerase justas y a las dignidades eclesiásticas a las más ilustradas y ejemplares. ¿Es tan difícil informarse sobre los puntos fuertes y débiles que pueda tener su Estado y los que lo rodean para que una mujer no lo pueda hacer?; ¿o mantener en los territorios extranjeros unos servicios secretos a fin de averiguar e informarle de cuáles puedan ser sus propósitos y, en su caso, desbaratar las medidas que tomen?; ¿o tener espías y emisarios fieles en todo lugar sospechoso a fin de mantenerse informada con exactitud de lo que allí suceda o sea de su interés? ¿Acaso hace falta para dirigir un reino más dedicación y atención de las que puedan tener las mujeres hacia sus familias o las religiosas hacia sus conventos? Tampoco les faltaría sutileza para afrontar las negociaciones en lo tocante a los asuntos públicos, puesto que no carecen de ella en los privados; y como la piedad y la delicadeza son intrínsecas a su sexo, su autoridad sería menos rigurosa que la que despliegan los diversos príncipes, por lo que bajo su reinado se desearía lo que tanto se ha temido en otros, es decir, que los súbditos se rijan con el ejemplo de las personas que los gobiernan.

A partir de ahí es fácil deducir que, si las mujeres son capaces de ostentar soberanamente la autoridad pública, son más capaces todavía de ejercer cargos como los de ministro, virrey, gobernador, secretario, consejero de Estado o intendente de finanzas.

También pueden ser generales del ejército

Por lo que a mí respecta, no me sorprendería más ver a una mujer con un casco que con una corona sobre su cabeza; o verla presidir un consejo de guerra o el mismísimo Consejo de Estado; tampoco me extrañaría verla adiestrar soldados y dirigir un ejército agrupándolo y disponiéndolo para la batalla o dividiéndolo en diferentes cuerpos; y disfrutarían tanto haciendo esto como observando cómo lo hacen otros. El arte militar no tiene nada de especial, excepto que su práctica es más ruda y en él se hace más ruido y se provocan más daños en comparación con las otras artes para las cuales las mujeres están igual de dotadas. Basta con tener ojos para observar en un mapa algo detallado cuáles son los caminos de un país, los mejores y los peores lugares de paso, los más apropiados para tender una emboscada o instalar un campamento. Apenas hay soldados que no sepan que antes de aventurarse las tropas por un desfiladero hay que ocupar sus flancos; o que antes de tomar ninguna iniciativa, hay que escuchar, primero, a los buenos espías y analizar la información que proporcionan; o incluso que a veces hay que crear confusión en tus propias filas a base de artimañas y maniobras distractivas para ocultar al enemigo cuál es tu verdadera intención. Una mujer puede hacer perfectamente todo esto y más, como pergeñar estrata-gemas para sorprender al rival, o ponerlo contra el viento para que el polvo lo envuelva, o cara al sol para que sus rayos lo deslumbren; o atacarlo en una maniobra envolvente desde un costado para sorprenderlo desde el otro; o provocar una falsa alarma por medio de una retirada táctica simulada para llamar la atención del enemigo y tenderle una emboscada; o en el curso de una batalla ponerte entre tus filas el primero en la brecha a fin de alentar a tus soldados. La persuasión y la pasión lo pueden todo, por lo que, cuando se trata de salvar el honor, las mujeres no demuestran tener menos arrestos ni resolución que los necesarios para atacar o defender una plaza.

También tienen capacidad para ocupar cargos judiciales

¿Podríamos encontrar algo más razonable en favor de una mujer ins-truida, sensata y con sentido común, que dejarla presidir un tribunal o cualquier otro tipo de asamblea? Hay una buena cantidad de personas lo suficientemente hábiles a las que les costaría menos aprender las leyes y costumbres de un Estado que las reglas de un juego, normas que, por otra parte, las mujeres conocen y entienden a la perfección porque les son tan fáciles de recordar como una novela entera. ¿Acaso no es posible identificar el fondo de un asunto tan fácilmente como desenmarañar la intriga de una obra de teatro?; ¿acaso es más difícil dar un informe fiel de un proceso que recitar una comedia? Todas estas cosas son igual de fáciles para quien se aplique a ellas con igual dedicación.

Como no hay cargo ni función en la sociedad que no estén incluidos entre los que acabamos de comentar, ni para los cuales sea necesario tener más conocimientos e inteligencia, hay que reconocer que las mujeres son también aptas para todos ellos.

Además de las disposiciones naturales del cuerpo y de las ideas que se tengan acerca de las funciones y deberes del cargo que uno ocupe, todavía hay condiciones adicionales que hacen que una persona esté más o menos capacitada para ejercerlo dignamente: lo persuadida que esté de cuáles son sus obligaciones, las consideraciones que mantenga en materia religiosa o de intereses, la sana competencia entre iguales, el deseo de adquirir gloria, o la ambición de hacer fortuna, así como la voluntad de conservarla o aumentarla. Dependiendo de lo más o menos preocupado que esté un hombre por estas cosas, actuará de una manera u otra; y como las mujeres no son menos propensas que los hombres a padecer estas preocupaciones, son, por ello, iguales en todo a ellos, incluso en lo que tenga que ver con los cargos.

Las mujeres deben dedicarse a estudiar

Así pues, podemos exhortar con confianza a las damas para que se dediquen a estudiar y a que no presten atención a las nimias razones aducidas por los que pretenden desviarlas de tal objetivo. Puesto que las mismas gozan de un intelecto igual al nuestro, es decir, capaz de conocer la verdad, que es lo único que las puede llevar a ocupar un puesto digno, deben concienciarse de que es mejor evitar los reproches por el hecho de haberse recluido un talento como el suyo del que muy bien podrían haberse valido, así como haber permitido que la verdad languidezca en un estado de indolencia y ociosidad. Para ellas no hay mejor vía que el estudio para protegerse contra el error y la sorpresa a que están expuestas las personas que todo lo aprenden a través de la lectura de las gacetas, es decir, siempre por medio de lo que otros han escrito; como tampoco disponen de otra salida para alcanzar la felicidad en esta vida si no es por la vía del estudio y la práctica de la virtud con conocimiento.

Utilidad del estudio para las mujeres

Cualquier otro interés que las pueda motivar, además del comentado anteriormente, lo encontrarán en el estudio. Si los denominados círculos se transformasen en academias, los debates que en ellos se mantienen serían no solo más sólidos y trascendentes, sino además más agradables. Y toda mujer podría juzgar la satisfacción que le produce conversar sobre las más bellas materias por la emoción que sentiría cada vez que escuchase a otros hablar de ellas; y por muy banales que fuesen los temas de conversación, ellas tendrían siempre el gusto de tratarlos con más espiritualidad de lo común; y esa manera tan delicada que tienen de tratar los asuntos, característica tan propia de su sexo, reforzada por la solidez de sus razonamientos, haría que estos tuviesen mucha mayor aceptación.

Además, aquellas mujeres que solo buscan agradar, hallarían en esos lugares una plaza propicia y admirable para su propósito, ya que al fulgor de su belleza corporal se uniría el resplandor de su belleza intelectual, y ambas se verían aumentadas de tal manera que esta asociación produciría una impresión cien veces más viva en el público. Y como a las mujeres menos agraciadas físicamente se las mira con buenos ojos siempre que sean inteligentes, la ventaja de tener un intelecto cultivado por el estudio les proporcionaría un buen medio para suplir con creces lo que la naturaleza o la fortuna les hubiesen negado. Tomarían parte en los debates de los sabios y reinarían entre ellos doblemente: primero, no solo porque participarían de todos los asuntos familiares de manera que los maridos no podrían eludir su responsabilidad en la dirección familiar dejándola en sus manos, sino además porque tendrían que tener siempre en cuenta la opinión de ellas en todo; y, segundo, porque, si en la situación actual no se les permite acceder a los cargos, al menos sí podrían conocer cuáles son las funciones que en ellos se desempeñan y juzgar, así, si se cumplen o no dignamente.

La dificultad de llegar a este extremo no debe asustar a nadie, pues no es tan grande como se la pinta. La causa de que creamos que hace falta mucho esfuerzo para adquirir unos pocos conocimientos radica en que, para ello, es necesario aprender una gran cantidad de cosas consideradas inútiles por la mayor parte de los que aspiran a alcanzarlos. El hecho de que toda la ciencia haya consistido hasta ahora en poco más de una recopilación de la historia de las opiniones de los que nos han precedido, así como de estar demasiado apegados los hombres a la costumbre y a la buena fe de sus maestros, ha tenido como consecuencia que hayan sido pocos los que han tenido la suerte de descubrir el método natural. No obstante, si trabajamos en el desarrollo de este método, podremos comprobar cómo los hombres se tornan expertos en mucho menos tiempo y con mucho más placer de lo que uno podría imaginar.

LAS MUJERES TIENEN UNA DISPOSICIÓN VENTAJOSA PARA LAS CIENCIAS Y, AL IGUAL QUE A LOS HOMBRES, LES CONVIENE TENER IDEAS PRECISAS SOBRE LA PERFECCIÓN, LA NOBLEZA Y LA HONESTIDAD

Hasta aquí no hemos hecho más que fijarnos en la mente de las mujeres, y, como se ha visto, esta parte del cuerpo, considerada en general, está igual de dotada en ellas como en los hombres para todas las ciencias que tengan que hacer uso de este órgano. Sin embargo, como este órgano no es exactamente igual en todos los individuos, incluso si consideramos solo a los hombres, y como entre estos hay algunos en los que este órgano manifiesta mayores aptitudes para unas tareas que para otras, hay que descender al detalle para comprobar si hay algo en las mujeres que las haga menos apropiadas que los hombres para las ciencias.

Podemos observar que ellas poseen una fisionomía más afortunada y mejor que la nuestra: tienen la frente alta, elevada y amplia, marca común de las personas imaginativas y espirituales. En efecto, podemos percibir que las mujeres son muy vivaces y tienen mucha imaginación y memoria, lo que equivale a decir que su cerebro está dispuesto de tal suerte que recibe sentimientos imperfectos, bajos, deshonestos y estúpidos, que, no pudiendo ser tratadas sin agitar las pasiones ni excitar la carne contra el espíritu, lo más prudente, a menudo, es no decir nada al respecto.

Sin embargo, no es sino sobre esta extraña mezcla de ideas, siempre confusas, sobre la que se asientan los pensamientos desfavorables hacia las mujeres, de los que se nutren ridículamente los espíritus mezquinos para mortificarlas. Aun así, la postura más justa que hay entre la necesidad de dar explicaciones y la dificultad de hacerlo impunemente es señalar lo que se debe entender razonablemente por perfección e imperfección, por nobleza y bajeza, por honestidad y deshonestidad.

Sobre las ideas de perfección e imperfección

Concibiendo como concibo la existencia de Dios, también puedo concebir fácilmente que todo depende de él; y, si después de haber analizado, por una parte, el estado natural e interior de las criaturas que consiste, tratándose de entes materiales, en cómo están dispuestas sus partes las unas respecto de las otras; y, por otra, su estado exterior, consistente en la relación que mantienen tanto para actuar con los objetos que los rodean como para sufrir sus efectos; si, como digo, busco la razón de esos dos estados, no encuentro otra que no sea la voluntad de quien es su Autor. A continuación, observo que esos cuerpos se caracterizan, en general, por tener una determinada disposición que los hace capaces tanto de producir ciertos efectos como de percibirlos: por ejemplo, que el hombre pueda oír por medio de los oídos los pensamientos de sus semejantes, y, a su vez, hacerles oír los suyos propios gracias a los órganos que actúan para emitir la voz; pero también me doy cuenta de que, cuando los cuerpos están dispuestos de manera diferente, son incapaces de sentirse afectados por estos efectos. De esto me formo dos ideas: la primera de las cuales representa para mí el primer estado de las cosas con todos sus encadenamientos subsiguientes, estado que llamo de perfección; mientras que la segunda idea representa el estado contrario que denomino de imperfección.

Así, desde mi punto de vista, un hombre es perfecto cuando tiene todo lo que le es necesario según la institución divina para producir y recibir los efectos a los cuales está destinado; e imperfecto cuando tiene más o menos partes de las que le son necesarias, o padece alguna indisposición que lo aleja de su finalidad. Es por ello por lo que, habiendo sido formado de suerte que necesita alimentos para subsistir, no concibo que esa necesidad sea una imperfección, como tampoco la necesidad, ligada al consumo de alimentos, de que lo superfluo salga del cuerpo. Así, creo que todas las criaturas son igualmente perfectas cuando se hallan en su estado natural y ordinario.

No hay que confundir la perfección con la nobleza. Son dos cosas muy diferentes. Dos criaturas pueden ser iguales en perfección, pero desiguales en nobleza.

las impresiones de los objetos con mayor facilidad, incluso la
y ligeras que escapan a esos cuyo cerebro está dispuesto de
además de que las conserva sin gran esfuerzo para presentar
en el momento en que este las necesite.

Las mujeres son imaginativas y espirituales

Como esta disposición del cerebro en las mujeres está
además, de un gran celo, esto hace que las impresiones de los
ten más vivamente en su espíritu, que los aprehende y los p
intensidad y despliega sus imágenes como le place. De ahí qu
de mucha imaginación, al considerar las cosas desde más p
menos tiempo, sean bastante ingeniosos, tengan gran inver
sola ojeada, descubran mucho más que otros después de ha
tando gran atención por un buen tiempo; asimismo, tienen g
para describir las cosas de forma agradable e insinuante, as
en seguida otros matices y encontrar las soluciones más c
otra parte, se expresan con tanta gracia y facilidad que le
sus palabras de una hermosa pátina.

Lo comentado anteriormente se percibe bien a las clar
y no veo nada en esta disposición que pueda ser contrario
discernimiento y la precisión forman parte de su carácter r
adquirir estas cualidades es necesario volverse un poco sed
se sobre los objetos a fin de evitar el error y los malenten
puede caer cuando da piruetas. Es cierto que, en las perso
torbellino de pensamientos que a veces tienen vence a la i
también es cierto que se puede controlar por medio de la
experiencia de ello en los más grandes hombres de este
casi todos ellos muy imaginativos.

Se puede decir que este temperamento es el más c
sociedad, ya que los hombres no han sido creados para p
solos y recluidos en una habitación, por lo que, de una ma
tener en gran estima a aquellos que muestran mayor disp
sus pensamientos de forma amena y útil. Así, las mujeres
poseen una mente juiciosa, ya que tienen imaginación, m
pueden, con solo aplicarse un poco, adquirir las cualida

He aquí suficientes razones para demostrar que
mente ambos sexos son iguales. En cuanto al resto del
cosas muy curiosas, pero de las que no hace falta hablar
hombres siempre han cometido el error bastante común
decirlo, sus pasiones sobre todas las obras de la natural
apenas pensamientos que no se hayan visto salpicados p
de amor u odio, de estima o desprecio; y aquellas ide
distinción entre los dos sexos son tan materiales y está

Reflexionando sobre mí mismo, me parece que tengo que preferir mi espíritu, pues es la única parte en mí apta para el conocimiento, a mi cuerpo, y, por tanto, considerarlo más noble; pero, cuando observo otros cuerpos, sin tener en cuenta el mío, es decir, sin pensar que los mismos me puedan ser útiles o nocivos, agradables o desagradables, no puedo convencerme de que unos sean más nobles que otros, al ser todos ellos solo materia diversamente configurada. En cambio, si me confundo con ellos y los considero por el bien o el mal que me puedan hacer, acabo por apreciar a unos de manera diferente a otros. Y a pesar de que mi cabeza, contemplada sin ningún otro interés, no es más importante para mí que las otras partes de mi cuerpo, sin embargo, la prefiero a todas las otras porque no dejo de pensar que es la más importante en la unión de mi espíritu con mi cuerpo.

Por la misma razón, y a pesar de que todas las partes del cuerpo son igualmente perfectas, la consideración que tenemos hacia cada una de ellas, sin embargo, es diferente; por ello, es frecuente considerar a esas partes del cuerpo cuyo uso puede resultarnos menos agradable o hartamente desagradable con una especie de desprecio o aversión, a pesar de que su uso nos sea absolutamente necesario, o por cualquier otra razón. Lo mismo ocurre con todo aquello que nos rodea y afecta, pues, lo que hace que una cosa plazca a uno y desagrade a otro no es sino que, de la misma, se han extraído impresiones diferentes.

La idea de honestidad

La inclusión de los hombres en la sociedad es la que crea en ellos la idea de honestidad. Así, aunque no haya imperfección ni bajeza alguna en el hecho de aliviar el cuerpo, y que este acto sea una necesidad y una consecuencia indispensable de su disposición natural, y que todas las maneras de hacerlo sean iguales, hay algunas, sin embargo, que son consideradas menos honestas porque resultan ofensivas para las personas en cuya presencia se hacen.

Como todas las criaturas y sus acciones, consideradas en sí mismas y sin reparar en el uso que hagamos de ellas ni en la estima en que las tengamos, son tan perfectas y nobles unas como otras, también son igual de honestas si las consideramos de la misma manera. Por ello, podemos decir que tanto la percepción de la honestidad como la de la deshonestidad tienen casi siempre su origen en los efectos de la imaginación y en los caprichos de los hombres. Esto se ve a las claras cuando se comprueba que algo considerado honesto en un país, en cambio, no lo es en otro; o incluso en un mismo reino, pero en épocas diferentes; o bien en una misma época, pero entre personas de estado, condición y carácter diferentes, una misma acción unas veces puede ser conforme a la honestidad y otras contraria a ella. Por ello, la honestidad no resulta ser otra cosa más que la manera que tienen los hombres de usar las cosas naturales según la valoración que tengan de ellas y a la cual es prudente ajustarse.

Todos nosotros estamos tan imbuidos de esta idea que, aunque no hagamos ninguna reflexión al respecto, podemos observar cómo las personas amicales, espirituales y juiciosas que en público y siguiendo el criterio de la masa se ajustan a las formas de la honestidad, en privado, en cambio, se libran de ellas como si fuesen unas cargas tan molestas como extrañas.

Lo mismo pasa con la nobleza. En algunas regiones de las Indias, los agricultores tienen el mismo rango que los nobles entre nosotros; o en ciertos países se prefiere a las gentes de armas a las de toga, mientras que en otros es justo al revés; todo esto depende de si en esos lugares se es más o menos proclive a esos estados y si se los estima más o menos importantes.

Si comparamos estas ideas con los pensamientos que tiene el vulgo sobre las mujeres, reconoceremos sin esfuerzo en qué consiste su error.

DE DÓNDE PROVIENE LA DISTINCIÓN ENTRE SEXOS, HASTA DÓNDE SE EXTIENDE, Y CÓMO LA MISMA NO ESTABLECE NINGUNA DIFERENCIA ENTRE HOMBRES Y MUJERES EN CUANTO AL VICIO Y LA VIRTUD, Y CÓMO EL TEMPERAMENTO, EN GENERAL, NO ES NI BUENO NI MALO EN SÍ MISMO

De dónde proviene la diferencia entre sexos

Como Dios quería crear a los hombres dependientes unos de otros mediante el concurso de dos personas, modeló para este fin dos cuerpos diferentes. Cada uno de ellos era perfecto a su manera y ambos tenían que estar dispuestos como lo están en la actualidad; así, todo lo que depende de su constitución particular tiene que ser considerado como parte de su perfección. Sin embargo, hay gente que piensa, sin razón, que las mujeres no son tan perfectas como los hombres, y en ellas ven un defecto que, en realidad, es un atributo privativo y esencial de su sexo, sin el cual sería imposible para él cumplir la función para la que fue creado, que comienza y acaba con la fecundidad, y que está destinado al más magnífico acto de este mundo, es decir, a gestarnos y a nutrirnos en su seno.

Las mujeres contribuyen más que los hombres a la reproducción

Los dos sexos son necesarios para juntos crear a su semejante; y si supiéramos cómo contribuye el nuestro a tal propósito, ciertamente, nos sentiríamos bastante descontentos. Es difícil entender en qué se basan los que sostienen que los hombres son más nobles que las mujeres en relación con los hijos, ya que son ellas propiamente las que nos conciben, nos gestan, nos dan el ser, nos paren y nos educan. Todo esto, es verdad, es más penoso para ellas que para nosotros, pero ese esfuerzo no tiene por qué convertirse en un perjuicio ni atraer sobre ellas el desprecio en vez de la estima que merecen por ello. ¿Quién se atrevería a decir que los padres y las madres que se esfuerzan por criar a sus hijos, los buenos príncipes por gobernar a sus súbditos, o los magistrados por impartir justicia para todos, son menos estimables que las personas de las que se sirven como intermediarios o agentes de seguridad para cumplir su deber?

Sobre el temperamento

Respecto a cuál sea el temperamento de cada uno de los dos sexos, hay médicos que se han fijado mucho en las supuestas desventajas que tiene el de las mujeres, y han proferido discursos interminables a fin de demostrar que su sexo tiene un temperamento totalmente diferente al nuestro que las hace inferiores en todo a nosotros. Pero sus razones no son más que ligeras conjeturas que se reproducen en el espíritu de aquellos que juzgan las cosas solo a base de prejuicios y simples apariencias.

Al fijarse, en concreto, más que en las que les son particulares, en las funciones civiles y en las diferencias que en ellas existen entre los dos sexos, se imaginaron que esa diferencia tenía que serlo en todo, pues no supieron discernir ni distinguir exactamente lo que proviene de la costumbre y la educación de lo que da la naturaleza, y, así, atribuyeron a una misma causa lo que veían en la sociedad, por lo que se imaginaron que Dios, al crear al hombre y la mujer, los había dispuesto de tal forma que en los mismos tenían que reproducirse todas las diferencias que observamos entre ambos en el mundo civil.

Sin embargo, esto es llevar demasiado lejos la diferencia entre los dos sexos, ya que esta hay que restringirla al propósito que tenía Dios cuando creó a los hombres mediante el concurso de dos personas, y no debemos admitir otras que no sean las necesarias para alcanzar dicho resultado. Así, vemos que hombres y mujeres son casi iguales en todo cuando atendemos a la constitución interna y externa de sus cuerpos, y que las funciones naturales, de las que depende su subsistencia, tienen lugar de la misma forma. Es, por tanto, lógico que para que puedan dar vida a un tercero haya en uno de esos cuerpos algunos órganos que no se correspondan exactamente con los del otro; pero, para ello, no es necesario, como se piensa, que las mujeres hayan de tener menos fuerza y vigor que los hombres; y como no hay nada mejor que la experiencia para poder juzgar bien esta distinción, ¿no vemos acaso que entre las mujeres hay tanta diversidad como entre nosotros?, ¿o es que no hay fuertes y débiles en ambos lados? Los hombres criados en la molicie a menudo son peores que las mujeres, se quejan desde el principio del trabajo y ceden antes que ellas, pero cuando se endurecen, ya sea por necesidad, ya sea por cualquier otro motivo, se trasforman en iguales, e incluso alguna vez en superiores a los otros.

Lo mismo ocurre con las mujeres: las que realizan actividades penosas son más robustas que esas otras damas que solo usan la aguja. Esto nos puede llevar a pensar que, si se ejercitase a ambos sexos de la misma manera, uno quizás adquiriría tanto vigor como el otro, cosa que se ha visto en otros tiempos en algún lugar, en el que tanto la lucha como los ejercicios que se practicaban eran comunes a ambos; cosa que también sucede, según se nos ha contado, en el sur de África con las amazonas.

No hay que prestar atención a algunas expresiones desfavorables hacia las mujeres

Así, hay que prestar poca atención, o mejor ninguna, a ciertas expresiones comunes sacadas del estado actual en que se hallan ambos sexos. Cuando queremos censurar a un hombre por su falta de coraje, resolución o firmeza, nos burlamos de él diciendo que es un afeminado, como si quisiéramos decir que es tan cobarde y flojo como una mujer. En cambio, para alabar a una mujer que se destaca fuera de lo común por su valor, fuerza o inteligencia, se dice de ella que es como un hombre. Estas expresiones tan ventajosas para los hombres contribuyen a mantener la elevada idea en que los tenemos por culpa de no saber que solo son conjeturas cuya verdad remite, sin hacer distingos, bien a la naturaleza, bien a la costumbre, y que, por tanto, son puramente contingentes y arbitrarias. Así, si no hubiésemos tenido en tan poca consideración a su sexo, cuando hubiéramos querido indicar con elogio que un hombre posee en grado eminente cualidades como la virtud, el cariño y la honestidad, tan particulares de las mujeres, habríamos dicho de él que es una mujer con tal de que a los hombres les hubiera placido establecer este uso en el discurso.

Sea como sea, no es la fuerza corporal lo que debe distinguir a los hombres; de ser así las bestias gozarían de una muy buena ventaja, y entre nosotros también los más robustos. Sin embargo, la experiencia nos dice que los que gozan de mucha fuerza no son precisamente muy apropiados para otra cosa que no sean las labores materiales, mientras que, por el contrario, los que gozan de menos generalmente son más inteligentes. Tanto los filósofos más duchos como los más grandes príncipes han sido, muchos de ellos, bastante delicados; y los más aventajados capitanes no por ello habrían querido luchar contra el menor de sus soldados; o si no, que uno vaya a los tribunales a ver si los más grandes jueces igualan siempre en fuerza al último de sus ujieres.

Así pues, es inútil apoyarse tanto en la constitución del cuerpo para dar razón de la diferencia que se aprecia entre los dos sexos en relación con su espíritu.

El temperamento no consiste en una categoría inflexible; igual que no hay dos personas que sean similares en todo, tampoco se puede determinar con precisión en qué difieren. Hay diversos tipos de temperamento: bilioso, colérico, melancólico; y esta diversidad no impide que las personas con uno de ellos sean tan capaces como otras que tienen uno distinto, como tampoco impide que haya hombres excelentes dentro de cualquier clase de temperamento; e incluso suponiendo que el temperamento de ambos sexos sea tan diferente como se pretende, podemos encontrar todavía más diferencias entre varios hombres sobre los que, sin embargo, se piensa que son capaces de las mimas cosas. Siendo tan poco considerables las disimilitudes, estas solo les sirven a aquellos a los que les gusta discutir.

Parece verosímil que lo que hace que se agrande tanto la idea de distinción es que no nos paremos a analizar bastante ni con suficiente precisión todo lo que hay de destacable en las mujeres; y es este defecto el que hace que caigamos en el error de los que, teniendo la mente confusa, no distinguen con claridad lo que se corresponde con cada cosa, y atribuyen a una lo que solo corresponde a la otra por el hecho de hallarlas juntas en un mismo sujeto. Por ello, al ver en las mujeres tanta diferencia en cuanto a las maneras y las funciones que cumplen, a falta de saber cuál es la verdadera causa, se ha llevado esta distinción también al temperamento.

Las mujeres pueden pretender tener la ventaja gracias a su cuerpo

En cualquier caso, si quisiéramos analizar mediante la comparación de los cuerpos cuál de los dos sexos posee más excelencias, las mujeres podrían reclamar muy bien su ventaja. Sin referirnos explícitamente al aparato reproductor que contienen en su interior, lo que pasa dentro de ellas lo podríamos calificar como lo más curioso que sepamos que sucede en este mundo, es decir, cómo se gesta en su interior el hombre, la más bella y admirable de todas las criaturas. Ahora bien, ¿quién les impediría decir que lo que aparece en su faceta externa las coloca en una posición superior?, ¿o que la gracia y la belleza les sean naturales y propias?, ¿o que toda ella en conjunto produzca un efecto tan manifiesto como común?, ¿o que, si, por una parte, sus capacidades internas, es decir, mentales, las hacen como mínimo iguales a los hombres, por otra, su vertiente externa no falla casi nunca en hacer de ellas auténticas maestras?

Al ser la belleza una ventaja tan real como la fuerza y la salud, nada prohíbe a la razón que se valga de ella más y mejor que de las otras; y si quisiéramos juzgar cuál es su valor por los sentimientos y las pasiones que provoca, como, por otra parte, lo hacemos casi con cualquier otra cosa, descubriríamos que no hay nada más estimable ni efectivo que las impresiones causadas por la belleza, es decir, que no hay nada que remueva y agite más pasiones, que las confunda y fortalezca de forma tan variada que la belleza.

No sería necesario hablar más sobre el temperamento de las mujeres si a un autor, tan célebre como cortés, no se le hubiera ocurrido considerarlo como la fuente de los defectos que se les atribuyen comúnmente, cosa que ayuda a reafirmar en la gente el pensamiento de que son menos valiosas que nosotros.

Todos los temperamentos son, si no iguales, casi iguales

Haciendo caso omiso de la opinión de ese autor, yo diría que, para analizar correctamente el temperamento de ambos sexos en relación con el vicio y la virtud, hay que partir de una posición neutral y de un estado indiferente en que todavía no existan ni vicio ni virtud naturales; así, descubriremos que lo que se consideraba virtud en una época, al ser susceptible de cambios según las costumbres al uso en otra, puede convertirse en vicio, cosa que nos lleva a considerar que todos los temperamentos son iguales a este respecto.

Qué es la virtud

Para entender mejor esta idea, hay que hacer notar que solo nuestra alma es capaz de albergar virtud, la cual consiste en general en la resolución firme y constante de hacer lo que juzguemos que es lo mejor según las diferentes circunstancias. El cuerpo, propiamente, no es más que el órgano y el instrumento de dicha resolución, como cuando uno tiene una espada entre las manos y la usa, bien para atacar, bien para defenderse; y las diferentes disposiciones que lo vuelven más o menos adecuado para ese fin solo deben ser calificadas como buenas o malas según sus efectos sean más comunes y tengan mayor relevancia para el bien o para el mal; por ejemplo, la disposición que tengamos a huir para alejarnos de un mal que nos amenaza es indiferente si no hay otro modo de evitarlo porque, en todo caso, lo más prudente es huir; mientras que si se trata de un mal superable gracias a una generosa resistencia cuyos efectos serían más positivos que negativos, optar por la huida sería una cobardía en todo censurable.

Las mujeres no son más dadas al vicio que los hombres

Ahora bien, ello no significa que el espíritu de las mujeres sea menos apto que el de los hombres para acoger esa firme resolución en que consiste la virtud, ni para discernir cuáles son las ocasiones en las que es necesario ejercerla. Ellas pueden controlar sus pasiones tan bien como nosotros, lo que implica que no estén más inclinadas al vicio que al bien; incluso, en ese sentido, la balanza podría inclinarse a su favor, ya que el afecto que muestran las mujeres hacia los niños es incomparablemente superior al de los hombres, además de que ese afecto está naturalmente unido a la compasión, cosa que podemos decir es la virtud y el tejido de la sociedad civil, puesto que no es posible concebir que la sociedad se haya constituido razonablemente para otra cosa que no sea hacer frente a las necesidades y preocupaciones comunes de unos y otros. Y si observamos más de cerca cómo se forman en nosotros las pasiones, hallaremos que por la forma en que contribuyen las mujeres a la generación y educación de los hombres, se desprende, como algo natural, que en sus aflicciones los traten, en cierto modo, como a sus hijos.

LAS DIFERENCIAS QUE SE OBSERVAN ENTRE LOS HOMBRES Y LAS MUJERES RESPECTO A LAS COSTUMBRES PROCEDEN DE LA EDUCACIÓN QUE SE LES DA

Es de suma importancia hacer notar que las disposiciones que traemos al nacer no son ni buenas ni malas, ya que, de no ser así, no podríamos evitar el error tan común por el cual atribuimos con frecuencia a la naturaleza lo que solo procede de los usos.

Lo que puede el estado exterior

Uno se devana los sesos buscando la razón por la cual estamos sujetos a ciertos defectos y tenemos actitudes que nos son tan particulares por no habernos parado a observar lo que pueden hacer en nosotros las habitudes, los ejercicios, la educación y el estado exterior que nos circunda, es decir, la relación que hay entre sexo, edad, fortuna, empleo y la posición que ocupamos en la sociedad. No cabe duda de que, si bien todos estos aspectos, diferentes entre sí, hacen que los pensamientos y las pasiones se diversifiquen en una multitud infinita de formas, también es cierto que disponen por igual a los espíritus a mirar de maneras muy diversas las verdades que se les presentan. Por ello, una misma máxima propuesta a la vez a burgueses, soldados, jueces y príncipes es percibida por cada grupo de muy diversas maneras, lo que les hace actuar también de manera diferente; porque los hombres, al preocuparse apenas de lo que sucede a su alrededor, toman dichos escenarios como la regla y medida en que basan sus sentimientos; de ahí que haya algunos que no presten atención, ya que lo consideran inútil, a lo que tanto preocupa a otros; o que a las gentes de armas les desagrade tanto lo que enorgullece a las de toga; o que personas con el mismo temperamento a veces interpreten de manera muy diferente ciertas cosas que, en principio, deberían penetrar con igual sentido en el espíritu de personas que gozan de igual fortuna o educación semejante, pero que, en cambio, tienen una constitución diferente.

Los defectos que tienen las mujeres provienen de la educación

Nadie pretende que todos los hombres lleguen al mundo con la misma constitución corporal. Esta pretensión sería un error; por ejemplo, unos son más vivos y otros, más lentos; ahora bien, no parece que esta diversidad impida en ningún caso que sus mentes puedan recibir la misma instrucción, pues lo único que ocurriría sería que unos la asimilarían más rápido y con más éxito que otros. Así, tengan el temperamento que tengan las mujeres, no por ello tienen menos capacidades que nosotros para conocer la verdad y, por ende, para estudiar. Y si a día de hoy hallamos en algunas de ellas algún defecto u obstáculo, o incluso que todas ellas no conciban los objetos materiales igual que los hombres, cosa que, no obstante desmiente la experiencia, esto debe ser atribuido, y por eso mismo a la vez rechazado, únicamente a la posición en que su sexo se halla en relación con el mundo exterior y a la educación que reciben, lo que incluye mantenerlas en la ignorancia, los prejuicios y errores a los que se las induce, el ejemplo que obtienen de sus semejantes, así como el resto de situaciones a las que el decoro, la coacción, la contención, la dependencia, la obediencia y el pudor las reducen.

Qué educación se les da

En efecto, respecto a ellas, los hombres nunca se olvidan de nada que pueda servir para persuadirlas de que esa enorme diferencia que ellos perciben entre su sexo y el nuestro es obra, bien de la razón, bien de un ente divino. Sus ropas, educación y adiestramiento no pueden ser más distintos. Una muchacha solo se encuentra segura bajo las alas protectoras de su madre que nunca la abandona o bajo la mirada de una institutriz que nunca la deja sola; se procura que todo le dé miedo; se la amenaza con fantasmas que se esconden en cada rincón de la casa, sobre todo, si está sola; e incluso en las anchas calles y los amplios templos siempre tiene algo que temer si no está acompañada. El gran cuidado que se pone en engalanarla hace que toda su atención se centre en ello; la multitud de miradas que le lanzan y la gran cantidad de comentarios que escucha sobre la belleza hacen que sus pensamientos se ocupen solo de este tema; y todos los halagos que recibe referidos a la belleza hacen que la misma deposite en ella toda su felicidad. Y como no le hablan de otra cosa, ella misma pone límites a sus metas y no ve nada más elevado hacia lo que dirigir su mirada. La danza, la escritura y la lectura constituyen en gran medida las prácticas de las mujeres, y toda su biblioteca consiste en unas cuantas obras menores de devoción que se pueden guardar todas ellas en un cofre junto con otras bagatelas.

Toda su ciencia se reduce a trabajar con la aguja. El espejo es el gran maestro y oráculo al que consultan. Los bailes, las comedias, la moda, son sus temas de conversación, y ven en los círculos célebres academias a las que acudir para informarse de las novedades que acaezcan a su sexo. Y si alguna vez alguna destaca más de lo común gracias a la lectura de ciertos libros, hasta los cuales, no cabe duda, le habrá costado bastante esfuerzo llegar, a fin de abrir su mente, a menudo se verá obligada a ocultarlo, pues la mayoría de sus compañeras, ya sea por celos, ya sea por cualquier otro motivo, nunca dejarán de acusarla de querer hacerse la interesante.

En cuanto a las muchachas de condición plebeya, obligadas a ganarse la vida con su trabajo, el conocimiento les es aún más inútil. Se pone cuidado en que aprendan un oficio conveniente a su sexo tan pronto se las considera aptas para ello, y la necesidad de dedicarse exclusivamente al trabajo les impide pensar en otras cosas; y cuando unas y otras, criadas de esta manera, llegan a la edad en que se supone que deben casarse, bien se concierta su matrimonio, bien se las enclaustra en un convento en el que continuarán viviendo como antes.

En la enseñanza de las mujeres, ¿hay algo, por casualidad, que las instruya sólidamente? Más bien parece que todo el mundo se haya puesto de acuerdo y haya una conjura para que reciban un tipo de educación que aplaque sus ímpetus y ofusque su espíritu, para colmarlo de vanidad y estupidez que ahoguen en él cualquier brote de virtud y verdad, y, de paso, convertir en inútiles las aspiraciones que pudieran tener de llevar a cabo grandes obras, arrebatándoles el deseo de llegar a ser tan perfectas como nosotros al privarlas de los medios para alcanzar dicha perfección.

Cuando me fijo en la manera en que se mira lo que se cree que hay en ellas de defectuoso, me doy cuenta de que hay algo indigno en este comportamiento, sobre todo, si lo muestran personas dotadas de razón. En cualquier caso, si en ambos sexos podemos encontrar por igual defectos, el sexo que acuse al otro peca en contra de la equidad natural; y si el nuestro tuviese más defectos que el suyo y, a pesar de todo, no los viésemos, actuaríamos temerariamente al hablar de los suyos; y si nos diésemos cuenta de ellos, pero nos los callásemos, cometeríamos una injusticia al echar la culpa a su sexo que precisamente tiene menos. Y si hay más bien en las mujeres que en los hombres, deberíamos acusar a ellos de ser unos ignorantes o de no tener ganas de reconocerlo. Cuando hay más virtud que vicio en una persona, la primera tiene que servir para excusar al segundo; y si los defectos que uno pueda tener son insuperables, o carece de medios, bien para deshacerse de ellos, bien para protegerse contra los mismos, cosa que acontece con las mujeres, esa persona ha de ser digna de compasión, pero nunca de desprecio.

Los defectos que se atribuyen a las mujeres son imaginarios

En fin, si esos defectos son leves o solo aparentes, sería una imprudencia o una malicia detenernos en ellos; y no será difícil demostrar cómo se suele hacer un mal uso de ellas para referirse a las mujeres, sino incluso un abuso.

La timidez

De ellas se dice que son tímidas, incapaces de defenderse, que hasta su propia sombra las asusta, que las alarma el simple llanto de un niño, o que el zumbido del viento las hace temblar. Sin embargo, no se puede decir esto de todas las mujeres en general. Un buen número de ellas son tan valientes como los hombres, y es sabido que las más tímidas a menudo hacen de la necesidad virtud. La timidez es prácticamente inseparable de la virtud y todas las personas de bien tienen. Como no quieren hacer mal a nadie, y tampoco ignoran cuánta maldad hay entre los hombres, hace falta poca cosa para inspirarles temor. Esta es una pasión natural de la cual no se libra nadie; todo el mundo teme la muerte y las incomodidades de la vida; los príncipes más poderosos temen las revueltas de sus súbditos y que sus enemigos invadan sus territorios; e incluso los capitanes más intrépidos temen ser sorprendidos de improviso.

El miedo es tan grande como las fuerzas que uno crea tener para resistirlo, y se siente de manera proporcional a la fuerza que uno tenga; por ello, solo es censurable en aquellos que son lo bastante fuertes para rechazar el mal que los amenaza; y por tanto, sería tan irracional acusar de cobardía a un juez o a un hombre de letras, cuya única preocupación ha consistido en estudiar, por negarse a batirse en duelo, como acusar a un soldado bien adiestrado en el uso de las armas de cobarde por no querer entrar en combate contra un sabio filósofo.

A las mujeres se las educa de forma que tengan siempre motivos para tener miedo de todo; carecen de referencias intelectuales para evitar sorprenderse de todo lo referido al mundo espiritual; no se las hace partícipes de los ejercicios que dan fuerza y destreza para el ataque o la defensa; además de que se ven expuestas constantemente a sufrir la impunidad de los ultrajes que cometen contra ellas los hombres tan dados, por otra parte, a los arrebatos, y que no solo las miran con desprecio, sino que además, en general, tratan con frecuencia a sus semejantes con una crueldad y una rabia nunca vistas entre lobos.

Por ello, la timidez no debe tomarse en las mujeres como un defecto, sino como una pasión razonable a la cual deben el pudor que les es tan particular y las dos grandes ventajas de la vida: la inclinación a la virtud y el alejamiento del vicio, cualidades que la mayoría de los hombres no podrán procurarse nunca por mucha educación que reciban y muchas luces que tengan.

La avaricia

El miedo a carecer de bienes o a perderlos es la causa más común de la avaricia, por lo que los hombres no son menos propensos a padecerla que las mujeres; si nos pusiéramos a hacer cuentas, no estoy tan seguro de que el número de avariciosos fuese inferior al de avariciosas, y de que la avaricia en ellos no fuese aún más censurable. Y como no hay mucha distancia entre dos vicios respecto a la virtud que se sitúa en el medio, bastante a menudo se toma a uno por la otra, y se confunde la avaricia con lo que en realidad debería ser un loable ahorro.

Asimismo, como una misma acción puede ser buena en una persona y mala en otra, ocurre a menudo que lo que es malo en los hombres no lo sea en absoluto en el caso de las mujeres. Al tener ellas cerradas todas las puertas de acceso al conocimiento y los cargos, se ven privadas también de cualquier medio de hacer fortuna usando su inteligencia; y, así, al encontrarse en una situación nada favorable para protegerse de los infortunios y las contrariedades de la vida, les afectan mucho más las calamidades. No hay por qué sorprenderse, entonces, de que, conscientes de los muchos esfuerzos que han de realizar para adquirir un puñado de bienes, pongan tanto empeño en conservarlos.

La credulidad

Si aceptan tan fácilmente todo lo que se les dice, es debido a su sencillez, cosa que les impide creer que los que ostentan autoridad sobre ellas sean unos ignorantes o unos interesados; y pecaríamos contra la justicia si las acusásemos de ser unas crédulas, pues la credulidad entre los hombres es, si cabe, más abundante, e incluso muchos de los que se cuentan entre las filas de los más hábiles se dejan engañar por las falsas apariencias; así, pasa a menudo que toda su ciencia se base en ser poco crédulos, rasgo que está más extendido entre nosotros que entre las mujeres. Con ello quiero decir que estos últimos son solo un poco más sabios que los otros por el mero hecho de haber dado su asentimiento, si bien superficialmente y no demasiado convencidos, a un gran número de cosas de las que apenas han retenido las ideas a fuerza de repasarlas por encima, pero sin revisarlas ni muchos menos modificarlas.

La superstición

Tanto la timidez como la superstición, que tantos sabios atribuyen a las mujeres, tienen el mismo origen; sin embargo, en este aspecto parece que los sabios piensan igual que esas personas que cuanto más se equivocan, más convencidas están de que tienen razón por el simple hecho de gritar más fuerte que los demás; y creen estar exentos de superstición por verla campar en las filas de algunas mujeres poco instruidas, sin darse cuenta de que ellos mismos están tristemente sumidos en ella hasta los ojos.

Ahora bien, incluso en el caso de que todos los hombres fueran verdaderos adoradores de Dios y se entregaran a él en cuerpo y alma, y de que las mujeres le rindieran en todo un culto supersticioso, aun así, ellas tendrían excusa porque no se les enseña a conocer a Dios por sí mismas, de ahí que solo sepan de él lo que se les cuenta; y como la mayoría de hombres habla de Dios de un modo tan poco digno sobre lo que de verdad es y significa, y se limitan a distinguirlo de sus criaturas tan solo por la cualidad de Creador que le otorgan, no tenemos por qué extrañarnos de que las mujeres, que solo lo conocen por lo que les cuentan de él, lo adoren religiosamente y con el mismo sentimiento que muestran para con los hombres a los que temen a la vez que reverencian.

El parloteo

Hay personas que creen mortificar a las mujeres diciendo que todas ellas son unas charlatanas; y ellas tienen razón en enfadarse ante un reproche tan impertinente. Su cuerpo está tan felizmente dispuesto por el temperamento que les es propio que saben guardar a la perfección las impresiones que han recibido de los objetos, y no solo se los representan sin esfuerzo, sino que además se explican con una facilidad admirable; y como las ideas pueden despertárseles en cualquier momento y a la menor ocasión, les facilita que puedan comenzar o continuar una conversación como les plazca; y como poseen también un espíritu penetrante que les proporciona un medio de percibir fácilmente las relaciones existentes entre las cosas, pueden pasar sin esfuerzo de un tema a otro y, así, hablar durante mucho tiempo sin dejar morir la conversación.

En cualquier persona, el don de la palabra se ve naturalmente acompañado de un gran deseo de servirse de él desde que a uno se le presenta la ocasión. Este es el único lazo que une a los hombres en la sociedad, por lo que muchos creen que no hay mayor placer ni nada más digno para el espíritu que comunicar sus pensamientos a los demás. Por esta razón, al tener las mujeres el don de la palabra, y siempre que se las hubiese educado junto a sus semejantes, habría que censurarlas si se abstuviesen de hacer uso de él en las conversaciones. Por tanto, solo deberían pasar por charlatanas, bien cuando hablen mal a propósito, bien cuando lo hagan inoportunamente, y, en todo caso, cuando hablen de un tema que no entienden a no ser que su intención sea instruirse al respecto.

No tenemos por qué pensar que solo se parlotea cuando la conversación gira en torno a la moda y los vestidos. La cháchara de los novelistas es con frecuencia incluso más ridícula. La cantidad de palabras que utilizan, amontonadas unas a otras, no significan nada en la mayoría de las obras, además de que representan un cacareo bastante más estúpido que el que se pueda escuchar en una conversación de muchachas. Por lo menos, sus diálogos son reales e inteligibles, y no son tan presuntuosas, como sí cree la mayoría de sabios, para figurarse que son más listas que sus compañeras por el mero hecho de decir más palabras sin sentido. Si los hombres tuviesen tal facilidad de palabra, sería imposible callarlos. Cada cual habla de lo que sabe: los comerciantes, de sus negocios; los filósofos, de sus estudios; y las mujeres, de lo que hayan podido aprender; y aun podríamos decir que conversarían mucho mejor y con más solidez que nosotros si nos hubiésemos tomado la molestia de instruirlas.

La curiosidad

A ciertas personas les choca que en las conversaciones de mujeres estas muestren tanto interés por querer saberlo todo. Desconozco qué placer encuentra esa gente a la que desagrada que las mujeres tengan curiosidad; por mi parte, considero que es bueno ser curioso, y aconsejo serlo siempre que no se peque de inoportuno.

Creo que las conversaciones que mantienen las mujeres son como las de los filósofos, en las que les está permitido hablar de temas que desconocen y en las que siempre surgen imprevistos.

Es normal que muchas personas traten a los curiosos como mendigos, ya que cuando están de humor para dar, no les molesta que les pidan, y cuando tienen ganas de demostrar lo que saben, se ufanan de que les pregunten; en caso contrario, no dejarían de decir que lo que tienen es demasiada curiosidad. Como nos hemos forjado la idea de que las mujeres no tienen por qué estudiar, nos ofendemos cuando reclaman que se las informe de lo que puede aprenderse con el estudio. Sin embargo, yo creo que es muy sano que muestren curiosidad, a la vez que las compadezco por no tener los medios para satisfacerla, entre otras cosas porque un más que comprensible reparo les impide a menudo dirigirse a espíritus simples y rudos por temor a que se rían de ellas, cuando lo que deberían hacer es darles la instrucción que demandan.

La curiosidad es señal de inteligencia

Me parece, sin embargo, que la curiosidad es una de las características más destacadas y certeras de toda persona inteligente y con capacidad de disciplina. Es como un conocimiento ya iniciado que nos hace ir más rápido y lejos en el camino de la verdad. Así, cuando dos personas sometidas a la misma impresión, una la mira con indiferencia, mientras que la otra se aproxima a ella con el propósito de observarla mejor, la actitud de la segunda es señal de que tiene un espíritu más despierto y abierto. En ambos sexos, el espíritu está dotado por igual para el conocimiento, por lo que el deseo de conocer no es más censurable en uno que en otro, y desde el momento en que algo le causa una impresión borrosa, oscura, que no la percibe con claridad, parece que tenga un derecho natural a aclararla; y como la ignorancia es el tipo de esclavitud más odioso en que una persona se pueda hallar, es tan insensato condenar a la persona que procura librarse de ella como al miserable que se esfuerza por salir de la prisión en la que se lo mantiene encerrado.

Inconstancia

Entre todos los defectos que se achacan a las mujeres, su humor inconstante y voluble es el que más descontento causa entre los hombres. Sin embargo, no se puede decir que ellos sean menos propensos a él, pero, como se creen los amos, se imaginan que todo les está permitido, y que el vínculo que se crea a raíz de la unión de un hombre con una mujer debe ser indisoluble para ella, mientras que él puede disolverlo en cualquier momento a pesar de que en dicha unión los dos sean iguales y cada uno esté en ella porque así lo ha querido.

Si nos diésemos cuenta de que la ligereza es una actitud natural en los hombres, no nos acusaríamos tanto ni tan a menudo de ella los unos a los otros, ya que quien es mortal es inconstante, es decir, que tal y como estamos hechos la inconstancia es una necesidad indispensable para nuestro ser. Valoramos las cosas, las amamos o las odiamos, solo por su apariencia, cosa que en absoluto depende de nosotros, y esas mismas cosas nos pueden parecer diferentes a unos y a otros, bien porque hayan experimentado algún cambio, bien porque el cambio lo hayamos experimentado nosotros. Así, una misma carne, más o menos condimentada, más fría o más caliente, puede producirnos sensaciones totalmente diferentes; y, a pesar de ser la misma carne, puede parecernos otra si estamos enfermos o gozamos de buena salud. Durante la infancia permanecemos indiferentes hacia muchas cosas que, sin embargo, diez años después nos apasionan por el simple hecho de que en nuestro cuerpo se han producido cambios.

Por qué no hay que reprochar a los demás que no nos quieran

Si una persona siente amor por nosotros es porque cree que merecemos ser queridos; en cambio, si otra persona nos odia es porque le parecemos odiosos. De igual modo, en un momento determinado de nuestra vida podemos estimar a una persona que antes despreciábamos por el hecho de que no siempre nos ha parecido igual, ya sea porque haya cambiado, ya sea porque somos nosotros los que hemos cambiado. Lo mismo sucede con un objeto que, habiéndose presentado ante nosotros en un momento determinado, encuentra abiertas las puertas de nuestro corazón, mientras que un cuarto de hora antes o después habrían estado cerradas para él.

Esa sensación de división que a menudo sentimos cuando experimentamos dos movimientos contrarios producidos por un mismo objeto, nos convence, muy a pesar nuestro, de que las pasiones no son libres y que no está bien quejarse cuando nos consideran de modo diferente al que querríamos. Igual que para provocar el amor basta poca cosa, poco basta para perderlo, así que esta pasión no depende más de nosotros en su evolución que en su nacimiento. Con frecuencia sucede que, de entre una decena de personas que aspiran a ser queridas, la que se gana nuestro cariño frente a las demás es la que menos méritos presenta, es de más bajo nacimiento o tiene peor aspecto, pero, en cambio, es de carácter alegre o hay en ella algo que la hace más popular o que sea de nuestro agrado, cosa que la predispone mejor para el estado de ánimo en que nos hallemos en ese momento.

Ardides

Lejos de equivocarnos respecto a las mujeres cuando las acusamos de tener más artes que los hombres, hablamos a favor de ellas si sabemos lo que decimos, puesto que implícitamente estamos reconociendo que son más inteligentes y más sensatas. La astucia es como un pasaje secreto que utilizamos para llegar a un fin sin desviarnos de él. Y hace falta mucha inteligencia para vislumbrar cuál sea esa vía, a la vez que mucha destreza para transitar por ella, por lo que es superfluo recordar que toda persona se servirá de todo tipo de ardides para evitar ser engañada. Sin embargo, el engaño no solo es más pernicioso sino que está más presente en los hombres, ya que entre ellos de siempre la mentira se ha erigido en el medio más común para acceder a los cargos y empleos desde donde resulta más fácil cometer los peores males; mientras que las mujeres, al contrario que los hombres, que cuando quieren engañar emplean todos sus bienes, luces y poder del que rara vez uno puede sentirse a cubierto, como digo, las mujeres solo pueden servirse de sus caricias y elocuencia, medios naturales de los que uno puede protegerse más fácilmente si tiene motivos para desconfiar.

Mayor malicia

El colmo de cualquier acusación o defecto del que se pueda acusar a las mujeres es decir de ellas que tienen más malicia y son más malvadas que los hombres, ya que toda la maldad que se les pueda imputar está encerrada en este pensamiento. En cualquier caso, no creo que todos los que así piensan estén convencidos de que sean más las mujeres que cometen maldades que hombres, pues tal afirmación sería de una falsedad manifiesta, ya que las mismas no participan ni de cargos ni de funciones cuyo ejercicio abusivo es causa de todas las calamidades públicas, además de que muestran una virtud demasiado ejemplar que, comparada con el conocido y gran desorden en el que se mueven los hombres, hace que sea difícil que sobre ellas se cierna la duda.

Así pues, a pesar de que se diga, en general, que las mujeres tienen más malicia que los hombres, ello no significa otra cosa, sino que, cuando se dedican a hacer el mal, lo hacen con más destreza y lo llevan más lejos que los hombres. Sea así. Pero eso mismo imprime en ellas una sólida ventaja, ya que nadie es capaz de causar mucho mal si no es a la vez muy inteligente, y, consiguientemente, igual que es capaz de hacer el mal, también lo es de hacer el bien. Así, las mujeres no tienen por qué considerar que este reproche que se les espeta sea más injurioso que el que se podría arrojar contra los ricos y poderosos de ser más malvados que los pobres por el simple hecho de disponer aquellos de más medios para causar el mal que estos; en cualquier caso, las mujeres bien podrían responder, como hacen los poderosos, que si pueden hacer el mal, también pueden hacer el bien, y que si la ignorancia en que se las mantiene es la causa de su mayor maldad, el conocimiento que se les hurta, por el contrario, las haría mucho mejores.

Este pequeño debate en torno a los defectos más señalados que, según se cree, son propios y naturales del bello sexo nos lleva a que nos demos cuenta de dos cosas: la primera es que no son tan destacables como se imagina la gente; y la otra, que pueden ser atribuidos y, por tanto, excusados en razón de la poca educación que recibe su sexo; por ende, cualquier defecto que puedan tener las féminas puede ser corregido por medio de su instrucción, ya que no disponen de menos capacidades que nosotros para aprender.

Si los filósofos hubieran seguido esta regla para juzgar todo lo concerniente a las mujeres, habrían hablado de ellas con mucha mayor sensatez y no habrían caído en tantos y tan ridículos absurdos. Por tanto, no hay que sorprenderse de que la mayoría de esos filósofos, tanto clásicos como modernos, al haber construido su pensamiento a partir de toda una serie de prejuicios populares y al haberse mantenido ellos mismos en su propia ignorancia, conozcan tan mal a sus semejantes. Sin prestar atención ahora a los clásicos, podemos decir de los modernos que la forma en que se les enseña los lleva a creer, aunque sea falso, que no pueden aspirar a adquirir las mismas habilidades que los que los han precedido, cosa que los hace esclavos de la Antigüedad y los lleva a abrazar ciegamente, como si se tratase de verdades inmutables, todo lo que aquellos otros han comentado. Y como todo lo que dicen en contra de las mujeres está basado fundamentalmente en lo que han leído en los escritos de los clásicos, no está de más hacer aquí una pequeña relación de las más curiosas ideas acerca de este tema que nos han legado tan ilustres difuntos, cuyas cenizas, e incluso podredumbre, se reverencian tanto hoy en día.

Opinión de Platón

Platón [20], padre de la filosofía clásica, agradecía a los Dioses las tres gracias que le concedieron, pero sobre todo les agradecía haber nacido hombre y no mujer. Si hubiese sido consciente de las condiciones en que estas están en la actualidad, incluso yo podría haber estado de acuerdo con él, pero lo que nos hace pensar que en realidad tenía otra cosa en mente es la duda que, según se dice, expresaba con frecuencia acerca de si no sería pertinente incluir a las mujeres dentro de la categoría de las bestias. Esto bastaría a cualquier persona razonable para condenarlo, bien por ignorancia, bien por torpeza, y para acabar degradándolo del título de divino del que ya solo disfruta entre los pedantes.

Opinión de Aristóteles

Su discípulo, Aristóteles [21], quien todavía conserva en las escuelas el glorioso epíteto de genio de la naturaleza basado en el prejuicio de que ha sido él quien mejor que ningún otro filósofo la ha conocido, afirma que las mujeres no son más que engendros. ¿Quién no lo creería si lo ha dicho tan célebre personaje que goza, además, de tan alta autoridad? Decir de esta idea que es un despropósito significaría contradecir demasiado abiertamente su opinión. Si una mujer, por muy sabia que fuera, hubiese escrito lo mismo

---

[20] Platón (*c.* 427 a. C.–347 a. C.) fue un filósofo griego seguidor de Sócrates y maestro de Aristóteles. (N. del T.).

[21] Aristóteles (384 a. C.–322 a. C.) fue un filósofo griego considerado, junto a Platón, el padre de la filosofía occidental. Sus ideas han ejercido una enorme influencia sobre la historia intelectual de Occidente por más de dos milenios. (N. del T.).

de los hombres, no cabe duda de que habría perdido toda su credibilidad; y para refutar tamaña estupidez, pensaríamos que es suficiente con responder que es o una mujer o una loca quien la ha dicho. No obstante, esa mujer no tendría menos razón que este filósofo. Las mujeres son tan antiguas como los hombres y abundan tanto como ellos, y nadie se sorprende de encontrárselas en su camino. Para ser un engendro, según el pensamiento de este autor, es necesario tener algo extraordinario y sorprendente; y las mujeres no tienen nada de ello: siempre han estado hechas igual, siempre bellas y espirituales; y si no están hechas como Aristóteles, también pueden decir que Aristóteles no está hecho como ellas.

Los discípulos de ese autor, que vivieron en tiempos de Filón, cayeron en un pensamiento no menos grotesco respecto a las mujeres; creían, según reporta este historiador, que las mujeres son hombres o machos imperfectos. Esta idea se debía, sin duda, a que las féminas no tienen el mentón poblado de barba: a partir de ahí yo ya no entiendo nada. Para ser perfectos, los dos sexos tienen que ser como son. Si uno fuera exactamente igual al otro, ya no sería ni uno ni otro. Si los hombres son los padres de las mujeres, las mujeres son las madres de los hombres, lo que las convierte al menos en sus iguales, por lo que cualquiera tendría tanta razón como estos filósofos si dijese que los hombres son mujeres imperfectas.

Pensamiento gracioso de Sócrates

Sócrates[22], que para la moral era el oráculo de la Antigüedad, hablando de la belleza del sexo, acostumbraba a compararla con un templo de gran apariencia, pero edificado sobre una cloaca.

Uno tan solo puede reírse de esta idea, siempre que la misma no nos dé asco. Parece que juzgaba el cuerpo de los demás por el suyo propio, o por el de su mujer, que era una arpía, cosa que hacía que lo detestase, y le hablaba así de su sexo con el propósito de hacerla enfadar, y él mismo se enfadaba en lo más profundo de su alma por ser feo como un mono.

Pensamiento de Diógenes

Diógenes[23], apodado el Perro porque no sabía hacer otra cosa más que morder, viendo un día pasar a dos mujeres que iban conversando, dijo a los

---

[22]   Sócrates (470 a. C.-399 a. C.) fue un filósofo clásico griego considerado como uno de los más grandes, tanto de la filosofía occidental como de la universal. Fue maestro de Platón, quien a su vez fue maestro de Aristóteles, los tres representantes fundamentales de la filosofía de la Antigua Grecia. (N. del T.).

[23]   Diógenes de Sinope, también llamado Diógenes el Cínico o Diógenes el Perro (c. 412 a. C.-323 a. C.) fue un filósofo griego perteneciente a la escuela cínica. (N. del T.).

que lo acompañaban que allí había dos serpientes, un áspid y una víbora, que iban transmitiéndose el veneno. Este apotegma es digno de un hombre honesto, por lo que no me extraña que se lo incluya dentro del rango de las más bonitas sentencias filosóficas. Si Tabarin[24], Verboquet[25] y l'Espiegle[26] hubiesen vivido en su época, seguro que encontraríamos sus ocurrencias más interesantes. El buen hombre se sintió un poco ofendido, y los que lo conocen un poco creen que ya no tuvo nada más que decir.

Demócrito

En cuanto al admirable y divertido Demócrito[27], como amante de la risa que era, no hay que tomar al pie de la letra todo lo que salía de su boca. Él era de talla bastante grande, mientras que su mujer era menuda. Al ser preguntado un día por qué se había emparejado tan mal, respondió burlándose, como era habitual en él, que cuando uno está obligado a elegir y no hay nada bueno que tomar, lo más pequeño siempre es lo mejor. Si se hubiese preguntado lo mismo a su mujer, ella hubiera podido replicar con la misma razón que grande o pequeño el marido, al no ser apenas uno mejor que el otro, ella había tomado al suyo a ciegas por miedo a haber tomado al peor en caso de que hubiera tenido que escoger.

Pensamiento de Catón

Catón[28], ese sabio y severo crítico, rogaba a menudo a los dioses que lo perdonasen si había sido demasiado imprudente por haber confiado el más nimio secreto a una mujer. El buen hombre se tomaba muy a pecho un hecho famoso de la historia romana, del que se valen los amantes de la Antigüedad como un buen argumento para demostrar el poco comedimiento de las mujeres. Un niño de doce años al que su madre apremiaba para que le contase la resolución que había adoptado el Senado en la sesión a la que había asistido, se inventó para quitarse el asunto de encima que aquel había

---

[24] Tabarin (1584-1626) fue un actor cómico de teatro de feria, conocido por sus arengas y por la diversidad de temas, a veces filosóficos, que a menudo trataba de manera polémica en forma de diálogos. (N. del T.).

[25] Verboquet el Generoso fue un autor de comedias del siglo XVII a menudo subidas de tono, reunidas bajo el título *Délices ou discours joyeux et récréatifs*. (N. del T.).

[26] L'Espiegle es un personaje ficticio aficionado a los chistes de mal gusto. (N. del T.).

[27] Demócrito de Abdera (*c.* 460 a. C.-*c.* 370 a. C.) fue un filósofo griego, recordado por su concepción atomista de un universo compuesto únicamente por átomos y vacío. (N. del T.).

[28] Marco Porcio Catón (234 a. C.-149 a. C.), conocido como Catón el Viejo, fue un político, escritor y militar romano.

decidido que se diesen varias mujeres a todo marido; ella, corriendo, fue a contárselo a sus vecinas para, así, todas juntas tomar medidas al respecto, por lo que toda la ciudad se enteró de la noticia al cabo de una media hora. Me gustaría saber lo que haría un pobre marido si en un Estado en el cual las mujeres fuesen las amas, como en el de las amazonas, viniesen a informarle de que en el Consejo se había resuelto dar a cada hombre un compañero: sin duda, no haría ni un solo comentario al respecto.

Estos son solo algunos de los grandes y sublimes pensamientos que han tenido aquellos que los sabios estudian como si fueran oráculos sobre el tema del bello sexo; pero lo que es más gracioso y chocante a la vez es que personas graves y serias se sirvan de lo que esos ilustres clásicos a menudo dijeron solo en tono jocoso. Esto es tan cierto como que los prejuicios y la precipitación hacen cometer errores incluso a los que pasan por ser personas razonables, juiciosas y sabias en grado sumo.

FIN

SOBRE LA ADMISIÓN DE LAS MUJERES AL DERECHO DE CIUDADANÍA (1790)

NICOLAS DE CONDORCET

La costumbre hace que los hombres estén familiarizados hasta tal punto con la violación de los derechos que les son naturales que, entre aquellos que los han perdido, ninguno piensa en reclamarlos y no cree que se haya cometido contra él ninguna injusticia.

Algunas de estas vulneraciones han pasado desapercibidas a filósofos y legisladores mientras se hallaban ocupados, con el mayor de los empeños, en establecer cuáles eran los derechos comunes a todos los individuos de la especie humana, y en hacer de ellos el fundamento único de las instituciones políticas.

Por ejemplo, ¿no han vulnerado todos ellos el principio de igualdad de derechos al privar, sin pensarlo, a la mitad de la población del género humano del derecho a participar en la elaboración de las leyes excluyendo a las mujeres del derecho de ciudadanía? ¿Existe mayor prueba del poder que ejerce la costumbre, incluso sobre las personas instruidas, que ver cómo se invoca el principio de igualdad de derechos en favor de trescientos o cuatrocientos hombres a los que se les ha privado del mismo por algún prejuicio absurdo, y olvidar ese mismo principio con respecto a doce millones de mujeres?

Para que esta exclusión no fuese un acto de tiranía, habría que demostrar, bien que los derechos naturales de las mujeres no son en absoluto los mismos que los de los hombres, bien que las féminas no tienen capacidad para ejercerlos.

Ahora bien, los derechos de los hombres son resultado únicamente de que son seres dotados de consciencia, susceptibles de adquirir ideas morales y de razonar sobre dichas ideas. Por tanto, las mujeres, al poseer esas mismas cualidades, necesariamente tienen que gozar de iguales derechos. O ningún individuo perteneciente a la especie humana tiene verdaderos derechos, o todos tienen los mismos; y aquel que vote en contra del derecho de otro, sin importar qué religión profese ni el color de su piel ni su sexo, desde ese momento, está abjurando de los suyos.

Sería difícil probar que las mujeres son incapaces de ejercer los derechos de ciudadanía. ¿Por qué unos seres expuestos al embarazo o a otras indisposiciones pasajeras no podrían ejercer unos derechos acerca de los cuales nadie ha pensado nunca en privar de los mismos a aquellas personas que padecen gota todos los inviernos y se resfrían con facilidad? Si se admite en los hombres una superioridad de espíritu que no se corresponde con la evolución necesaria derivada de la diferente educación recibida —lo que no está en absoluto probado, y debería estarlo para poder privar de manera justa a las mujeres de un derecho natural—, esa superioridad solo puede consistir en dos cosas. Por una parte, se dice que no ha habido ninguna mujer que haya realizado un descubrimiento de importancia en el campo científico, o que haya dado muestras de genialidad en el ámbito de las artes o de las letras, etc.; pero no cabe duda de que nadie pretendería que solo se reconociese el derecho de ciudadanía a los hombres dotados de genio. Por otra, se añade que no hay ninguna mujer que tenga la misma amplitud de conocimientos y la misma capacidad de razonamiento que ciertos hombres; pero ¿qué se puede deducir de esto? Que, excepto para cierto tipo de hombres, más bien muy poco numerosos y con enorme instrucción, la igualdad es total entre las mujeres y el resto de los hombres, y que, si dejamos aparte a ese pequeño grupo, la inferioridad y la superioridad se reparten por igual entre los dos sexos. Ahora bien, puesto que resultaría totalmente absurdo que tanto el derecho de ciudadanía como la capacidad para encargarse de las funciones públicas se viesen limitados a esa clase superior, ¿por qué deberían verse excluidas de ellos las mujeres antes que los hombres cuyas capacidades sean inferiores a las de un buen número de mujeres?

En fin, ¿podrá pensarse, entonces, que las mujeres albergan en su espíritu o en su corazón algunas cualidades por las que deban ser excluidas del goce de sus derechos naturales? Interroguemos primero a los hechos. Isabel de Inglaterra[1], María Teresa[2] o las dos Catalinas de Rusia[3] han dado buena

---

[1]   Isabel I (1533-1603), reina de Inglaterra (1558-1603). Hija de Enrique VIII, fue la última soberana de la dinastía Tudor. (N. del T.).

[2]   María Teresa I (1717-1780), archiduquesa y soberana de Austria (1740-1780), fue la primera y única mujer que gobernó los dominios de los Habsburgo. (N. del T.).

[3]   Catalina I (1684-1727), esposa de Pedro I el Grande y, tras su muerte, emperatriz de Rusia (1725-1727); Catalina II (1729-1796), llamada la Grande,

muestra de que no es precisamente ni la fuerza de ánimo ni el coraje de espíritu lo que les falta a las mujeres.

Isabel tenía todos los defectos que pueda tener una mujer, pero ¿acaso este hecho causó más mal a su reinado que los defectos masculinos al de su padre o al de su sucesor? ¿Acaso han ejercido los amantes de algunas emperatrices una influencia más peligrosa que la que hayan podido ejercer las amantes de Luis XIV[4], Luis XV[5] o el mismo Enrique IV[6]?

¿O acaso se puede creer que la señora Macaulay[7] no hubiese podido debatir mejor en la Cámara de los Comunes que muchos de los representantes de la Nación británica? ¿No habría podido ella, al tratar la cuestión de la libertad de conciencia, mostrar unos principios más elevados que los de Pitt[8] y, además, con más sólidos argumentos? Aunque tan entusiasta de la libertad como lo puede ser el señor Burke[9] de la tiranía, ¿habría podido ella, al defender la Constitución francesa, caer en la absurda y repugnante monserga mediante la cual este célebre retórico la ha estado combatiendo? ¿No habrían estado mejor defendidos los derechos de los ciudadanos, en los

---

emperatriz de Rusia (1762-1796), continuadora de la labor modernizadora del Imperio ruso iniciada por Pedro I el Grande. (N. del T.).

4   Luis XIV (1638-1715), rey de Francia (1643-1715), llamado el Rey Sol, al que se le conocieron numerosas amantes, entre ellas, Luisa de la Vallière, Madame de Mostespan, Claudia de Vin des Œillets o María Angélica de Scorailles. (N. del T.).

5   Luis XV (1710-1774), rey de Francia (1715-1774), hijo de Luis XIV, cuya amante, además de consejera y favorita, más conocida fue Madame de Pompadour. (N. del T.).

6   Enrique IV (1553-1610), rey de Francia (1589-1610), primero de la Casa de Borbón, al que se le conocieron también numerosas amantes, entre otras, Gabrielle d'Estrées. (N. del T.).

7   Catharine Macaulay (1731-1791), historiadora británica, *primera* mujer en llegar a serlo. Conocida, entre otras obras, por su *Historia de Inglaterra*, publicada en ocho volúmenes entre 1763 y 1783. Polemizó abiertamente en materia política con los primeros ministros británicos de la época (William Pitt el Viejo y su hijo William Pitt el Joven), así como con el filósofo Edmund Burke, con quien mantuvo posiciones ideológicas contrapuestas, sobre todo, en la visión que ambas partes tenían de la Revolución francesa. (N. del T.).

8   William Pitt, el Joven (1759-1806), primer ministro británico durante dos periodos (de 1783 a 1801 y de 1804 a 1806), durante cuyo primer mandato aconteció la Revolución francesa. (N. del T.).

9   Edmund Burke (1729-1797), filósofo y político británico, considerado el padre del liberalismo conservador, con quien la historiadora Catharine Macaulay mantuvo una disputa ideológica en respuesta a su obra *Reflexiones sobre la Revolución francesa* (1790) en un panfleto publicado ese mismo año por la autora y titulado *Observaciones sobre las reflexiones del Honorable conservador Edmund Burke sobre la Revolución francesa*. (N. del T.).

Estados Generales de 1614[10], por la hija adoptiva de Montaigne[11] que por el consejero Courtin[12] que creía en los sortilegios y en las ciencias ocultas? ¿Acaso la princesa de los Ursinos[13] no se hubiera merecido algo mejor que a Chamillard[14]? ¿Acaso se puede pensar que la marquesa de Châtelet[15] no habría podido realizar un tan buen despacho como lo pudo haber hecho el señor Rouillé[16]? ¿O es que la señora Lambert[17] podría haber elaborado leyes tan absurdas y bárbaras como las que elaboró el guardián de los sellos d'Armenonville[18] contra los protestantes, los ladrones domésticos, los contrabandistas y los negros? Si nos fijamos en la lista de los personajes que han gobernado a los hombres, estos no tienen derecho a sentirse tan orgullosos.

Las mujeres son superiores a los hombres en las virtudes de la amabilidad y en las del hogar; saben, al igual que los hombres, amar la libertad, si bien ellas no disfrutan de todas sus ventajas; y en las repúblicas se ha visto a menudo cómo se sacrifican por ella: han mostrado las virtudes ciudadanas en todas las ocasiones en que el azar o las complicaciones civiles las han llevado a un escenario del que el orgullo y la tiranía de los hombres las han marginado en todas partes.

---

[10]   Convocados bajo el reinado de Luis XIII en 1614 fueron los Estados Generales previos a la última y definitiva convocatoria de estos bajo Luis XVI en 1789, es decir, transcurrieron 175 años entre ambos. (N. del T.).

[11]   Marie Le Jars de Gournay (1565-1645), precursora del feminismo durante el siglo XVII, fue adoptada intelectualmente por el filósofo Michel de Montaigne; autora, entre otros, del tratado *Igualdad de los hombres y las mujeres* (1622). (N. del T.).

[12]   Probable referencia a Jean Courtin, muerto en 1623, fue consejero en el Parlamento, *maître des requêtes* (maestro de peticiones) y consejero de Estado, además de decano del Parlamento. (N. del T.).

[13]   Anne-Marie de la Trémoille (1642-1722), conocida como la Princesa de los Ursinos, fue una noble francesa establecida en la corte de Felipe V de España como agente de Luis XIV de Francia; mujer de gran sagacidad y dotes para la intriga política. (N. del T.).

[14]   Michel de Chamillart (1652-1721), ministro y secretario de Estado para la Guerra de Luis XIV, así como controlador general de Finanzas. (N. del T.).

[15]   Gabrielle Émilie Le Tonnelier de Breteuil, marquesa de Châtelet (1706-1749), matemática, física y filósofa francesa, traductora de Newton al francés y difusora de sus teorías. (N. del T.).

[16]   Antoine-Louis Rouillé, conde de Jouy (1689-1761), estadista francés, secretario de Estado de la Marina y ministro de Asuntos Exteriores. (N. del T.).

[17]   Anne-Thérèse de Marguenat de Courcelles (1647-1733), generalmente llamada madame o marquesa de Lambert, mujer de letras, fundadora de un famoso salón literario.

[18]   Joseph Jean-Baptiste Fleuriau d'Armenonville (1661-1728), político francés, secretario de Estado para Asuntos Extranjeros y de la Marina, guardián de los Sellos.

Se ha dicho de las mujeres que, a pesar de que poseen mucha prestancia y sagacidad, además de una facultad de raciocinio llevada al mismo nivel que el que pudiesen exhibir sutiles dialécticos, no se conducen nunca por lo que se ha dado en llamar la razón.

Esta observación es falsa, puesto que, si bien es verdad que las mujeres no actúan bajo las mismas razones que los hombres, también es verdad que se conducen por las suyas propias.

Al no ser sus intereses los mismos, por culpa de las leyes, y al no tener la misma importancia para ellas las cosas que para los hombres sí la tienen, las mujeres, sin faltar a la razón, pueden inclinarse por otros principios y tender a un objetivo diferente. Tan razonable es para una mujer ocuparse de los encantos de su cuerpo como lo era para Demóstenes[19] cuidar de su voz y sus gestos.

También se ha dicho de las mujeres que, a pesar de ser mejores, más cariñosas, más sensibles y menos dadas a los vicios que tienden al egoísmo y a la dureza de corazón, que los hombres, no tenían propiamente sentido de justicia, y que obedecían, más bien, a sus sentimientos antes que a su conciencia. Este comentario es cierto, pero no prueba nada, ya que no es la naturaleza, sino la educación y la forma de estar presente en la sociedad las causantes de esa diferencia, y ni la una ni la otra han enseñado a las mujeres el concepto de justicia, sino el concepto de honestidad. Marginadas de todo tipo de asuntos, de todo lo que se ha de decidir según criterios de estricta justicia, según la legislación positiva, los asuntos de los que ellas se ocupan, sobre los que actúan, son precisamente los que se rigen por la honestidad natural y por los sentimientos. Por tanto, es injusto alegar, en un intento de continuar negando a las mujeres el disfrute de los derechos naturales que les son propios, motivos que no tienen nada que ver con la realidad, más allá de que la realidad es precisamente que no gozan de ellos.

Si se admitiesen contra las mujeres razones parecidas, habría que privar también del derecho de ciudadanía a esa parte del pueblo que, dedicada a trabajar de sol a sol, sin descanso alguno, no puede ni instruirse ni ejercer el pensamiento, por lo que en poco tiempo y de forma gradual tan solo se permitiría que fuesen ciudadanos aquellos hombres que hayan cursado estudios en derecho público. Si se admitiesen tales principios, se habría de renunciar, como consecuencia forzosa de ello, a alcanzar cualquier constitución libre. Las diferentes aristocracias han esgrimido pretextos similares, ya sea como fundamento, ya sea como excusa; incluso la etimología de esta palabra así lo prueba.

---

[19]   Demóstenes (384 a. C. – 322 a. C.), político ateniense dotado de grandes facultades para la oratoria.

Tampoco se puede alegar la dependencia que tienen las mujeres de sus maridos, puesto que sería posible eliminar esta tiranía cometida en la legislación civil a la vez que se demostraría que una injusticia nunca puede ser motivo para la comisión de otra.

Así, tan solo quedan dos objeciones por debatir, y, en verdad, estas solo oponen motivos de utilidad a que las mujeres sean admitidas en el derecho de ciudadanía, motivos que, por otra parte, no pueden contrarrestar un auténtico derecho. Demasiado a menudo se ha tomado la máxima contraria como pretexto y excusa para los tiranos; es en nombre de esa utilidad cómo el comercio y la industria se sirven de las cadenas, y la razón por la que se mantiene al africano consagrado a la esclavitud; es así como en nombre de la llamada utilidad pública se llenaba la Bastilla[20], se instituía la censura literaria, se mantenían procedimientos secretos y se practicaba la tortura. Sin embargo, discutiremos estas objeciones para no dejar, así, nada sin respuesta.

Se dice que habría que temer la influencia que pudiesen ejercer las mujeres sobre los hombres.

A ello responderemos, primero, que solo hay que temer dicha influencia, como por otra parte cualquier otra, si se ejerce, más bien, en una atmósfera de secretismo, pero no en una discusión pública; y que esa influencia, que quizás ejerzan las mujeres en privado, se iría diluyendo, máxime si se extendiese a más de un individuo, ya que a partir del momento en que empezase a ser conocida apenas podría continuar prolongándose. Por otra parte, como hasta ahora no se les ha reconocido a las mujeres una igualdad absoluta en ningún país, y no por ello su poder ha dejado de ser menor en ninguna parte, además de que cuanto más se ha degradado a las mujeres por vía legal más peligroso se ha vuelto ese poder, no parece, por tanto, que se haya de depositar mucha confianza en esa solución. ¿No sería, por el contrario, más plausible que dicho poder disminuyese si las mujeres mostrasen menos interés en conservarlo, o si dejase de ser para ellas el único medio posible para defenderse y escapar, así, de la opresión?

Si las normas de cortesía no permiten a la mayoría de los hombres mantener en sociedad su opinión contra la de una mujer, no es sino porque esa cortesía tiene mucho que ver con el orgullo; se concede una victoria que no acarrea consecuencias, y la derrota no es humillante al ser voluntaria; pero ¿de verdad se podría creer en serio que pudiese ocurrir lo mismo en un debate público sobre un asunto de importancia? ¿Acaso la cortesía constituye un impedimento para que se pueda discutir con una mujer?

No obstante, podría alegarse que un cambio tal sería contrario a la utilidad pública porque apartaría a las mujeres de las obligaciones que la naturaleza parece haberles reservado.

---

[20]   Este edificio fue utilizado durante buena parte de su vida como prisión.

Esta objeción me parece que no está bien fundada. Bajo cualquier tipo de constitución que se establezca, no deja de ser cierto que, en el actual estado en que se halla la civilización en las naciones europeas, nunca podrá ser más que un pequeño grupo de ciudadanos el que pueda ocuparse de los asuntos públicos. De ahí que no se arrancaría más a las mujeres de sus labores hogareñas de lo que se apartaría a los campesinos de sus arados o a los artesanos de sus talleres. Entre las clases más pudientes, no vemos en ninguna parte que las mujeres se entreguen a las tareas domésticas de una manera más constante para temer que ello las distraiga; sin embargo, otro tipo de ocupación más seria las desviaría bastante menos que los gustos fútiles a los cuales la ociosidad y la mala educación las condenan.

La causa principal de este temor reside en la idea de que todo hombre al que se le reconoce el derecho a disfrutar de sus derechos solo piensa en gobernar, lo que puede ser verdad hasta cierto punto en el momento en que se establece una constitución; pero ese cambio no tendría por qué ser duradero. Así, no hay por qué creer que, porque las mujeres pudiesen llegar a ser miembros de las asambleas nacionales, abandonarían de inmediato el cuidado de sus hijos, sus labores del hogar y su forma de vida, sino que tendrían más aptitudes para educar a sus hijos y convertirlos en hombres. Es un hecho natural que las mujeres amamanten a sus hijos y que cuiden de ellos durante sus primeros años de vida; ligadas a sus casas debido a estos cuidados, y más débiles que los hombres, resulta también normal que lleven una vida más retirada, más hogareña. Por tanto, las mujeres se hallarían en la misma situación en la que están los hombres que, por su estado, están obligados a recibir cuidados por un tiempo. Este puede ser un motivo por el que no se las prefiera en las elecciones, pero no puede constituirse en motivo ni fundamento para su exclusión legal. La galantería perdería con este cambio, pero las costumbres domésticas ganarían como consecuencia de dicha igualdad, así como de cualquier otra.

Hasta ahora, en todos los pueblos conocidos han existido costumbres, bien salvajes, bien corruptas. No conozco ninguna excepción si no es a favor de los americanos de los Estados Unidos quienes están esparcidos en pequeños grupos a lo largo y ancho de un vasto territorio. Hasta ahora, en todos los pueblos, han existido desigualdades jurídicas entre hombres y mujeres. De ahí que no resulte difícil probar que, en el caso de estos dos fenómenos, ambos igual de generales, el segundo sea una de las causas principales del primero, pues la desigualdad provoca por fuerza la corrupción, y constituye su fuente más común, si bien no la única.

Por ello, exijo que desde ya nos dignemos a refutar estas razones, dejando de lado las bromas y los discursos vanos; y, ante todo que se me demuestre que entre hombres y mujeres hay alguna diferencia natural que pueda justificar legítimamente la exclusión de derechos para ellas.

La igualdad de derechos entre los hombres establecida en nuestra nueva Constitución nos ha costado tener que soportar discursos llenos de elocuencia, así como haber sido objeto de inagotables burlas; pero, hasta aquí, nadie ha podido todavía oponer una sola razón a esta teoría, y no es precisamente por falta de talento ni por falta de empeño, por lo que me atrevo a creer que ocurrirá exactamente lo mismo con la igualdad de derechos entre ambos sexos. Es bastante curioso que en un buen número de países se haya creído que las mujeres son incapaces de desempeñar cualquier función pública, pero, sin embargo, sí que se las considere dignas de acceder al trono; o que en Francia se haya permitido a una mujer ejercer la regencia, cuando hasta 1776 no podían tan siquiera ser marchantes de moda en París[21]; o, en fin, que en las asambleas electivas de nuestras bailías se haya acordado para el derecho de feudo lo que se denegaba al derecho de la naturaleza. Varios de nuestros diputados de origen noble deben a algunas damas el honor de poder sentarse entre los representantes de la nación. ¿Por qué, entonces, en lugar de arrebatar este derecho a las mujeres propietarias de feudos, no habría que extenderlo a todas aquellas que posean propiedades, que sean las cabezas de sus hogares? ¿Por qué, si se piensa que es un absurdo ejercer mediante procurador el derecho de ciudadanía, habría que negárselo a las mujeres en vez de dejarles la libertad de que pudiesen ejercerlo en persona?

---

[21]   Antes de la supresión de los gremios en 1776, las mujeres no podían acceder, si no estaban casadas o un hombre no les prestaba o vendía su nombre como forma de adquirir un privilegio, a la calidad de maestro marchante de moda ni de otras profesiones que ya ejercían. Véase el preámbulo del edicto de 1776. (N. del T.)

OPINIÓN DE UNA MUJER SOBRE LAS MUJERES (1801)

Fanny Raoul

Los prejuicios que nos llevan a ver lo que no hay o que distorsionan la realidad son un obstáculo para los descubrimientos científicos y una fuente de errores.

Condillac[1] (*De la manera de estudiar la historia*)

A LAS MUJERES

Permitidme que os dedique esta obra a vosotras, mujeres, para las que solo escribo. Si en vosotras halla a sus protectoras y la convertís en vuestra bandera, ¡qué puedo temer! Con vuestro respaldo, osaré enfrentarme a todo.

¡Ojalá con ella pudiese mejorar vuestra suerte! Muchas de vosotras, aun no considerándolo tan desafortunado, se sorprenderán del paisaje que voy a pintar en este cuadro. Sus colores, tomados en préstamo de la tinta de mi alma, quizás sean fuertes, pero en él no se plasma ninguna exageración. En él se pinta la verdad, la triste y cruel realidad, la única que dirige mi pluma; su ascendente irresistible me impulsa a tomar vuestra defensa. Puede ser que la injusticia y la sinrazón prevalezcan todavía por mucho tiempo; quizás la costumbre de pensar no sea todavía muy común como para hacer que todas las ideas filosóficas puedan fructificar en unas mentes que aún no las han cultivado; no obstante, una idea, cuando es útil, rara vez se pierde; siempre queda depositada en algunos espíritus fecundos en los que germina en silencio y, tarde o temprano, se desarrollará. He aquí la valía de los auténticos filósofos: puede ser que sus escritos no sean bien acogidos por una masa frívola que no puede ver más allá de sus intereses actuales e inmediatos, pero,

---

[1] Étienne Bonnot de Condillac (1714–1780), abate de Mureau, fue un sacerdote, filósofo y economista francés de la segunda Ilustración. (N. del T.)

conque únicamente produzcan el efecto que pretenden en un solo lector, su éxito está asegurado, porque habrá otros siglos después del suyo.

Cualquiera que sea la suerte que pueda correr esta obra, recibiré una muy dulce recompensa por mi entrega si, a cambio, el premio es vuestra estima.

ADVERTENCIA

Esta obra no la publico como autora; esa respetable condición, a la que la inteligencia y el talento no dan más que derechos, está muy por encima de mí para albergar la pretensión de alcanzarla. Como mujer comprometida y razonable que soy, solo quiero pagar a la sociedad la deuda que todos sus miembros contraemos con ella; y para saldarla, le ofrezco ideas útiles, basadas en el amor por el bien general y la humanidad.

Estas ideas son fruto de largas observaciones. Impresionada a menudo por nuestros males familiares, cuya multiplicación constituye el mal público, he indagado cuál sería su causa, y la he hallado en la poca consideración, diría más, en el desprecio que se tiene hacia las mujeres; desprecio cuyas raíces se hunden en el estado de envilecimiento y opresión al que las ha reducido una legislación bárbara, copia de costumbres salvajes.

El hombre, ese ser egoísta y vanidoso, que solo se preocupa de sí mismo, en vez de ver en la mujer a su compañera, a su igual, se obstina en no ver en ella más que un a ser creado en exclusiva para él; en tratarla, como haría un niño caprichoso y travieso, como si fuese un juguete bonito del cual se puede deshacer cuando ya se ha cansado de él; o a la que puede rechazar cuando halla en ella una resistencia que no esperaba; ahora bien, si se dice de esa resistencia, cuando se trata de los hombres, que es carácter, cuando se trata de las mujeres, en cambio, se dice que es obstinación, desobediencia. A los hombres les gusta encontrar ternura en las mujeres, pero me he dado cuenta de que esa palabra en sus bocas es sinónimo de debilidad, de suerte que, según ellos, una mujer dulce es aquella que hace todo lo que ellos quieren; es aquella que, humillándose tanto como para creerse inferior a ellos, no tiene ni sentimientos ni principios para consigo, y piensa que tiene que recibir con resignación todo aquello que se le quiera dar. La prueba de que esta observación es justa la encontramos en que son siempre los hombres más despóticos los que ensalzan la gracia y la delicadeza que hay en una mujer. No quiera Dios que yo pretenda despreciar estas cualidades, sin duda, estimables; ahora bien, sí que condeno el uso que de ellas se hace.

La falsa interpretación de las palabras ha sido siempre la causa de las desgracias del mundo; pero no es aquí donde yo vaya a relatar la historia de sus errores; ese vasto campo ya ha sido desbrozado por brazos más hábiles que los míos. Sin embargo, existe un rincón que todavía no ha sido tocado por nada ni nadie, y es precisamente ahí adonde me voy a atrever a dirigir mi mano tímida y vacilante.

Si todos mis esfuerzos resultasen inútiles, si los intereses de un sexo opresor triunfasen sobre el clamor de la humanidad y la justicia violentadas, al menos yo daré testimonio de que he defendido su causa; de que, nacida para ser independiente, jamás me he inclinado ante el yugo vergonzante de una opinión impuesta, y de que nunca he cometido un ultraje contra la razón adoptando ningún prejuicio que la misma reprueba.

OPINIÓN DE UNA MUJER SOBRE LAS MUJERES

Antiguos prejuicios, convertidos en leyes por su prolongado y extenso uso, han establecido en la suerte de cada uno de los dos sexos tales diferencias que uno parece haber nacido para oprimir al otro. Si el oprimido fuese consciente de cuáles son sus derechos, ese estado de cosas los convertiría en enemigos declarados; sin embargo, ese no era el objetivo que tenía la naturaleza, que creó al uno para el otro en la medida en que ambos quisieran unirse; pero, la naturaleza, seguramente, no concibió que dicha unión fuera a ser fuente de tormentos y esclavitud para uno de ellos, mientras que el otro podía disfrutar plenamente de su independencia, sino que otorgó a ambos las mismas ventajas, es decir, la existencia y la libertad. La naturaleza, madre tierna y justa, llevó a cabo un reparto igual de sus bienes entre sus hijos; pero la avidez de unos, que no podían contentarse con la parte que se les había asignado, hizo que recurriesen a la fuerza para apoderarse de la parte de los otros que, más débiles o más dóciles, acabaron por cedérsela. Así, las mujeres se convirtieron en esclavas de los hombres, igual que unos pueblos se convirtieron en esclavos de otros, igual que el ser pacífico será siempre esclavo del audaz. Esto ocurre siempre, al menos en todos aquellos lugares en los que la sabiduría y la imparcialidad de las leyes no acuden en socorro de los oprimidos; en todos aquellos lugares en los que la voz de la razón y la humanidad se ve ahogada por los gritos de los injustos y poderosos; en todos aquellos lugares, en fin, en los que no se conoce otra autoridad que la del más fuerte, en los que las reglas son sus caprichos, y las leyes, su sola voluntad.

Que durante siglos de ignorancia la fuerza haya sido la medida con la que se concebían los derechos; que se haya erigido en principio que solo los fuertes son dignos de la libertad, y que puedan impunemente arrebatársela a otro, ha dado como resultado que la más cruel opresión sea el producto de esas falsas afirmaciones. Esta es la desgracia de nuestros tiempos, y no, la esencia de las cosas; una desgracia que era inevitable en la infancia del mundo, que, similar a la de una persona, seguramente ignoraba el ascendente que debe ejercer sobre él la razón.

Todo hombre sensato, sin duda, se sorprenderá de que hayan sido las leyes, cuyo objetivo tendría que ser acabar con esa situación, las que, por el contrario, la hayan consagrado. ¡Ojalá los mil y un absurdos por los que se rige este mundo, y que reciben el nombre sagrado de *ley*, pudiesen hacer que naciese en él todavía una sensación de sorpresa!

Pero si no hay nada en esta situación que sorprenda a su razón, en cambio, todo en ella interesa y conmueve a su alma, tan dolorosamente afectada por el sinfín de víctimas que dejan la injusticia y la sinrazón; si ese ser sensato estuviese dentro del rango de los oprimidos, elevaría con coraje su voz y diría a todos aquellos que lo escuchasen: «En estos tiempos que nos depara el templo de las luces y la filosofía, del que nuestro siglo se honra por haber contemplado su inauguración, ya ha llegado la hora de echar abajo los muros construidos sobre la base de prejuicios absurdos e inhumanos», para a continuación, adoptando el tono frío y tranquilo que conviene al debate, entrar en materia y comenzar a razonar del siguiente modo:

«Es un error ver, en la diferencia existente entre los sexos, una diferencia de derechos, porque esta última diferenciación implicaría también una diferenciación en los deberes; a este respecto, no debería existir más diferencia entre ellos que la establecida por las diversas clases de estado en que se pueden hallar los hombres; por ejemplo, entre un general del ejército y un comerciante, o un magistrado, o un banquero; los subordinados de estos últimos y los soldados de aquel tienen obligaciones muy diferentes que cumplir, pero sus derechos son los mismos: todos ellos son iguales ante la ley, todos gozan de la condición y los privilegios de ser ciudadanos. Cada uno de ellos, en sus asuntos de interés particular, es independiente del otro; así que la disimilitud o desigualdad de rango desaparece ante la igualdad de derechos, por lo que, en presencia de esta, la pretendida desigualdad entre sexos debería igualmente quedar eclipsada».

Se alega que la inferioridad en fuerza física de las mujeres es la causa que provoca su sometimiento. Esta razón apenas podría tener réplica entre los salvajes; y digo *apenas*, pues las amazonas, cuyo valor es tan halagado por los antiguos, o las mujeres de Esparta, o un gran número de esas campesinas que dan nuestros campos, demuestran que es la educación, más que la naturaleza, la que establece la diferencia en la fuerza de ambos sexos.

Pero, ¡ay, hombres inconsecuentes e injustos!, si la fuerza física fuese la única condición para acceder a la sabiduría, al poder, a la igualdad y a la libertad, ¡cuántos de vosotros que gozáis de estos privilegios os veríais privados de ellos! ¡Cuántos de vosotros que elaboráis las leyes seríais los que las padecieseis! ¡Cuántos de vosotros compartiríais la esclavitud de vuestras mujeres! Es más, si a los franceses —y me refiero a los franceses porque son el pueblo más valeroso del universo—, si a los franceses, digo, se les obligase a luchar sin armas, cuerpo a cuerpo, contra esos salvajes cuya vida errante y agreste hace que su cuerpo adquiera un vigor extraordinario, seguramente saldrían derrotados; sin embargo, ¿se podría deducir de ello que los vencedores fuesen más dignos de ocupar la posición de mando? ¿Acaso esta nación de filósofos, orgullosa, y con razón, de sus intelectuales, debería tenerse menos aprecio porque su vencedor hubiese obtenido sobre ella una ventaja similar a la que cualquier ratero de Londres podría obtener sobre el más decente e ilustrado de sus colegas? Ciertamente, no lo creo. A esta comparación añadiré algunos ejemplos más, extraídos de los hombres, que probarán mejor el absurdo y la injusticia que se cometen al juzgar los asuntos morales con criterios físicos.

Esopo[2], de cuya formación la naturaleza parece que se desentendió, para probar que en ella cabe lo opuesto, era pequeño, deforme y, en consecuencia, débil; y lo mismo les pasaba a Montaigne[3], Pascal[4] y Rousseau[5]. Ahora bien, ¿acaso podemos prejuzgar por las obras de estos hombres ilustres la debilidad de su constitución? No cabe duda de que no; sin embargo, tampoco hay duda de que esos sabios habrían perdido sus derechos de hombre y de ciudadano si hubiesen tenido que pelear por ellos o haberlos obtenido mediante la lucha, y, por tanto, cualquier gladiador podría haber hecho de aquellos que fueron preceptores de las naciones sus esclavos. De todo esto resulta, pues, que, en las relaciones de un sexo con el otro, el mérito es a las mujeres lo que el duelo es respecto a los hombres, ya que el mérito compensa la desigualdad en la fuerza física y restablece la igualdad que, en teoría, la fuerza tendría que destruir.

Pero acostumbrados como estamos a escuchar en todo momento hablar de la igualdad física, parecería que estuviésemos regidos solo por leyes físicas; sin embargo, nuestro estado de sociedad no encarna otra cosa que un mundo moral; ahora bien, ¿quién lo gobierna?, ¿las leyes físicas o las morales? Sin ninguna discusión, las segundas. Por tanto, hay que considerar a todos los miembros del estado social como seres morales. Bajo esta premisa, la identidad de hombres y mujeres queda probada sin lugar a dudas; ¿por qué, entonces, habría que oponerse a su misma identidad de situación?

Sería algo extraordinario, si no supiésemos hasta qué nivel pueden llegar la injusticia y la insensatez humanas, ver a los hombres, siempre en contradicción consigo mismos, establecer reglas generales que dejan de serlo por las numerosas excepciones que se hacen de ellas; leyes que se quebrantan cuando se trata de aplicarlas a ciertos individuos que difieren de ciertos otros en su forma o color.

---

2 Esopo fue un escritor de la Grecia Clásica (siglos VII y VI a. C.), al que se le atribuye la creación de la fábula como género literario. (N. del T.).

3 Michel Eyquem de Montaigne (1533 – 1592) fue un filósofo, escritor, humanista y moralista francés del Renacimiento, autor de los *Ensayos* y creador del ensayo como género literario. (N. del T.).

4 Blaise Pascal (1623 – 1662) fue un matemático, físico, filósofo y teólogo francés. (N. del T.).

5 Jean-Jacques Rousseau (1712 – 1778) fue un filósofo suizo francófono. Autor del archiconocido *El contrato social*. (N. del T.).

Sin embargo, hay que elegir entre estas dos situaciones: o bien esos individuos pertenecen a la misma especie y, entonces, deben tener los mismos derechos; o bien son tan diferentes entre sí que ninguna cualidad les es común. Ahora bien, dicha disparidad no existe en lo que respecta a las facultades intelectuales que posee cada uno de los dos sexos

Dejando de lado la inferioridad que se le reprocha a uno de ellos, inferioridad que no es real y sobre la que indicaré sus causas, considero que las máximas que la han establecido y acreditado, todo ese amasijo de tonterías y prejuicios, son dignas de los tiempos en que fueron creadas, es decir, del estado de naturaleza; pero, después de analizar los respectivos destinos, derechos y deberes de cada sexo, extraigo la prueba de su igualdad natural, de la que necesariamente deriva su igualdad civil.

En efecto, tanto en el estado de naturaleza como en el de sociedad, ¿cuál es el propósito que se reserva a los dos sexos? El de todos los seres animados: la reproducción, a la cual deben concurrir ambos, y en la cual, por tanto, los dos juegan el mismo papel: el papel de la creación, puesto que esta solo es posible con su unión; y dicha unión solo puede tener lugar si es voluntaria por parte de ambos, a no ser que se admita el abominable abuso de la fuerza, lo que, por otro lado, tampoco determinaría la superioridad masculina, puesto que no se sabe cuál es el grado de resistencia que podría alcanzar una mujer movida por el odio y la desesperación; por tanto, es palmario que en el estado de naturaleza los derechos de los dos sexos son los mismos. Al tener una necesidad recíproca el uno del otro, el fuerte no podría existir sin el débil; así, esta necesidad recíproca se erige en el fundamento de su igualdad natural, ya que la imprescindible utilidad de uno equilibra la fuerza del otro; así, el débil se torna en el igual del fuerte desde el momento en que el fuerte tiene necesidad del débil.

Por la misma razón que es necesario el concurso de ambos sexos para la formación y el mantenimiento de la sociedad, es evidente que tanto al uno como al otro les tienen que corresponder, en esa misma sociedad, los mismos beneficios; de lo que resulta que las leyes que garantizan a uno la libertad y el ejercicio de sus derechos, tengan que garantizar también al otro la libertad y el ejercicio de los suyos.

Una vez reconocida y establecida esta igualdad – como tiene que ser, pues tanto esa palabra como el vocablo *justicia* no representan ninguna idea distinta, sino que son únicamente sonidos confusos y de interpretación arbitraria –, como digo, establecida dicha igualdad, el matrimonio, así como el resto de relaciones que de él se desprenden, ya no constituirá para las mujeres un estado precario y vergonzante, sino que precisamente resultará ser un estado afortunado. ¿Por qué es solo el hombre el que puede ser cabeza de familia? ¿En qué se funda ese título exclusivo que se ha arrogado él mismo para esta situación? Los derechos de la madre, me parece, son tan legítimos como los del padre. Ambos son cabeza de familia, y ambos, por consiguiente,

deben tener la misma autoridad. De ello se derivaría un contrapeso benefi-
cioso para los hijos, a menudo víctimas de la tiranía paterna, que se asemeja
a ese escenario en el cual, ante la proximidad de una avalancha devastadora
de tierra, se cerniría la catástrofe si previamente no se hubiera construido un
dique adecuado que contenga la avenida y la amanse. Si lo importante para
el establecimiento del vínculo conyugal es que este se entreteja y se solidifi-
que hasta llegar al punto en que los intereses de los cónyuges se confundan
y se conviertan en uno solo de tal manera que no se los pueda separar sin
perjudicar el bien familiar, la dependencia directa y necesaria que se derive
de dicho vínculo debe ser recíproca. Si dicha dependencia, predicada por
igual para ambas partes, encuentra su fundamento en la naturaleza de sus
compromisos, entonces, no hay nada más justo; pero si el establecimiento de
la misma se debe solo a la diferencia entre sexos, y si sobre todo se aplica solo
a una de las partes, entonces, se está cometiendo una injusticia manifiesta
contra la que debe reclamar aquel que la sufre.

Quizás, se me pueda hacer la observación de que es la importancia de
los servicios rendidos al Estado por cada uno de sus miembros la que debe
ser la medida en que cada uno pueda ejercer sus derechos, por lo que las
mujeres no pueden pretender nada a este respecto, ya que, al estar fuera de
la sociedad, no pueden hacer nada por ella.

Pero ¿por qué están fuera de la sociedad si con toda seguridad ellas no
se han autoexcluido? [6] ¿Acaso se puede alegar su incapacidad como motivo
para su exclusión? En vano busco pruebas de esa supuesta incapacidad y
no encuentro ninguna. Solo me doy cuenta de que desde siempre se las ha
apartado de todo tipo de asuntos, y, como consecuencia de esa separación,
se concluye que no son aptas para tratar dichos asuntos. ¡Singular modo de
juzgar y establecer principios! A mí me parece que esos principios deberían
estar basados en hechos, único medio de sentar un juicio certero. Ahora
bien, esos hechos no existen y las mujeres siguen sin ocupar ningún cargo

---

[6] ¿Por qué? Esta pregunta tiene fácil respuesta. En principio, por estupidez, porque la estupidez no conoce otro mérito que la fuerza física, ni más superioridad
que la que ella misma proporciona; y por ello ni tan siquiera sospecha que
pueda existir una moral. De ahí que la exclusión sea el fruto de la ignorancia
de esos primeros tiempos. Entonces, habiendo percibido esos medio lumbreras
que cuantos menos medios tiene una persona de subvenir a sus necesidades,
más dependiente se torna de aquellos que se los proveen, se ha hurtado a las
mujeres la posibilidad de ejercer cualquier profesión lucrativa que pudiese
asegurar su independencia a fin de que solo puedan subsistir gracias a la ayuda
de sus padres o esposos, con lo que se contribuye a que la autoridad de estos
se acreciente en razón de las necesidades que tengan ellas. Así, la ignorancia
y la tiranía caminan de la mano la una de la otra, y se prestan auxilio mutuo.
(N. de la autora.)

civil o político en ningún pueblo del mundo [7], de ahí que no se pueda tener la medida exacta de su habilidad o de su incapacidad a este respecto. Por tanto, son solo los prejuicios, y no la razón, los que las han excluido de dichos cargos, igual que el solo pretexto de la ley del más fuerte las ha expulsado de la sociedad, ley que siempre lleva aparejada la violación de todos los derechos.

Admitamos por un instante la solidez de la objeción antes planteada; aun así, mediante esa misma objeción probaré que las mujeres tienen derecho a ciertas ventajas, como también probaré que si la misma se estableciese como principio, los propios hombres ya no podrían aspirar a la igualdad entre ellos, puesto que de hecho no todos prestan iguales servicios al Estado, además de que los servicios que prestan unos no son para el Estado igual de importantes ni esenciales que los que prestan otros. Por ejemplo, es evidente que las diferentes clases de artesanos no sirven al Estado de una manera tan relevante y útil como un magistrado íntegro, o como un médico instruido y comprometido, o como un comerciante honesto y capaz, o como un verdadero filósofo. Es más, igual de obvio es que, en determinados casos, los servicios prestados por un militar priman sobre los de los otros, por lo que el soldado podría espetarles: «Como me debéis la preservación de vuestras propiedades, de vuestras personas, de vuestras mujeres e hijos, por los que expongo y sacrifico el bien más preciado que hay en caso de que no existiese la libertad, es decir, la vida, ninguno de vosotros tendrá la misma amplitud de poderes ni el mismo ámbito de libertad del que yo puedo disfrutar; así, ninguno de vosotros podrá ser mi igual, porque los beneficios que la sociedad me pueda reportar tienen que ser proporcionales a lo que yo hago por ella, que no es otra cosa que prevenir e impedir su destrucción». ¿Podría avenirse el resto de hombres a estas palabras?

Antes he comentado que, por medio de esa misma objeción aquí planteada, también probaría que las mujeres pueden aspirar a ciertas ventajas en el marco estatal, cosa que me dispongo a probar. En efecto, si fuese solo por el mero hecho de trabajar para él por lo que se tendría derecho a esperar algo de él, me pregunto si las mujeres no deberían también tener derecho a recibir algo de él a cambio: ¿o es que entregar a sus hijos para que lo defiendan no es hacer nada por el Estado?, ¿o es que criar y formar a sus ciudadanos no

---

[7]   En este punto se me podría reprochar una inexactitud histórica o, incluso, una ignorancia total de la historia, ya que las mujeres han reinado y reinan todavía en determinados lugares; pero como este hecho solo acaece en algunas partes del mundo, y no las más, sino las menos, y siempre en defecto de hombres, pues solo puede darse en el caso de una monarquía hereditaria, y como las mujeres son excluidas del resto de cargos, por tanto, no me he equivocado, pues, al afirmar que las mujeres no los han ocupado. Y si en esos pocos reinados femeninos se hubiese hallado más bien que mal, ¿qué responderían, entonces, los detractores de las mujeres? (N. de la autora.)

es hacer nada por él?, ¿o es que ser sus creadoras no es hacer nada por él? Y si la importancia de un servicio se mide en relación directa con el peligro al cual se expone aquel que lo presta, ¿no es justo que las mujeres reciban una indemnización proporcional a los riesgos que corren? ¿Qué hombre paga con su salud, incluso con su vida, el beneficio de reproducirse? En cambio, ¡¿cuántas mujeres no son víctimas de esa reproducción?!, ¡¿cuántas no dan la vida a costa de la suya?! Y como premio que reciben por el sacrificio que realizan por el Estado, se las rechaza y se las expulsa de ese mismo Estado que no existiría si no fuese por ellas y en el que no ocupan ni tan siquiera un lugar en el último peldaño. Ellas tienen hijos, esposos y conciudadanos para él, pero no se las considera ni madres, ni esposas, ni ciudadanas. Extrañas en sus propios hogares, extranjeras en el seno de su patria, esclavas en los dos, no son nada en ninguno de ellos, solo tienen el triste derecho a… Mi pluma se resiste a escribir tan vil expresión[8].

 ¿Qué fatalidad ha provocado que las mujeres se sientan tan desdichadas en todos los pueblos del mundo? En unos, a la más horrenda esclavitud, añaden la cruel mutilación; en otros, exigen de ellas tareas tan rudas que acaban por sucumbir bajo su peso; en estos, especie degradada, se las vende por unas viles monedas como si se tratase de animales poco valiosos; en aquellos otros, padres y esposos tienen sobre ellas derecho de vida y muerte; en todas partes, en fin, legisladores cómplices, causantes incluso de la barbarie entre pueblos, parecen haberles dicho: «Vuestras mujeres son unos seres tan poco importantes, tan poca cosa, que, si no se muestra hacia ellas ningún sentimiento de justicia y humanidad, ello no significa estar privado de moral».

 Pero, podrá decírseme, en Europa no se las trata tan mal. ¿De qué os quejáis, pues?

 Es cierto que aquí no se las encierra ni se les venden los pies para que no les crezcan; que sus padres no pueden venderlas ni sus maridos, de hecho, tienen sobre ellas derecho de vida y muerte.

 Y digo «de hecho» porque no lo tienen por poco, ya que las leyes no imponen ningún castigo severo a aquellos que maltratan a sus mujeres.

 ¡Cuántas de esas desgraciadas han sido y son todavía víctimas de la barbarie de sus esposos! ¡Cuántas con la voz temblorosa reclaman justa venganza! Consolaos, sombras quejumbrosas, porque si las leyes no han podido alcanzar todavía a vuestros verdugos, o, más bien, si no hay nada ni nadie que los pueda castigar, la opinión pública, por lo menos más justa que las

---

8 He escuchado a algunos hombres citar y aplaudir las palabras que un rey de Suecia le dirigió a la reina, su mujer, cuando esta le daba su opinión acerca de un asunto de Estado: «Señora, os hemos tomado para que nos deis hijos, no consejos». ¡La tamaña imbecilidad que se esconde en tales palabras es digna de un bárbaro del Norte! (N. de la autora.)

leyes, ya los ha censurado y castigado; es más, quizás alguien, cuando lea este pasaje, se ruborice al reconocerse en él y se ponga lívido de desesperación. ¡Que la vergüenza sea su martirio!

Es increíble comprobar cómo hay filósofos que se conmueven por la suerte que corren individuos de quienes un inmenso espacio los separa y, sin embargo, no se dignan a reparar en los males que aquejan a aquellos que tienen ante sus ojos; o cómo proclaman la libertad para los negros mientras ponen cadenas a sus mujeres, cuya esclavitud es tan injusta como la de esos otros desgraciados; o cómo admiten aquello sobre lo que nunca debería haber existido la menor duda: que, como ellos, los primeros son producto de la mano de la naturaleza, mientras que parecen olvidarse de que las segundas son también su obra.

La idea de asimilar a mujeres y negros podrá parecer extraña; pero si esta comparación puede parecer singular, al menos no está desprovista de exactitud. ¿O acaso las mujeres, al igual que esos desafortunados, no son vendidas por sus avaros padres a tiranos, a menudo, inhumanos?; ¿o es que acaso, como aquellos, no se ven arrancadas, sin contar con su opinión, de sus familias, de su patria, para ir a habitar un suelo que les es ajeno?; ¿o es que acaso, como a ellos, con frecuencia no les queda más opción que la fuga o la muerte para sustraerse al horror de su situación? Hasta no hace mucho, y aun hoy en día, cualquier marido podía encerrar a su mujer, secuestrarla a perpetuidad y apartarla de todas las relaciones sociales, sin que esa desafortunada víctima de tan espantoso despotismo pudiese invocar una ley protectora de sus derechos y reparadora de la violación cometida contra los mismos. ¡Y todavía dicen que hay leyes y que existe la justicia humana! ¡Sí, claro, sin duda, leyes y justicia muy humanas!

En la actualidad, se dice que el divorcio puede favorecer a las mujeres; a esto respondo que este no se estableció para que fueran felices, además de que, si el hombre no lo hubiese reclamado en interés propio, no existiría.

En efecto, para dar prueba de que esa ley o cualquier otra que pueda concernir a las mujeres se aprobó para favorecerlas, sería necesario que solo ellas sacasen alguna ventaja, y no, como por el contrario ocurre, que la saquen en exclusiva los hombres. A este respecto diré que hasta este momento nunca nadie se había ocupado de su suerte, pero también diré que las mujeres no se han beneficiado de ella más que por casualidad: es como la semilla que se lleva el viento de las manos del agricultor para caer y germinar en una tierra a la cual no estaba destinada. Por otra parte, ¿qué utilidad tiene el divorcio para ellas? En él solo hallarán la facultad de cambiar de amos, puesto que al casarse pierden todos sus derechos, incluso el de propiedad. En realidad, disponen de un medio para neutralizar esas leyes opresoras y violadoras de los derechos de la persona; este es casarse en régimen de separación de bienes.

No solo su libertad, sino también su propio bienestar, si se diese el caso de que el último pudiese existir sin el primero, dependen de esa separación de intereses. Muchos hombres lo único que buscan en ellas es su fortuna, pero si solo pudieran disfrutar de esa riqueza con el consentimiento de sus esposas, su elección no se vería determinada por esa clase de sórdidas consideraciones, sino que sería la prueba de sus sentimientos y de su amor. ¡Cuánto ganarían ellas si esto fuese así!

Se me dirá que no he reflexionado suficientemente sobre ello: ¡colocar a los hombres bajo la dependencia de las mujeres cuando tienen tanta propensión natural a mandar! ¿Qué pasará entonces cuando puedan ejercer sus derechos?

De entrada, no veo por qué sus maridos tendrían que depender de ellas por el hecho de que sus esposas no dependan de ellos. De esta situación se derivará tan solo una independencia recíproca, que es lo que tendría que suceder. En cuanto a que tengan inclinación a mandar, lo que se supone que es un rasgo característico de su sexo, diré que se cae en el error, como en todo aquello que les afecta, y, por tanto, que están equivocados los que así piensan; como si mandar se tratase de la misma esencia femenina, cuando, en realidad, no es más que una consecuencia necesaria derivada de su situación.

Es precisamente porque no tienen ningún poder por lo que quieren hacerse con todo el poder y, a este respecto, he de decir que tanto una autoridad sin límites como una impotencia absoluta producen el mismo efecto, si bien sus causas sean diferentes. La primera aspira a todo porque todo lo puede; mientras que la segunda continúa intentándolo todo porque no puede nada. Ambas siguen el curso natural de las cosas. Los indigentes se convierten en ladrones y los poderosos en usurpadores. Si las leyes pudiesen poner freno a unos y no les faltase de nada a los otros, todo estaría en su lugar. Por la misma razón, si las mujeres dispusieran de una autoridad razonable, no intentarían ser acreedoras de una ilimitada; y contentas de ejercer sus derechos, no usurparían los de sus esposos. Por otra parte, si por esa deriva ordinaria del poder, que siempre tiende a acrecentarse, quisieran sobrepasar los límites del suyo, ¿no estaría acaso ahí la ley para hacerlas recular? En todo caso, esto no ocurrirá nunca si se las instruye con las luces de la razón, pues una de las desgracias que provoca la ignorancia es confundirlo todo, por lo que cuanto más se alejen de la ignorancia, más lejos estará su voluntad de acometer todo sin antes proponer nada.

Puede ser que no haya nada más perjudicial para la sociedad que las diferencias establecidas en la condición de hombres y mujeres. Hacer de uno de los dos sexos objeto del menosprecio del otro equivale a destruir el bienestar de ambos; pues, si el oprimido pierde su consideración, el opresor perdería a su vez la ventaja y el encanto, cosas que solo debería dar la confianza nacida de la igualdad, cosa que debería ser el más halagador de los méritos, cosa que se resume en la estima de un alma libre. Si de este estado de cosas no se derivase otro inconveniente que la imposibilidad de alcanzar una mejoría total de la situación en que se halla el oprimido, aun así, y a pesar de las mejoras, continuaría siendo un grave mal. Ahora bien, esta mejora resulta no solo imposible, sino que el empeoramiento de ese estado es inevitable, siempre que el medio más seguro de envilecer a una o varias personas, incluso a sus ojos, sea decir que tienen que ser envilecidas y, por ende, tratarlas vilmente. Con todo, esa es la triste degradación que los prejuicios han operado en las mujeres.

Condenándolas a la dependencia, se las ha vuelto irremisiblemente invisibles, pues no puede haber sinceridad allí donde no hay libertad. Al tener que habérselas visto con tiranos bárbaros, a los que una simple apariencia de descontento podía irritar aún más, han tenido que fingirse satisfechas con el destino que les ha tocado en suerte a fin de no agravarlo con veladas quejas. Así, sus labios han tenido que dibujar una sonrisa en la boca mientras sus almas se quebraban de dolor, de tal manera que esa falsedad no solo les ha resultado útil, sino que han tenido que recurrir a ella por necesidad.

A fuerza de decirles que estaban hechas para ser esclavas, se ha conseguido que se lo crean, y, consiguientemente, se ha logrado apagar en ellas toda energía y todo sentimiento de elevación; a fuerza de tratarlas como si careciesen de razón, se las ha llevado a dudar de su propia razón; a fuerza de prohibirles cualquier medio para ejercitarla y fortalecerla, se las ha reducido a no tenerla; y cuando ya se las ha moldeado bien de tal suerte, olvidando que solo pueden ser lo que son por efecto de ese moldeado, se ha dicho de ellas: «Las mujeres son falsas, ignorantes, débiles, pusilánimes; carecen de luces, de juicio, de razón; por consiguiente, son incapaces de realizar ninguna función que exija su uso, incapaces, así, de llevar a cabo ninguna tarea espiritual, etc. [9]».

---

[9]　Para ser honestos y decir la verdad, en ese siglo, si uno quería llegar a ser filósofo, todavía tenía que pensar de esa manera. Rousseau, cuando hablaba de las mujeres escritoras o poseedoras de algún talento, se refería así a ellas: «Siempre hemos sabido del hombre de letras que esgrime la pluma, o del artista que sostiene el pincel». Este gran hombre, no obstante, estaba equivocado, cosa que se le puede perdonar porque compartía su error con aquellos otros que lo habían precedido. Sin embargo, en estos tiempos ya se comienza a creer que una mujer puede escribir por sí misma sus propias obras y que, para hacerse una reputación literaria, no tiene necesidad de que se le deje despejado el campo de la mediocridad. Como prueba de ello podría citar aquí a varias mujeres a las que se les reconoce, a pesar de unas injustas y absurdas prevenciones, su condición de escritoras por las obras que las mismas han publicado; así, las Grafini, las Riccoboni, las Beauharnais, las Montanclos, las Bourdic, las Dufresnoy, las Genlis, las Staël, las Pipelet; así como muchas otras a las que, sin duda, tengo la desgracia de no conocer, y a las cuales rendiría, con el mismo placer, el justo tributo que merecen en elogios. ¡Mujeres, la injusticia y la desazón todavía os perseguirán por un tiempo, pero finalmente vosotras las forzaréis al silencio! (N. de la autora.)

¿Son justas estas imputaciones y la conclusión que se extrae de ellas? Me gustarían tanto como que se reprochase a las chinas su ineptitud para las carreras, o a algunos africanos, a los que se les ha aplastado la cabeza, que no la tengan normal, como deberían tenerla. ¡Como si dependiese de unos y otras ser como son y pudiesen cambiarlo!, ¡como si se ignorase la influencia que ejerce la educación!, ¡como si no se supiese que los prejuicios pueden alterar, desfigurar, la naturaleza hasta el punto de que se vuelva irreconocible a sus propios ojos!

¡Ay, Dios mío! ¿Acaso no son los mismos hombres la prueba de ello? ¿Qué han sido y qué continúan siendo si no en todos los rincones del globo en los que aún no han penetrado las ciencias ni las artes? Salvajes en unos lugares, esclavos en otros, no muestran sino una naturaleza bruta o degradada; y si a pesar del cuidado que se ha puesto en la educación de los hombres todavía podemos encontrar a tontos e ignorantes entre los pueblos civilizados, donde precisamente las luces están más extendidas, ¿hay que sorprenderse por no encontrar entre las mujeres, por las cuales no se ha hecho absolutamente nada, más que a unas pocas a las que los creadores de opinión califican como raras excepciones a la regla general que establece su debilidad e incapacidad en todo tipo de suertes? Pero, como a menudo sucede, uno se hace una idea sobre algo que está lejos de coincidir con lo que realmente es; y creo que es precisamente esto lo que sucede con las mujeres, porque no se las juzga sino desde la estupidez, la tiranía, la precaución o el interés.

Quizás sea cierto que ellas han dado pocas muestras, hasta ahora, de cierta superioridad, pero ¿acaso es culpa suya? Sin patria, sin existencia moral, privadas del ejercicio de los derechos más naturales y legítimos que puedan existir, ¿qué medios les quedan para instruirse? No es sino aquello que despierta gran interés lo que engendra grandes ideas. Desde antaño, se da por sentado que lo único que necesita el mérito normalmente es que se le dé una oportunidad para desarrollarse; o que aquel que ha llegado a ser un gran hombre, porque las circunstancias le han sido favorables, podría haberse quedado en nada si esas mismas circunstancias no se le hubiesen presentado; o que aquel otro que hubiese podido estar a su misma altura, o incluso superarlo, haya sido ignorado porque el destino no le dio visibilidad. Y esta es precisamente la situación en la que se encuentran las mujeres. Por tanto, es injusto y absurdo buscar en ellas una inferioridad que se nutre de su propia inercia; esto sería ponerse a juzgar sobre el efecto, cuando lo que habría que hacer es remontarse a la causa.

¿Cómo saber si la debilidad moral, casi la inepcia, diría yo, que se reprocha a las mujeres es genuina o, más bien, artificial? Que se dé la misma educación a los dos sexos[10], y, si, como creo, dicha debilidad no existe en ellas, entonces la misma desaparecerá junto con las causas que la han provocado, lo que supondrá un beneficio de un valor incalculable; por el contrario, si es innata, la educación la podrá corregir, aún más, la podrá modificar, y, tanto en un caso como en otro, no hay nada que perder, sino mucho que ganar solo con probarlo; y, si es propio de todo gobierno ilustrado velar por todos sus miembros y sacar el mejor provecho que se pueda de todos ellos, dicha acción no se pondrá en duda; y, sobre todo, no se titubeará al poner en

---

10   Solo algunos hombres, de entre esos pocos que rinden justicia a las mujeres, piensan como yo a este respecto. He leído con placer en una obra bastante reciente: «Las mujeres deben recibir la misma educación moral que los hombres a fin de que alcancen, si no la igualdad de derechos, al menos la igualdad de conocimientos». ¡He aquí un hombre que siente que las mujeres pueden aspirar justamente a la igualdad! Estoy agradecida a este autor por haber pensado así; pero me permitiría hacerle la observación de que su idea implica una contradicción. ¿Por qué solo la igualdad de conocimientos si la misma no lleva a *alcanzar* también la igualdad de derechos? La igualdad de conocimientos, entonces, se convierte en una igualdad inútil, penosa y cruel, ya que la misma desvela el horror de una situación que es más espantosa, si cabe, porque no se puede hacer nada por cambiarla. El esclavo que conoce y siente su dependencia tiene, sin duda, mil veces más motivos de qué quejarse que aquel otro que la ignora; y quizás habría algo de humanidad si se le despojase de todo medio que pueda llevarlo a que adquiera esa consciencia. Por lo demás, no creo que sea solo la educación moral la que deba ser la misma para los dos sexos; es más, me reafirmo en que la educación física también debe ser la misma en muchos aspectos. «Señorita —me dice un día un intelectual al que le estaba exponiendo mis pensamientos sobre este tema—, está bien que se nos ejercite en la carrera, que se nos acostumbre a tomar baños fríos, perfecto, tenemos que ser unos Hércules; sin embargo, vosotras, las mujeres, tenéis que hacer de la molicie un principio, y pensar que debéis ser unas Venus». «Muy bien —le respondí yo—, entonces no piense usted nunca que es en el seno de esas Venus donde los Hércules gestan sus vidas; porque si las Venus son frágiles y débiles, ese es también el medio para que los Hércules sean fuertes y robustos». A esta observación no replicó nada. Licurgo, el más sabio de los legisladores, sentía esta verdad, por lo que hizo que la educación fuese común a ambos sexos: por ello, los espartanos no solo fueron los más fuertes, sino también los más valientes entre los griegos, y, gracias a ello, también fueron los últimos en sufrir el yugo extranjero. A esa causa física de su superioridad, se añadía otra moral no menos poderosa: la consideración que tenían por sus mujeres; y no porque allí se les dispensase, políticamente hablando, mejor trato que en otros lugares, sino porque, al menos, se les reconocía su existencia civil; así, este ha sido el único pueblo civilizado en el que a las mujeres se las tenía en cuenta para algo. De ahí que la respuesta, tan admirada, de una espartana a una romana que le testimoniaba su sorpresa por el crédito del que gozaban las mujeres en su nación hubiese sido más justa si en vez de haber dicho: «Somos las únicas mujeres que traen hombres al mundo», hubiese dicho: «Somos las únicas mujeres que hay en el mundo; las demás son esclavas, y a los esclavos no se los respeta». (N. de la autora.)

marcha esta acción con tal de que se esté convencido de que el mayor grado de civilización y perfectibilidad que pueda alcanzar un pueblo se manifiesta con el llamamiento a las mujeres a que ocupen la posición que deben tener en el seno del Estado.

Esta es una verdad incontestable, ya que con cuanta mayor consideración se las trate, más se las respetará, y más fuerza y grandeza adquirirá el carácter nacional. Y que no se trate esta afirmación como un sofisma ingenioso, pues hay hechos que prueban su exactitud.

Compárese a las naciones europeas con todas las naciones de Asia o de otros lugares del mundo, donde las mujeres han quedado reducidas a la más dura y vil esclavitud. ¡Qué grande es la diferencia en todo lo concerniente a las relaciones sociales, políticas y morales! Si de este símil extraemos la prueba de la superioridad europea, y si comparamos a los pueblos de este continente entre sí, reconoceremos la superioridad de los franceses, y nos convenceremos de lo que digo, pues es en este pueblo donde las mujeres despliegan un mayor protagonismo y donde menos mal se las trata. Se convendrá, entonces, que la diferencia entre sexos que reina entre las naciones europeas, así como entre las de otros continentes, hay que atribuirla menos a la influencia ejercida por el clima que a la ausencia entre ellos de ese principio vivificante y motor de los actos de los hombres, como es el amor y la estima de las mujeres.

En todos aquellos lugares en los que no se dé ningún valor a estos sentimientos preciosos y halagadores, los hombres se quedarán sin fuerzas, sin coraje, sin elevación alguna, porque no conocerán ni la vergüenza de ruborizarse ante los ojos de un sexo en el que buscan el cariño, ni el placer de ser merecedores de sus elogios y su atención. Se quedarán sin talento, porque nada encenderá en ellos la llama de la genialidad; perderán la delicadeza, incluso la humanidad, porque son poseedores de tal ferocidad natural que solo el trato con las mujeres puede suavizar. En pocas palabras, abandonados a sí mismos no serán nada o, como mucho, bien poca cosa. Así, por lo valiosas que son las mujeres, tienen que respetarlas. Pero, atrevámonos a decirlo, es necesario que sean las mujeres quienes orienten ese respeto, cosa que no pueden hacer en el estado de ignorancia en que viven; ignorancia que, por otra parte, se corregiría con una buena educación. Su consideración no sería el único fruto que diese este sistema si se aplicara, sino que al mismo tiempo haría que se extendiese el imperio de la razón.

Así, un medio certero de propagar las luces sería hacerlas comunes a ambos sexos; y si el progreso de la razón ha sido tan lento, es, sin duda, porque por un prejuicio absurdo se les han prohibido a ellas. Así, cuanto más extendidas estén las luces en un sexo, por fuerza tendrán que aumentar en el otro. Es como un río que al crecer debe, bien desbordarse, bien retroceder hacia sus fuentes.

Pero puede ser que uno no tenga por qué preocuparse de este crecimiento.

Observaciones exactas y a menudo reiteradas me han demostrado que, en general, a los hombres no les gustan las mujeres intelectuales, y esto es debido, quizás, a la misma razón por la que clérigos y tiranos odian a los filósofos [11]. Un instinto secreto advierte tanto a unos como a otros de que el reino de los prejuicios cede ante el de la razón cuando esta empieza a emerger; y no es sino a esos prejuicios a los que las mujeres deben su degradación. Todavía por un tiempo se podrá retrasar la llegada del imperio de la razón para ellas, pero este llegará por la fuerza misma de las cosas; y dentro de medio siglo como muy tarde habrán recuperado sus derechos o, de lo contrario, Europa volverá a caer en la barbarie.

Que nadie piense que confundo lo que no debe ser confundido; que nadie piense que lo que pretendo es convertir a las mujeres en hombres y sustraerles, así, el carácter distintivo de su sexo: el cariño y la bondad; no, no es eso; es más, que ellos preserven ese rango supremo, que sean guerreros, héroes; nadie les va a disputar el poder que tienen de descuartizarse entre sí, de saciar su sed con la sangre y las lágrimas de los pueblos; que nadie piense tampoco que lo que quiero es instaurar el dominio de las mujeres y hacer que los hombres dependan de ellas.

En todo lo dicho hasta ahora no hay nada que pruebe esa estupidez, la que, por otra parte, nunca ha formado parte de mi pensamiento; pero por la misma razón que no quiero que las mujeres se conviertan en dominadoras, tampoco quiero que ellas sean las dominadas; por la misma razón que no quiero que humillen, tampoco quiero que sean humilladas. En pocas palabras, libertad e igualdad civiles: eso es lo que reclamo para ellas. ¿No es este acaso un punto medio entre el todo de la autoridad soberana y la nada absoluta?

Todo Estado bien constituido tiene la obligación de garantizar un medio de subsistencia a todos sus miembros; sin embargo, en el actual orden de cosas, no existe ninguno para las mujeres solteras. Se las excluye de toda profesión civil, exclusión que, como ya he demostrado, está únicamente basada en prejuicios, y que no les deja otra opción que recurrir a los trabajos manuales [12]. Pero, además de que esta salida no es suficiente para cubrir las

---

[11] Esto puede ser debido también a que ven en las mujeres potenciales rivales y, sobre todo, jueces ilustrados, cosa que no soportan en absoluto los déspotas. (N. de la autora.)

[12] E incluso en este ámbito se halla también restringida la presencia femenina porque los hombres se dedican cada vez más a estas labores sin que se avergüencen del punto de degradación al que han llegado. Los modistos, los peluqueros, los bordadores, los sastres que confeccionan ropa femenina son tan abundantes hoy en día que su número casi iguala al de las mujeres que ejercen estas profesiones. ¿Qué les queda, entonces, a las mujeres que quieran dedicarse a estas tareas? La miseria o la infamia. ¿No sería por casualidad

necesidades que imponen determinados rangos sociales, tampoco es adecuada para todas las mujeres; igual que no todos los hombres están hechos para manejar el pico, la pala, el rastrillo, etc., tampoco todas las mujeres han nacido para servirse únicamente de la aguja. Muchas de ellas están muy por encima de esta profesión como para no desdeñarla[13]. ¿Qué les queda entonces? ¿Las ciencias cuando no les van a reportar ningún beneficio, ya que ni siquiera se las admite en las sociedades que las cultivan y que son mantenidas, además, a costa del erario público? ¿Las artes?[14] Algunas son por prejuicio despreciadas, otras exigen estudios tan constantes y prolongados que los padres difícilmente se deciden a que sus hijas las estudien: unos por falta de medios, otros por desconfianza, y todos porque están seguros de que esos estudios no les reportarán ventaja real ninguna.

¿Cuál es la solución, entonces, para esta situación? Abrir a las mujeres todas las carreras relativas a las artes y las ciencias; permitir que compitan junto con los hombres en la búsqueda de distinciones y del honorable lucro que procuran. Pero la mejora en la suerte de un gran número de mujeres no sería el único bien resultante de este nuevo estado de cosas.

Es más, de este nuevo orden nacerá la conservación de la riqueza pública, así como el bienestar doméstico, porque con su instauración se atacará en sus principios ese lujo destructor cuyo brillo pasajero refulge un instante sobre el Estado para conducirlo después con toda seguridad a su propia ruina, de modo parecido a esas luces que en las tinieblas sigue el viajero imprudente y hacen que se extravíe para conducirlo a un precipicio que habría evitado si no se hubiese apartado de la ruta marcada.

---

más juicioso que las levas militares se cebasen más con esta raza de hombres degenerados que sustraer a un padre o a una madre de edad avanzada el único sustento del que disponen en su vejez? (N. de la autora.)

[13] «¡Qué le vamos a hacer!», dirán todos esos hombres ignorantes y de pensamiento limitado, que, al no ser capaces ellos mismos de tener ni una sola idea, no ven en las mujeres más que a seres creados para ejercer trabajos puramente mecánicos. «¡Qué le vamos a hacer!», dirán también esos otros algo más instruidos, y, por tanto, algo más astutos, cuando, al contemplarlas, como si de esclavos sometidos a sus caprichos se tratase, sienten que hay que constreñir, aún más si cabe, su espíritu a fin de envilecerlas. «¡Mejor así!», podrán decir otros, los menos, puesto que no son más que un pequeño grupo. (N. de la autora.)

[14] ¿Por qué las mujeres no deberían ejercer la medicina? Seguramente la ejercerían igual de bien que los hombres, y con su ejercicio quizás saldrían ganando, y no en pocas ocasiones, nuestras ya de por sí maltrechas costumbres. Que nuestras preciosas damas no pongan el grito en el cielo, ya que no pretendo entregarlas a unas manos ineptas; pero que tampoco contribuyan a humillar aún más a su sexo al pensar, como lo hacen los hombres según sus criterios, que las féminas no pueden tener éxito en esta carrera. (N. de la autora.)

Si uno se remonta a las fuentes del lujo, descubrirá que estas se hallan entre las mujeres, ya que son ellas las que lo introducen y lo extienden, y para las que emplea todos sus recursos a fin de cautivarlas: las engatusa con sus novedades y, por su parte, ellas lo alimentan con la existencia que le dan. Pero ¡cuánto pagan por el beneficio de verse bellas! Un tiempo precioso empleado inútilmente, la negligencia que muestran en los cuidados más importantes de la familia, la pérdida de la felicidad familiar y la suya propia no son sino las consecuencias inevitables de ese prestigio que las deslumbra y aturde sus sentidos haciendo que su ambición tome otros derroteros. La inactividad y el vacío al cual las condena, ya que no les deja otra ocupación que no sea su aseo personal, las reduce a la condición de no ser más que muñecas bonitas durante su juventud y niñas grandes durante el resto de su vida. Como solo les está permitida una única forma de destacar, es natural que se valgan de ella. ¿Qué ser es tan sabio como para condenarse al olvido? Todas las personas quieren librarse de él y que se las tenga presentes; por tanto, es culpa del legislador cuando esta aspiración, principio para el bien, degenera en vanidad, causa del mal.

Si en vez de dar el premio a la más bonita o a la más elegante, este se le concediese a la más instruida, a la más inteligente o a la que posea cualquier tipo de talento, pronto se comprobaría cómo una noble simplicidad reemplazaría ese fasto dispendioso, y cómo esas tiendas de moda, devoradoras de fortunas, y a menudo también del honor familiar, se convertirían en bibliotecas y en talleres.

Por tanto, es de vital importancia cambiar la suerte de las mujeres, y sacarlas del vacío al que la opinión pública las empuja; opino incluso que la reforma de toda una nación debe comenzar por ellas, y que el legislador no habrá hecho nada útil y permanente si no las convierte en garantes de esa nueva constitución social.

Acerca de este tema, un político de nuestros días ha comentado que las mujeres no están fuera de la sociedad política y que, por ese solo motivo, la sociedad no solo está construida también para ellas, sino que ellas mismas también la construyen. ¡He aquí una extraña afirmación cuyo análisis demostrará su falta de contenido y falsedad! Es así como de una frase brillante, que al principio puede deslumbrar, a menudo depende la suerte de una o varias personas.

La sociedad política está construida por las mujeres. Sin duda son responsables de una gran parte de su construcción; pero ¡¿para ellas!? Esta última afirmación es la que vamos a examinar.

¿Qué es la sociedad política? La conservación de la sociedad civil. Es, si me atrevo a decirlo así, como un guardián que esta última ha establecido para defender sus derechos e impedir que le sean usurpados. Ahora bien, si, como he probado anteriormente, las mujeres no son nada en la sociedad civil, entonces, es un error decir que la sociedad política esté hecha para ellas;

esta ni defiende ni custodia sus derechos, puesto que no tienen ninguno; no es entonces por eso por lo que están excluidas; pero si se está fuera de esta sociedad *por el solo motivo de que está hecha para sí*, los hombres deberían estar también excluidos, pero, en cambio, es evidente que la misma está hecha para ellos. ¿A quiénes sino se les ha conferido el ejercicio de los cargos civiles? A los hombres. ¿A quiénes sino se les ha garantizado el derecho de propiedad? A los hombres, pues no se puede afirmar que las mujeres gocen de este derecho; es más, aquellas que están bajo la *potestad marital*, por hablar en el lenguaje a la vez ridículo y despótico de las leyes, necesitan la autorización del marido para poder disponer de sus bienes. Ahora bien, no se puede hablar de propiedad cuando no existe libertad para disponer de ella, pues es en esto último en lo que realmente consiste este derecho, el que, por otra parte, es una mera ilusión para las mujeres. ¿A quiénes sino se han concedido el derecho y los privilegios de la paternidad? A los hombres. ¿Para quiénes sino se han establecido la libertad y la igualdad? Para los hombres. En pocas palabras, todo les pertenece o está hecho para ellos; es, entonces, también para ellos, y solo para ellos, para los que se ha hecho la sociedad política, ya que las mujeres no ocupan ningún lugar en ella.

En un intento por validar su dependencia e incapacidad, el autor ha debido de perderse en la vaguedad de las palabras al no poder mediante la razón respaldar una opinión que, alumbrada solo por intereses y prejuicios y sostenida por ellos, la lesiona. ¡Ay!, si la naturaleza solo hubiese querido hacer de las mujeres, condición a la cual se las ha reducido, máquinas prolíficas, no les habría dado las mismas cualidades morales que a los hombres, sino que le habría bastado con darles facultades físicas. ¡Ojalá las hubiese limitado a ello, así, al menos, no tendrían por qué sufrir tanto! En cambio, se la ha calumniado desfigurando su más bella creación; y la naturaleza se venga de este ultraje, cometido contra sus intenciones, extendiendo por el universo todos esos crímenes que lo desuelan; crímenes que quizás desaparecerían, o por lo menos se atenuarían, si, por la razón que fuera, las mujeres entrasen a equilibrar la balanza política y moral de los pueblos. ¡Cómo esperar de ellos humanidad y justicia cuando la desgracia constituye la base de sus pactos!

Pero puede ser que no esté tan lejos ese tiempo feliz, tiempo en el cual esos pactos se vendrán abajo, en que nos sorprendamos de que ese tipo de acuerdos hayan podido mantener el edificio de la sociedad humana.

Es hora de que Francia, esa Francia regenerada y republicana, dé al mundo entero ejemplo de justicia y razón.

¡Franceses, imitad a esos bravos y generosos galos de los que descendéis! Tenéis su valor, su humanidad, su temple, su honestidad; ¡tened también su equidad! Imitad a esos galos que convocaban a sus mujeres a las asambleas generales de su nación, a esos galos que no tenían ningún reparo en aceptar sus votos. Abolid esas leyes salvajes que hacen de vuestras mujeres unas ilotas[15]; y si les negáis una participación activa en los asuntos de gobierno, si les negáis la igualdad en vuestros derechos políticos, devolvedles al menos la existencia civil y, a este respecto, que sean tratadas tan bien como lo son los más miserables entre la plebe de un Estado monárquico.

Entonces, y solo entonces, adquiriréis conciencia pública; entonces, vuestras mujeres, orgullosas de la gloriosa condición de ciudadanas, título que para ellas ya no será más una palabra vacía de contenido, harán todo por merecerlo; entonces, celebrarán con entusiasmo vuestras fiestas nacionales, en las que hoy en día solo aparecen como ornamentos, igual que aparecían esos ilustres y desgraciados cautivos a los que los antiguos condenaban inhumanamente a embellecer la pompa de sus triunfos; entonces, inspirarán en sus hijos, en sus esposos, el amor a la libertad y el coraje para conservarla, y los ayudarán a armarse para correr prestos al auxilio de la patria repitiéndoles esas palabras sublimes, ese lema eternamente célebre: *O con tu escudo o sobre él*[16].

---

[15] En la Grecia antigua los ilotas eran los siervos de Esparta. (N. del T.).

[16] En referencia a lo que, se supone, decían las madres y esposas espartanas a sus hijos y maridos antes de que partiesen a la guerra, lo que significaba que si regresaban con el escudo era porque habían vencido; y si regresaban sobre el escudo era porque habían muerto con honor y sus compañeros lo traían de vuelta, porque un espartano nunca soltaría su escudo para así huir del más leve combate. (N. del T.).

LLAMAMIENTO DE UNA MUJER AL PUEBLO SOBRE LA EMANCIPACIÓN DE LAS MUJERES (1833)

![línea decorativa]

CLAIRE DÉMAR

Este primer escrito de una mujer es solo un guante lanzado a la arena, si bien en el carcaj de la autora todavía queda más de una flecha para defender la verdad que en él se contiene.

LLAMAMIENTO DE UNA MUJER AL PUEBLO SOBRE LA EMANCIPACIÓN DE LAS MUJERES

Quiero dirigirme al pueblo, ¿escucháis bien?, al pueblo, es decir, tanto a las *mujeres*[1] como a los *hombres*, pues, es muy habitual que nos olvidemos de mencionar a las mujeres cuando hablamos del pueblo, de ese pueblo del que ellas componen una gran parte, de ese pueblo de cuya infancia cuidan y a cuya vejez dan consuelo después de haberle servido, no obstante, como juguete y atendido a su sustento durante su pubertad, turbulenta o glacial, pero raramente ennoblecedora y estructuradora.

Hombres de vasta ciencia, de inconmensurable previsión, decid, ¿qué habéis hecho por ellas a las que amáis, pero de un modo pérfido, lúbrico, y de una manera indigna de todo hombre que conceda algo de gloria al amor? No habéis dicho ni pío; me equivoco, habéis escrito en vuestro Código Civil: *la mujer debe obediencia a su marido.*

¿O es que acaso entre vosotros está reconocido legalmente que, en la firma de un contrato de alquiler o de cualquier otro tipo, una de las partes le pueda imponer a la otra sus cláusulas sin que esta última tenga derecho a discutir las

---

[1]   En cursiva en el original. El resto de cursivas se corresponden con las del texto original. (N. del T.).

condiciones? Claro que no, eso sería absurdo; es más, incluso los siervos de Rusia se reirían en la cara de cualquier francés si osase afirmar que proviene de un país libre en el que se tolerasen situaciones parecidas a la descrita.

Sin embargo, ¿creéis que sucede lo contrario en el caso de las mujeres? ¿Acaso no se las casa?, ¿no se les aplica el citado artículo del Código Civil?, ¿han asistido a su redacción?, ¿se adapta ese Código Civil a sus necesidades o a su naturaleza? Poco importa, a no ser que sea para obligarlas a obedecerlo.

Es más, continuáis diciendo: «Bajo los términos de la ley, el funcionario municipal siempre formula a la mujer que va a casar la siguiente pregunta: ¿Aceptas?, ¿sí o no?».

¿De verdad alguien puede pensar que al escuchar tal fórmula se trate del vínculo más sagrado, más importante en la vida de las personas? Más bien se podría pensar que estamos oyendo a un usurero decir a un cliente que se halla en una situación en la que ha perdido toda esperanza de continuar viviendo si se le niega ese dinero: «Señor, el cien por cien, lo toma o lo deja».

¡Qué lástima de esas leyes que están así redactadas! ¡Qué lástima de esos hombres que se atreven a aplicarlas y de esas mujeres que no se avergüenzan de someterse a ellas!

El cuerpo social no está formado únicamente por hombres, como tampoco solo por mujeres: el cuerpo social en su conjunto lo forman tanto hombres como mujeres; sin embargo, nosotras somos esclavas de los hombres, de quienes somos *madres, hermanas y esposas,* pero de quienes ya no queremos ser más sus muy humildes sirvientas, porque sentimos bien a las claras que hemos nacido libres como ellos. Queremos que se nos devuelvan nuestros derechos, de los cuales se nos privó por la justicia brutal de la espada, y recuperarlos, dándoles un contenido femenino de justicia, es decir, mediante la persuasión y el amor; ese amor que aprenderá de nosotras a no ser ya ni debilidad ni libertinaje, sino digno tanto del hombre como de la mujer, proyectando en él y con él *sabiduría, fuerza* y *belleza*; pues estos tres aspectos van a dar forma al nuevo amor que debe abrazar al mundo: el amor que es la vida; la vida que es Dios; y Dios que es amor universal; santa trinidad que un día bordaremos en nuestra bandera, bandera que se paseará no solo desde los Pirineos hasta el Báltico, sino que dará la vuelta al mundo sin salir de casa.

Legisladores, hombres de Estado, diputados, ¿pensabais que os dejaríamos disponer de la vida de nuestros hijos sin levantar nunca la voz para pediros cuentas?

¿Creíais que para hacer la guerra tendríais derecho a quitarnos a nuestros padres, hermanos, compañeros, y nosotras nos contentaríamos con llorar y confeccionar escarapelas y vendas como hacíamos en el pasado? ¡No, no! ¡Os habéis equivocado!

Dios no ha podido permitir que los hombres se descuarticen eternamente por un trozo de tierra o por tal o cual normativa sin que las mujeres, a su vez, no puedan reclamar el derecho a poner fin a ello. No solo reivindicamos métodos curativos, sino también preventivos contra la vuelta de tales males; queremos una legislación que propicie que la mitad de la sociedad deje de estar en lucha contra la otra mitad, y que, consecuentemente, la sociedad no se vea reducida más por el estado de sufrimiento en que se halla a corroerse a sí misma, pues, a pesar de vuestra supuesta tranquilidad ante lo que llamáis, en vuestro soberbio lenguaje de amos, *jaleo femenino*, no podéis disimular que vuestras más desgarradoras angustias no son las que experimentáis a causa de esta o aquella revuelta provocada por un pueblo activo, sino que, más bien, provienen del humor punzante de esas de las que os sentís dueños y señores *por ley*. No podéis negar el poder de la mujer, puesto que su poder os hace ser, aunque lo ignoréis, buenos o malos, valientes o cobardes, leales o inmorales, generosos o avaros, felices o infelices; la mujer dispone de armas adecuadas a su debilidad: es *melindrosa, irritante, astuta, y mentirosa,* y *miente descaradamente,* pues la mentira es el arma cotidiana del esclavo, arma especialmente peligrosa cuando, oculta en la sombra, más impregnada de odio y afilada esté.

La revolución en las costumbres conyugales no se hace en los rincones de las calles ni en una plaza pública durante tres días soleados, sino en todo momento y en cualquier lugar: en los palcos de los teatros, en las reuniones de invierno y en los paseos de verano, en esas incontables y largas noches que transcurren frías e insípidas en el lecho conyugal; esa revolución que socava poco a poco, pero sin descanso, el edificio construido en provecho del más fuerte, y hace que se vaya derrumbando, grano a grano, sin estruendo, como una montaña de arena, para que un día, en un terreno mejor nivelado, el débil, como hace el fuerte, pueda caminar con pie firme y reclamar con la misma facilidad que lo hace el otro la suma de felicidad que todo ser social tiene derecho a exigir a la sociedad.

Estas son las luchas y los dolores que, por el bien de todos, tanto hombres como mujeres tienen que apresurarse a eliminar.

Pero ¿qué hace falta para lograrlo? Puesto que una pareja está compuesta necesariamente por un hombre y una mujer, hace falta que, tanto para el uno como para la otra, la libertad suceda a la obligación; la confianza, a la desconfianza; el amor libre, a la esclavitud; la luz, a la oscuridad. Hace falta cribar y volver a cribar todas vuestras viejas leyes hasta que de ellas desaparezca la cizaña; y hay que lavar y extender una nueva legislación que haya contado siempre con el concurso de las mujeres, de esas mujeres que lo desean y que a partir de ese momento se presentarán *en derecho* ante la sociedad, y no solo *de hecho* como hasta ahora.

Así pues, ¡abajo vuestros códigos y regulaciones, en los que podemos encontrar castigos para toda falta, pero en los que no hallamos ni una recompensa a la virtud!; ¡abajo vuestras regulaciones en las que se declara a los hombres iguales ante la ley, cuando solo una pequeña parte de esos mismos hombres acumula en su ociosidad el conjunto de riquezas y felicidad arrancadas de las entrañas de la tierra por la otra parte, o bien son producto del pensamiento y el ingenio de otros, de esa otra parte que se muere de hambre trabajando para los ricos cuya única actividad consiste en remolonear sin hacer nada!; ¡y si vuestras leyes son falsas para los hombres, cuánto no lo serán más para las mujeres, para esas mujeres a las que mantenéis bajo servidumbre, para esas mujeres a las que apartáis de toda dirección política y mantenéis en el interior de vuestros hogares como si fuesen caballos de desfile a los que engalanáis y enjaezáis solo los días de fiesta, pero que, frágiles y poco acostumbrados al trabajo duro, relegáis a los establos el resto del año; a los que cuidáis y respetáis porque os gusta cuidar y respetar lo que os pertenece; en fin, para las mujeres a las que ni republicanos ni antiliberales han sabido colocar en su verdadero lugar, a pesar de que ellos mismos han elaborado y pregonan todos los días una declaración de derechos humanos en la que, por supuesto, debe contemplarse el derecho de la mujer a intervenir, ya que esta es la base para constituir toda una nueva sociedad, una sociedad que demanda la libertad para todos! Tanto las sociedades como las parejas están compuestas irrevocablemente por hombres y mujeres, y no, como ya he comentado antes, únicamente por hombres o por mujeres.

Este es un aviso para los verdaderos enemigos de la explotación y la tiranía que se ejerce sobre las mujeres en provecho de los hombres. Los verdaderos republicanos son aquellos que no desean la opresión sobre ningún miembro de la sociedad; por ello, es necesario, indispensable, sagrado, conseguir que las mujeres intervengan en la redacción de todas las leyes; por ello, es indispensable y sagrado no considerar su debilidad como un obstáculo a este respecto, sino considerarla, más bien, como una prueba de que toda ley concerniente a las *mujeres* que sea sopesada y elaborada solo por hombres va a ser siempre, o demasiado dura, o demasiado abusiva, para ellas; esa es la razón por la que solo las mujeres entienden en su justa medida y saben realmente de qué tienen necesidad.

No ignoro que este derecho que reclamo para las mujeres vaya a ser tratado por vosotros como algo ridículo, absurdo; acostumbrados como estáis a considerar a la mujer solo como un ser lleno de debilidad, nacido para la sumisión y la esclavitud, no os podéis familiarizar con la idea anticristiana de que una mujer pueda discutir una ley que le impondrá obligaciones; no sois capaces de pararos a examinar seriamente esta pretensión de las mujeres sin calificarla de fanfarronada, de monstruosidad incluso. Ahora bien, sin pretender echaros en cara ninguna queja exagerada, debo, sin embargo, hacer que penséis y os replanteéis que es gracias a ese privilegio concedido en exclusiva a los hombres de sancionar solo ellos las leyes, al que la sociedad debe en gran medida la mayor parte de sus males, males que nacen de la ignorancia en la que se cría a las mujeres, y que se propagan por el abuso que cometéis contra ellas prevaliéndoos de vuestra superioridad en táctica, en fuerza y en conocimientos: superioridad táctica con la que las engañáis y las seducís, fuerza con la que las asustáis y las corrompéis, y conocimientos con los que las abatís y las condenáis a un papel subalterno injusto y vergonzoso.

Por la gloria y la felicidad de la humanidad hemos de emplear todas nuestras fuerzas en corregir y eliminar tal estado de cosas; el *adulterio* está en todas partes, camina de la mano de la *prostitución*; ¡decidme, decidme dónde no los encontráis!: en la calle, en las esquinas, en las buhardillas y en los salones, en el teatro y en la literatura; ambos pululan por doquier, se los ve aparecer por todas partes, como siempre se ha visto que surgen los dramas, es decir, seductores, coquetos, representando su papel, desplegando sus oropeles, como si fuesen actores en las primeras escenas de una tragedia; a continuación, apasionados, intrigantes, y siempre descarados, como actores justo en el nudo de la representación; para acabar, finalmente, hechos unos guiñapos, crueles, y arrastrando consigo el asco, el delito y los remordimientos; peripecia del drama, cuadro espectacular que ya no produce ningún efecto sobre las masas, porque tanto en el mundo como en el teatro ya se han visto demasiados suicidios, navajazos, cárceles y guillotinas.

¿Qué hacéis vosotros para que la mujer escape de la debilidad que le reprocháis, de esa pasión que convertís en delito? El rico la mete en un internado, pero ¿qué aprende allí ella que le permita conocer el mundo? Querríais sumirla en la ignorancia, incluso que llegase a desconocer la constitución masculina, y que la danza, el bordado, los diseños florales, la lectura de fábulas, sean lo único de lo que se componga su educación.

Y una vez sale de ahí, ¿adónde va en este mundo? ¿Está en condiciones de conocer toda la falsedad que rodea el lenguaje de los hombres, toda la corrupción de su espíritu que disfraza con metáforas más o menos ingeniosas, toda la putrefacción de su cuerpo que disimula cubriéndolo bajo una capa de paños y tejidos almidonados? De ninguna manera. Se la recluye en la casa paterna donde pasa el tiempo confeccionando ropa, bordando sábanas, donde se le enseña a reír y comer metódicamente; en fin, todo en ella es método, constricción, mentira, disimulo.

Después llega el momento del matrimonio, ¿qué amor va a tener entonces por alguien? Poco o nada importa el amor que tenga; está en edad de casarse y eso es lo importante. A base de indagaciones y pesquisas entre los conocidos de la familia, se le va buscando el hombre que necesita, es decir, un hombre honesto, con una familia y un certificado de vida y buenas costumbres intachables; finalmente, le encuentran ese hombre y lo llevan junto a ella, sin que importe que sea guapo o feo, listo o tonto, bueno o malo: esos son detalles en los que apenas se repara; un hombre siempre es lo suficientemente bueno y proverbial; todo el mundo lo dice, excepto aquellas a las que se va a casar, a no ser que…

He aquí, pues, una muchacha echada en brazos de un extraño, como, o casi, si se tratase de un fardo incómodo; hela forzada a dar, si no su amor, al menos sus caricias a un individuo al que no puede amar, a un individuo que la ha tomado por esposa porque era bonita o porque quería hacerse rico; esto es lo que podemos llamar prostitución *de y por la ley*.

¡Ay!, solo hace falta que esa mujer sea de naturaleza ardiente y apasionada, una de esas naturalezas que el matrimonio y su atmósfera de plomo ahogan y hacen que se marchite en la postración; solo es necesario que ante esa mujer, joven, ignorante y confundida, aparezca un hombre, no importa que su aspecto sea poco sentimental, pero que, verdadera o falsa, sepa mostrar pasión por ella, mujer crédula y confiada, cuyo corazón está privado de felicidad, ante ella, pobre infeliz, a la cual le han hecho prestar un juramento de fidelidad eterna, juramento que no ha comprendido hasta el momento en que no le han permitido rechazarlo; solo hace falta que ante esa mujer aparezca un hombre dotado de alguna astuta sensibilidad y de un barniz de misterio para que se consume el adulterio *de y por la ley*.

Pero esto no solo le sucede a la hija del rico. También a la del pueblo. ¡Oh, escuchad, la hija del pueblo! Me la imagino con ocho, diez años, ¿va a la escuela? Sí, algunas veces a la escuela de las Hermanas de la Caridad, donde aprende oraciones y salmos que no comprende; y una vez sale de allí, ¿continúa su formación? Sí y no, es decir, la colocan en casa de alguna costurera o lavandera, da igual, donde se encarga de hacer los recados o sacar a pasear a los hijos de su jefa; más tarde, cuando ya ha crecido, se convierte en obrera, ocupación en la que gana, trabajando desde las siete de la mañana hasta las nueve de la tarde, quince sueldos[2] diarios; a esto diréis: «Una mujer siempre gana lo suficiente para mantenerse; ¡gasta tan poco!», y en esto todavía tenéis razón; va a fiestas, vosotros la lleváis, entiéndase bien, ¿o es que acaso el esclavo debe ir sin su amo?, por tanto, va a fiestas, y vosotros pagáis por ella; en el teatro, durante los paseos, en fin, en cualquier lugar, vosotros siempre le pagáis todo, y tenéis razón cuando decís: «Una mujer siempre gana lo suficiente para mantenerse; ¡gasta tan poco!». ¿No podría, entonces, compararse ese derecho de acceso, que pagáis vosotros por ellas en mil y una circunstancias, a ese otro derecho, menos noble, cierto, pero igual de legítimo, que ha de pagarse en las oficinas de recaudación por la concesión de una licencia? En efecto, no son los corderos los que pagan con monedas la tasa de paso, entiéndase bien, pero sí son ellos en realidad los que pagan la licencia, además de al carnicero, tanto por su libertad como por su entera existencia: equilibrad las comparaciones y decidme si estoy, de hecho, equivocada.

Pero ¿de quién os estaba hablando?, decidme, ¿de quién? Por desgracia, ya lo sabéis: tanto de la hija del rico como de la del pobre; simplemente os he presentado un somero resumen de su artificial existencia, pues, creedlo, ese estado de esclavitud y sufrimiento en el que se hallan las mujeres no es

---

[2]   Antigua moneda francesa equivalente a cinco céntimos. (N del T.).

más habitual que el estado en que están los hombres; aun así, llegará el día en que sin duda ambos se librarán de él; pero ¡por Dios, démonos prisa!, ¡que sea pronto!, ¡limpiemos el terreno de toda su maleza y fango!

Libertad para todos, unidad de voluntad, unidad de amor, unidad de acción; la unidad es la clave de bóveda de todo edificio duradero; pero, lo repito, ¡démonos prisa!

¿No os habéis parado nunca a pensar en esas desdichadas a las que la miseria o el amor por la libertad echan en brazos de todo el mundo?; ¿en esas infelices que, seducidas por el lujo desde el primer momento, intercambian caricias por una pizca de fortuna?; ¿en esas desgraciadas que, despojadas de su primera frescura, caen sin que nada se lo impida en el terreno resbaladizo de la prostitución, y que pasan con extrema rapidez de las letras de cambio a los napoleones, de los napoleones a los escudos, y de los escudos a los reales de vellón[3] de cualquier gañán que sale de juerga?

¿No os habéis parado nunca a pensar en la suerte de esas desdichadas que nacen, en su mayoría, en el sumidero insalubre de la Bourbe[4] y mueren en el pozo fétido e inmundo de la Salpêtrière[5] después de haber transitado por todas las cloacas de la depravación y la miseria? ¡Felices ellas si no se desvían de esa triste senda para ir a dejar caer sus cuerpos, cubiertos por las manchas y llagas vergonzosas de la inmoralidad del mundo, sobre los cadáveres mutilados del cementerio de Clamar[6]!

Todos vosotros lo habéis lamentado: «¡Oh, no podría dudar de ello sin ofenderos injustamente!» Pues bien, os lo repito entonces: ¡Daos prisa!, ¡apresúrate, pueblo!, pues la mujer, la muchacha, es el blanco de la seducción de los que poseen, pues ellas no poseen nada, pero Dios hizo que naciesen con deseos.

Pueblo, no serás realmente libre, verdaderamente grande, hasta que llegue el día en que la mitad de tu vida, es decir, tu madre, tu esposa, tu hija, no sean, también ellas, liberadas de la explotación que pesa sobre su sexo. Sí, pueblo, Dios ha hecho al hombre más fuerte, pero esa fuerza no debe emplearla para oprimir a la mujer, que es tan criatura suya como lo eres tú; pueblo, si Dios te ha dado la fuerza y la energía, Él también le ha dado a la mujer la gracia y la tenacidad; pueblo, tu fuerza la debe proteger y redimirla de la explotación.

---

3   Antiguas monedas de mayor a menor valor. (N del T.).

4   Durante el siglo XIX, hospicio de París destinado a mujeres indigentes o arrestadas que estaban a punto de dar a luz. (N del T.).

5   Hospital y hospicio de París construido en el siglo XVII en el emplazamiento de una antigua fábrica de pólvora.

6   Antiguo cementerio de París. (N del T.).

Mujeres, vuestra gracia y amor deben recompensar, calmar, honrar al hombre; el amor tiende a imponerse cada vez más; pero nunca más el amor del esclavo para con el amo, ni el del amo para con el esclavo, sino el amor libre y digno, el amor de igual a igual. Lo vuelvo a repetir: la hora ha sonado. Es necesario que la mujer acceda, definitivamente, a su derecho a poseer, a su derecho a elegir, a su derecho a unirse libre y espontáneamente, y no solo ya dedicarse a la administración familiar, sino también a las de la ciudad y el reino; y os digo que esto es absolutamente necesario. Corresponde a la mujer, es decir, a las mujeres, disipar la bruma tras la cual se oculta vuestra fantasmagoría parlamentaria; corresponde a las mujeres cortar el hilo dorado con el que movéis vuestras marionetas diplomáticas.

Pues, «la revolución en las costumbres conyugales no se hace en los rincones de las calles ni en una plaza pública durante tres días soleados, sino en todo momento y en cualquier lugar, en los palcos de los teatros, en las reuniones de invierno y en los paseos de verano, en esas incontables y largas noches que transcurren frías e insípidas en el lecho conyugal; esa revolución que socava poco a poco, pero sin descanso, el edificio construido en provecho del más fuerte, y hace que se vaya derrumbando, grano a grano, sin estruendo, como una montaña de arena, para que un día, en un terreno mejor nivelado, el débil, como hace el fuerte, pueda caminar con pie firme y reclamar con la misma facilidad que lo hace el otro la suma de felicidad que todo ser social tiene derecho a exigir a la sociedad».

LA EMANCIPACIÓN DE LA MUJER O EL TESTAMENTO DE UNA PARIA (1846)

Flora Tristán

Obra póstuma de Flora Tristán, completada según sus anotaciones y publicada por Alphonse Constant.

Los progresos sociales y los cambios de etapa se materializan en razón del progreso de las mujeres hacia la libertad, mientras que la decadencia del orden social se opera en razón de la disminución de la libertad de las mujeres... En resumen, la ampliación de los derechos de las mujeres constituye el principio general de todo progreso social.

Fourier

LLAMAMIENTO A LAS MUJERES DE TODA CLASE, EDAD Y OPINIONES DE TODOS LOS PAÍSES

Mujeres,
Vosotras, cuya alma, cuyo corazón, cuyo espíritu, cuyos sentidos, están dotados de tal impresionabilidad que, sin ser conscientes, tenéis una lágrima para todo dolor, un alarido para todo gemido lastimero, que mostráis una inclinación sublime por todo acto de generosidad, y una entrega ante todo sufrimiento; que tenéis palabras de consuelo para todos los afligidos; mujeres, vosotras a las que devora la necesidad de amar, de actuar, de vivir; vosotras que *buscáis por todas partes*[1] una meta para esa ardiente e incesante actividad del

---

[1]   Esta y las siguientes cursivas aparecen igualmente en el original. (N. del T.).

alma que os revitaliza y os consume, que os corroe y os mata; mujeres, ¡¿vais a quedaros siempre calladas y *ocultas* cuando la clase *más numerosa y más útil*, vuestros hermanos y hermanas proletarios, esos que trabajan, sufren, lloran y gimen, vienen a pediros con rostros suplicantes que los ayudéis a salir de la miseria y la ignorancia!?

Mujeres, la UNIÓN OBRERA[2] se ha fijado en vosotras y ha comprendido que no podía tener aliados más entregados, más inteligentes y más poderosos que vosotras. Mujeres, la UNIÓN OBRERA tiene derecho a vuestra gratitud, ya que ha sido ella la *primera* que ha reconocido *como principio* los derechos de la mujer. Hoy, *vuestra causa* y la suya son comunes. Mujeres de clase rica, vosotras que habéis recibido instrucción, que sois inteligentes y gozáis del poder que dan la educación, el mérito, el rango, la fortuna; vosotras que podéis influir en los hombres que os rodean, en vuestros hijos, en vuestros empleados domésticos y en vuestros trabajadores a los que dais órdenes, prestad vuestra poderosa protección a esos hombres que no tienen otra cosa para sí mismos que la fuerza del *número* y del *derecho*. Por su parte, esos hombres *de brazos desnudos* os darán *su apoyo*. Vosotras que estáis oprimidas por las leyes y los prejuicios, UNÍOS a los oprimidos y, por medio de esta legítima y santa alianza, podremos luchar juntos legalmente, lealmente, contra las leyes y los prejuicios que nos oprimen.

Mujeres, ¿qué misión cumplís en la sociedad? Ninguna. Entonces, si queréis hacer de vuestra vida una vida digna, consagradla al triunfo de la más sagrada de las causas: la UNIÓN OBRERA.

Mujeres, vosotras que sentís en el interior el fuego sagrado de la fe, del amor, de la abnegación, de la razón, del activismo, convertíos en *predicadoras* de la UNIÓN OBRERA.

Mujeres escritoras, poetisas, artistas, escribid para educar al pueblo, y que la UNIÓN sea el texto de vuestros cánticos.

Mujeres adineradas, dejad de lado todas esas frivolidades de la moda que absorben ingentes sumas de dinero y emplead con mayor *utilidad* y magnificencia vuestra fortuna. Haced donaciones a la UNIÓN OBRERA.

Mujeres del pueblo, haceos miembros de la UNIÓN OBRERA. Incitad a vuestras hijas, a vuestros hijos, a afiliarse a la UNIÓN.

Mujeres de toda Francia, de todo el mundo, poned toda vuestra gloria en convertiros sin tapujos y públicamente en *defensoras* de la UNIÓN.

¡Oh, mujeres!, ¡hermanas nuestras, no hagáis oídos sordos a nuestra llamada! Venid a nosotros, tenemos necesidad de vuestro *auxilio*, de vuestra *ayuda*, de vuestra *protección*.

Mujeres, es en nombre de vuestros *sufrimientos* y de los *nuestros* por lo que os rogamos que cooperéis en esta gran obra conjunta.

---

[2]   En mayúsculas en el original. (N. del T.).

Extracto de la 3ª edición de *La Unión Obrera*[3]

ADVERTENCIA

Nos reímos, quizás con algo de razón, de los mesías y de los falsos dioses de nuestra época; sin embargo, al publicar este *Testamento de una paria*, no pretendemos hacer de Flora Tristán una profetisa ni convertirla en una iluminada.

Esta mujer, no obstante, creyó hasta la muerte en la clase obrera y a ella se entregó, en general, desde el principio, para después dedicarse a trabajar en la regeneración de la humanidad por medio de la emancipación moral de la mujer. Este es el motivo por el cual ha venido trabajando en silencio en un libro repleto de pensamientos osados y generosos que solo debía ser publicado después de su muerte. En este libro no se va a hallar una nueva doctrina, y, sin embargo, no vamos a dudar en colocarlo entre las obras más profundas y de mayor seriedad de nuestra época palingenésica. Este representa el adiós de un gran genio incomprendido; es, en fin, el último canto de un alma creyente y sacrificada, canto al que los antiguos atribuían ese sonido melodioso conocido como el canto del cisne.

Todos aquellos que tienen en alta estima y guardan en la memoria a los amigos del pueblo, todos los hombres cuya vista está puesta en el futuro, todas las mujeres que sienten la dignidad de su sexo en las prerrogativas de la madre, leerán con interés esta obra.

Sin duda, en ella vamos a encontrar algo de ese desorden entusiasta y de esa exageración hiperbólica que ocupan un lugar común entre los espíritus apasionados; ¿o es que acaso los santos del catolicismo no han tenido también sus piadosas exageraciones?

No cabe duda, también, de que las recriminaciones de Flora contra la sociedad, que tanto daño le había hecho, contienen un poco de vehemencia y de amargura. Los afortunados la perdonarán y los desgraciados la comprenderán. En cuanto al orden social, este ya no va a continuar siendo siempre el mismo si Dios quiere.

Por lo demás, aunque solo sea por la curiosidad que va a despertar, esta publicación no va a dejar de tener éxito. Así, con ella hago entrega al público de lo que se me ha confiado y a él estaba destinado; por mi parte, tan solo he prestado a Flora mi redacción en aquellos puntos en que sus anotaciones se mostraban algo confusas o dubitativas, pero siempre respetando su léxico y estilo.

---

[3]   *La Unión Obrera* es un folleto escrito por Flora Tristán, publicado en 1843, en el que se resumen sus ideas acerca de las reformas que deberían llevarse a cabo en favor de la clase obrera. (N. del T.).

En pocas palabras, es su pensamiento y no el mío el que someto al juicio de la opinión; pues, por lo que a mí respecta, estoy cansado de tener ideas que no comparte nadie, por lo que me retiro de una lucha en la que he combatido con dolor y quizás con generosidad, si bien sin apoyos ni gloria alguna, para morir en la sombra, rezando sobre las tumbas de esos nobles corazones que quedan en el olvido, y conversando con las almas de aquellos que han amado sin esperanza y han proferido palabras sin eco.

A. CONSTANT

PREFACIO

¿Qué hay que hacer, pues, para conmover a esta generación corrupta? ¿Hasta dónde hay que hundir la navaja para encontrar carne viva bajo lo más profundo de esa gangrena que la consume de putrefacción?

En nombre de los que sufren, en nombre de los que pasan hambre, en nombre de esos a los que están matando lentamente, en nombre de esos que se venden por un pedazo de pan lleno de barro, en nombre de esos que, como los más inmundos animales, se ven forzados a disputarse el vil alimento en las cloacas del crimen.

En nombre de esas pobres mujeres a las que ponen precio como si fueran carne de lujuria expuesta en las carnicerías de la prostitución, a las que llaman mujeres de vida alegre, porque, como a los réprobos de Dante[4], las lágrimas se les han congelado en los ojos para siempre, y a las que solo la rabia y el dolor las hacen reír, a veces, lamentablemente.

En nombre de esas víctimas inocentes con las que trafica la inmoralidad de los matrimonios de conveniencia concertados, a las que, vestidas de blanco y engalanadas con flores, como se hacía con las víctimas de tiempos pasados, conducen al altar para que un célibe por obligación dé su irónica bendición a lo que va a ser su suplicio, porque un padre honorable y una madre, por así decirlo, virtuosa las han condenado, a cambio de un poco de dinero, a la tortura que inventó Mecencio[5]: al abrazo de un cadáver.

En nombre de todos los padres y de todas las madres a cuyos hijos devora el Moloch[6] social, en nombre de los hombres que se ven mutilados y envenenados, en nombre de las mujeres a las que roban el corazón y no

---

[4]   Dante Alighieri (1265–1321) fue un poeta y escritor italiano, autor de la *Divina comedia*, considerada una de las obras fundamentales de la literatura universal. (N. del T.).

[5]   Mecencio es un rey etrusco de la mitología romana, conocido por la maldad y la crueldad con la que gobernaba. (N. del T.).

[6]   Ídolo fenicio, que aparece en la Biblia, al que se ofrendaban niños en sacrificio. (N. del T.).

se atreven a quejarse, en nombre de todos esos niños machacados a los que aplastan el cráneo para que no puedan llegar a tener ni ideas ni sentimientos...

¡He alzado mi voz y he llorado en nombre de todos ellos, y vosotros os habéis reído! ¡Me he callado y me he arrastrado hasta vuestros pies, y vosotros me lo habéis puesto sobre la cabeza! ¿Qué soy yo, pues? ¿Qué importa lo que me pase? ¿No he dado mi vida por esa gente? Está bien, censuradme, encarceladme, calumniadme, llevad más lejos el ultraje y tiradme un trozo de pan bajo la mesa. De acuerdo, acepto todo, ¡menos vuestro pan! Todo eso me lo podéis hacer a mí, pero al pueblo, ¿qué vais a hacer por el pueblo? ¡Ay!, ya lo había adivinado hace tiempo, el pueblo no puede esperar nada de vuestra parte. La prosperidad os nubla la vista, acostumbrados como estáis a los placeres y a los remordimientos, y esa costumbre hace que temáis el hastío que producen las ideas serias: ¡a ese pueblo al que despreciáis y no le perdonáis que sea desgraciado y pase hambre!

¡¿Acaso no es verdad, señores de las altas finanzas, de mejillas redondeadas y sonrosadas, con los labios todavía relucientes de los deliciosos caldos que acabáis de paladear?! ¡¿Acaso, digo, no es verdad que ese pueblo de ojos hundidos, tez lívida y pómulos salientes, es un horror?!

¡¿Acaso no es verdad, señoras mías, prostitutas honestas, es decir, acaudaladas, puesto que esas dos palabras, como es bien sabido, son sinónimas desde hace tiempo?! ¡¿Acaso no es verdad, bellas sirenas de piel suave, dorada y ambarina, que ese pueblo huele mal y hiere los sentidos con sus vestimentas andrajosas?! ¿Qué piden, pues? ¿Por qué les habéis permitido entrar? Aquí no hay nada para ellos. ¿Qué quieren?, ¿pan? Decidles que no hay. ¡Lacayos, deshaceos de esas gentes y dad una golosina a mi pobre perrita que va a quedarse ronca de tanto ladrarles!

¡¿Acaso no es verdad, os pregunto a todos vosotros, elegidos de comilonas y banquetes, siempre bien servidos, con las barrigas siempre ávidas a pesar de tenerlas llenas a rebosar, henchidos de orgullo y ahítos de infamia, acaso no es verdad que esas gentes son demasiado glotonas y que semejantes pícaros tienen todavía la desfachatez de pretender que quieren comer?!

¿Es que, acaso, la tierra y todo lo que produce no os pertenece?, ¿acaso no sois sus legítimos propietarios?, ¿acaso no sois dueños de tirar las sobras cuando estáis llenos y de compartir vuestro lujo con vuestros perros en vez de ocuparos de las necesidades de los pobres?

¡¿Los pobres?!, ¡que acudan a la caridad, a las casas de beneficencia!; ¡¿los mendigos?!, ¡que vayan a los hospicios! ¡Que se vayan al diablo todos ellos si eso les place! En cuanto a nosotros, ¡bebamos, comamos, gocemos de la prostitución!, ¡para eso tenemos dinero!

¡Sí, bebed!, pero sabed que lo que estáis bebiendo es la sangre del pueblo. ¡Sí, comed!, pero sabed que lo que estáis comiendo es la carne del pueblo. ¡Sí, gozad de la prostitución!, pero sabed que de lo que estáis gozando son de las entrañas del pueblo. Y cuando os echéis a dormir, hartos, saciados, el pueblo se despertará, hambriento, temible.

¡Y cuando hayáis acabado, el pueblo iniciará su andadura!

¡Bebed, sí, pero estad atentos, porque por vuestras venas también corre sangre!

¡Comed, sí, pero tened miedo también, porque vuestra carne se ceba igual que las de las víctimas!

¡Gozad de la prostitución, pero, a la vez, estremeceos de espanto, porque también tenéis mujeres e hijas!

¡Yo he sido mujer, también madre, y esta sociedad no ha hecho más que romperme el corazón!

Me han asesinado porque protestaba contra la infamia, y esta sociedad me ha echado a perder condenando, a su pesar, a mi asesino.

Ahora ya no soy ni una mujer ni una madre, ¡soy una paria!

Pues bien, hermanas y hermanos, cuando haya sucumbido en esta guerra contra vuestros opresores, os dejaré este libro lleno de espanto para ellos, y de esperanza y consejos para vosotros... y ellos ya no osarán condenarlo.

No os conmino, pues, a la revuelta. La revuelta es el delito de un puñado de sediciosos. Un pueblo no se rebela jamás; un pueblo se alza cuando le llega la hora y no necesita que nadie se lo diga.

Tampoco ataco la propiedad, como comentan algunos. ¿Podría acaso animar a los ladrones, yo que los perseguiría hasta debajo de las togas de los jueces?

Como tampoco es cierto que ataque la moral; únicamente constato que nuestros pretendidos moralistas son los más inmorales de los hombres. Ni tampoco ataco la religión, sino que en su nombre elevo la voz para denunciar el egoísmo y las mentiras que profieren sus ministros.

¡Escribo para que sepáis!, ¡grito para que oigáis!, ¡marcho por delante para que conozcáis el camino!

¡Leed, pues, hermanas y hermanos!, y si creéis en el sacrificio de una de vuestras hermanas, ¡seguidme!

Un hombre se sacrificó hasta la muerte, y el testamento que nos dejó es el Evangelio.

Pues bien, yo, por mi parte, quiero cumplir lo que sin duda soñaba al pie de la cruz María Magdalena, la pecadora.

Quiero amar como Él amó y morir como Él murió para poder fecundar la viudedad del Evangelio y dejar también un legado para, así, unirlo al suyo.

¡A mí también me hace falta pasar por un calvario para, muriendo con él, proclamar la emancipación de la mujer!

I
Dioses [7]

Pobres mujeres, pobres parias, corazones hambrientos de libertad y amor, mujeres del pueblo que trabajáis para vivir y que, sin embargo, no vivís, ¿creéis en Dios?

¿Qué es Dios para un paria? ¿El padre de todos los seres? Pero ¿cómo podría reconocer un paria a su padre si la naturaleza, su madre, se prostituye con extraños y deja de alimentar a sus hijos?

En caso de que fuese un padre, ¿dónde está su amor? El paria aquí, en la tierra, vive rodeado de odio, o de un desprecio más hiriente si cabe que el propio odio, o de un olvido incluso más abrumador que el desprecio.

Si es un padre, ¿por qué no da de comer a sus hijos?, ¿por qué no impide a los más fuertes y osados que se coman la parte que correspondería a los más débiles y tímidos?

Si para vosotros es un padre, ¿qué parte nos corresponderá de sus riquezas? ¡Los ricos nos han desheredado de la tierra y los curas nos privan del cielo!

Dígame, señor obispo, y no me dé la espalda que no le estoy pidiendo limosna; a usted le pagan para instruir al pueblo y, por eso, le hago la pregunta.

¿No dijo Jesús, vuestro Señor: «Bienaventurados sean los pobres»? Entonces, ¿por qué los excomulgáis?

Esta palabra os irrita; bien, continúe escuchando y respóndame. ¿Existe en vuestros elegantes templos un lugar honesto en el que pueda descansar un pobre?

No se puede llegar a Dios, decís, sino siguiendo el camino marcado por los sacramentos de su Iglesia, únicas vías que Él estableció para comunicarse con los hombres. Pero ¿acaso hay sacramentos para el pobre? ¿Seréis vosotros los que administraréis los sacramentos de los vivos al pobre que no puede vivir?, ¿o el de los de los muertos a ese pobre que ni siquiera se cuenta entre ellos?

¿Quién será el padrino del hijo de un paria?, ¿quién responderá por él en el bautismo?, ¿a qué parroquia lo llevaréis?, ¿por casualidad tiene domicilio?

Así pues, continuará siendo culpable del pecado original por haber nacido sin dinero ni medios, y, admítalo, para vosotros ese es, ante todo, el pecado original más irreparable.

---

[7] Conservar esta ortografía (Nota de la autora): *Dieux,* dice la nota en el original. Juego de palabras que Flora Tristán hace entre el singular *Dieu* y el plural *Dieux* para dar a entender que, cuando habla de *Dios,* habla de la diversidad de *Dioses.* (N. del T.)

Es más, si quiere acercarse a Dios, por lo menos tendrá que ir a confesarse. «Solo tengo autoridad en esta parroquia», le responderá el cura si, por casualidad, encuentra uno que se digne a contestarle y se moleste en preguntarle: «¿De qué parroquia eres?».

—De la parroquia de la miseria —responderá él.

—Pues bien, desgraciado, ve a confesarte con el demonio, pues la parroquia a la que perteneces y acabas de nombrar solo tiene el infierno como sede.

En el confesionario, a la espera de confesión, he oído a curas preguntar a los que iban a confesarse si escuchaban a un señor o a un hombre, a una dama o a una mujer.

¡Miserables que condenáis a la humanidad y os excomulgáis del género humano para colocaros del lado de la aristocracia a fin de que su Cristo sepa sin duda dónde encontraros cuando venga a salvar a los hombres y a las mujeres y a castigar a los ricos a los que tantas veces ha maldecido!

¡Inefables curas, bien podéis comprobar que, a vuestro parecer, no hay Dios para los pobres!

¿O es que el hijo del pobre, machacado durante dieciséis horas al día haciendo funcionar los engranajes de vuestras máquinas, puede acaso acudir al catecismo a oír vuestras enseñanzas?; y aunque las oyese, ¿cómo habría de escucharlas? Más bien, se quedaría dormido y vosotros todavía lo castigaríais poniéndolo de rodillas para que descanse de sus fatigas.

¿Existe, por ventura, la posibilidad de que haya una primera comunión para esos pequeños desdichados que, prácticamente desde que nacieron, han comulgado con todas las depravaciones físicas y morales sin ser, por ello, menos inocentes ante la sana razón?

¿Existe, por casualidad, el matrimonio para los parias cuando su amor solo puede desembocar en libertinaje, pues no se les permite traer hijos al mundo?

Y si quieren que la Iglesia bendiga sus últimos instantes, tendrán que mendigar una plaza en cualquier hospicio a fin de que la caridad pública les costee tanto el médico como el sacerdote, es decir, los postreros remedios y la extremaunción.

¡Curas malvados, bien podéis comprobar que vuestro Dios no es el Dios[8] de los pobres, y que, según vosotros mismos, en absoluto hay Dios para los parias!

Pues bien, entonces yo os digo que, si existe un fantasma horrible digno de ser el gran paria del cielo, ¡ese es vuestro Dios, malditos curas! ¡Es ese falso Dios que habéis hecho a vuestra imagen y semejanza!

---

8   Aquí Flora Tristán utiliza el plural *Dieux* (*Dioses*) en ese juego de palabras comentado anteriormente. En todo caso se ha optado por traducirlo al español en singular a fin de hacer la lectura más comprensible. (N. del T.).

¡Que sea maldito, igual que él maldice a los que sufren! ¡Que sea proscrito, igual que él proscribe a los que lloran!

¡Nuestro Dios[9], pobres parias, es la justicia eterna! Y sabemos que ella llegará cuando vuestro tiempo haya pasado.

Sin duda, un cielo desierto nos parecería preferible a vuestra horrenda Divinidad, pero sabemos que no hay vacío en el infinito, y como creemos en el ser porque en él hay movimiento, y en la vida porque en ella hay cambio, y en el progreso porque en él hay vida, y en el futuro porque en él está el progreso, por todo ello, ¡sabemos que hay un Dios!

¡Sí, para los parias hay un Dios en el cielo! Se llama futuro, se llama justicia, se llama, en fin, misericordia y a la vez venganza, pues no solo perdonará, ¡sino que también castigará!

¡Sí, creamos en él! ¡Agrupémonos en una misma fe para, así, ser fuertes, pues la sola fe nos hace fuertes y porque, como se dice, la fe salva!

¡Confiamos en que él nos ayudará, siempre que nosotros nos ayudemos a nosotros mismos! ¡Confiamos en que él nos salvará, siempre que nosotros mismos, todos juntos, queramos con todas nuestras fuerzas salvarnos!

¡Mujeres, hermanas mías, no permanezcáis pasivas en el combate que se acerca, pues vencerá el que más lo desee!

¡Por supuesto, no os estoy pidiendo que olvidéis vuestros deberes, sino que voy a enseñaros a conocer cuál es el más sagrado de ellos!

Dios[10] os ha hecho para amar. Pero ¿qué es amar? Amar es elegir; para amar, entonces, ¡hay que ser libre!

Hermanas mías, no continuéis siendo esclavas cuya carne está a la venta y cuyo corazón silencian. ¡Haced, más bien, como yo, protestad y morid!

¡Dejad de ser las prostitutas de sórdidos intereses! ¡Dejad de ser las sirvientas de la brutalidad del hombre!

Fijaos en Cristo, y ved cómo protestó contra los tiranos: Cristo está viudo en el cielo y espera una esposa. Mujeres, sabed que ni el mismo Dios[11] puede imponerse a la voluntad de un niño. ¿Queréis ser libres? Entonces…

II
El hombre

Hace dieciocho siglos, un pretor de Judea apareció en su balcón de piedra. Abajo se agolpaba, gritando, el populacho fanático y envilecido, mientras unos lacayos arrastraban con cuerdas un guiñapo morado, algo todavía vivo, que lloraba y sangraba, pero ya sin forma de tantas llagas, nudos, harapos y

---

9   Véase la nota anterior. (N. del T.).
10 Véase la nota 8. (N. del T.).
11 Véase la nota 8. (N. del T.).

espinas que lo cubrían; y mostrando al pueblo esa obra de la tortura, Poncio Pilato [12] le anuncia desdeñosamente: «¡He aquí el hombre!».

Pues bien, a ese hombre, que entonces moría por el pueblo, lo adoramos dieciocho siglos después como a un Dios; y el hombre, es decir, el pueblo, pues, como hemos dicho antes, solo el hijo del pueblo es el hombre, el otro es el señor; pues bien, como digo, después de dieciocho siglos, el pueblo, todo él, continúa pareciéndose a ese pobre desgraciado, torturado, al que Poncio Pilato señalaba diciendo: «¡He aquí el hombre!».

Os lo pregunto, filántropos modernos y constructores de moral, ¿cuánto vale un hombre en nuestra sociedad moderna? No me estoy refiriendo aquí ni al valor de su trabajo ni al valor que de él se puede extraer explotándolo. ¿Cuánto vale simple y llanamente la vida de un hombre? ¿Cuánto estaría dispuesta a pagar la sociedad para salvarlo? Si está en buenas condiciones, ¡quince francos!; si está sumido en la miseria, ¡nada!

Seguramente, por el triste *ecce homo* de Poncio Pilato habrían pagado algo más.

¿Qué significa ser un hombre en esta sociedad moderna? No hablo del capitalista, ese no es un hombre, es un propietario, y ese motivo, generalmente, lo priva de su condición humana.

Un hombre es una fuerza productiva de trabajo cuyos costes de explotación cuestan tanto y cuyo rendimiento equivale a tanto.

Eso es precisamente lo que era en tiempos de la esclavitud, con la diferencia de que el esclavo, entonces, tenía trabajo y pan asegurados.

Un hombre es una bestia de carga, salvo que no hay que alimentarlo cuando no trabaja o ya no puede trabajar más.

Y si se tiene miedo de sus manos ociosas, se le atan con el pretexto de que se niega a pagar el tributo debido a César; y si pretende ser libre, se le dice que él es el rey, y se le da por mísero cetro el mismo palo que ha de servir para aporrearlo, y por corona, las espinas de la miseria, a las que se añadirán todo tipo de problemas que no dejarán descansar a su pobre cabeza; y para disimular sus harapos, se pondrán sus ropas a remojo en su propia sangre, y se dirá de ellas que son púrpura dolorosa.

¡Eso significa ser hombre! Y no hay otra manera de serlo, puesto que los que así lo tratan no son hombres, sino potentados, curas, esclavos y verdugos.

¡He aquí toda la sociedad! ¡Un *ecce homo*!

Ahora bien, mientras Pilato mostraba a Cristo de tal guisa a un populacho sin piedad, las piadosas matronas desde la lejanía lo observaban con

---

[12] Poncio Pilato fue el quinto prefecto de la provincia romana de Judea entre los años 26 y 36 d. C. bajo cuya administración fue crucificado Jesucristo. (N. del T.).

lágrimas en los ojos, e incluso la mujer del procónsul le hizo decir: «¡Inocente soy de la sangre de este justo!».

Y cuando lo condujeron al Calvario, esas santas matronas lo acompañaban entre sollozos.

¡Cómo no lo ibais a llorar, mujeres, si moría por vosotras! ¡Mostrad ahora al mundo que habéis recogido las gotas de su sangre y que, al menos, una de vosotras ha conservado su imagen en el sudario!

¡Vuestra es ahora la tarea de la redención! ¡Vuestro es el turno de las protestas diarias! ¡Ahora os toca ser los apóstoles de la familia! ¡Vuestro es el Calvario, pues los hombres ya no tienen suficiente amor para saber sacrificarse!

III
La mujer en la sociedad moderna

¿Cuánto me queréis dar y os lo entregaré?, preguntaba Judas, el infame, ese judío maldito, refiriéndose a su señor. Le prometieron treinta monedas de plata y, por ese precio, vendió el beso que debía conducir a la muerte a un Dios.

¿Cuánto me quieres dar?, pregunta la mujer en la sociedad moderna, y me entregaré a ti.

Le prometen un poco de dinero, le hacen sonar al oído un poco de calderilla, ¿qué más podría decir? ¡Se atreven incluso a echarle en un charco unas cuantas monedas de cobre mugrientas y mohosas! La mujer se agacha, las recoge, les sonríe, y sufre el beso más deplorable que cabe, pues ese beso mata en ella el pudor todos los días, esa divinidad de la mujer que, sacrificada día tras día, hace que no pare de sufrir y llorar.

Por el mismo precio, si a uno se le antoja, también se le puede escupir en la cara y, no por ello, se la ofenderá más.

Y esa mujer, a la que así se trata, nacida de Pedro más que de Pablo[13], podría ser nuestra hermana o, quizás, si hubiese nacido un poco antes, nuestra madre; sin embargo, ella nunca jamás nos ha ofendido.

¡Qué más da, si es una desgraciada y, por tanto, se le puede hacer de todo!, pues tiene que comer y, además, tiene hambre. Esta palabra lo explica todo.

A esas casas, en las que se lleva a cabo ese espantoso tráfico de carne humana, de deshonra, les han dado recientemente una capa de pintura, y ahora lucen en el centro de la fachada su número como si se tratase de una enseña.

---

13   San Pedro y san Pablo son dos apóstoles del primigenio cristianismo. (N. del T.).

Dichos establecimientos no solo pagan una tasa a la policía, sino que están clasificados y numerados en la Oficina de Moralidad[14], donde se guardan sus expedientes[15].

Como se puede ver, son tantas las sucursales nacidas de una misma casa matriz, que esta tiene que remozar también su exterior dándole una nueva pátina, y revestirse de una moralidad hipócrita a base de ventanas de cristales esmerilados para ser merecedora de que su fachada porte ese número, puesto que no tiene nada en su corazón.

¡Esa gran e infame casa es la sociedad entera!

¡Padres de familia que os decís honestos, atreveos, pues, a afirmar que nunca vendéis a vuestras hijas!

Da igual que le deis un nombre u otro, que lo hagáis con honor o con infamia, que sea por más o menos dinero, que entreguéis a vuestra hija a un solo miserable o a varios; ¿qué importa todo eso cuando lo único que interviene en la alianza que les imponéis es el interés?

Padres de familia que así actuáis, cerrad bien vuestras ventanas, deslustrad bien los cristales para que las escenas que ocurren en el interior escapen a la compasión y a la indignación públicas; después, escribid en un papel con caracteres bien grandes el precio que queréis por vuestra hija y colgadlo en la puerta a fin de que esos infames adinerados sepan que allí dentro no solo hay un alma, sino también carne a la venta.

Me dirijo a vosotros, padres, pues me niego a admitir que una madre pueda consentir jamás que se entregue así a su hija.

En esta desdichada sociedad nuestra, la mujer es una paria desde que nace, sierva de condición, infeliz por obligación y, casi siempre, forzada a elegir entre la hipocresía y la deshonra.

Sin duda se dirá que hay mujeres dignas, santas, contentas de su suerte, absolutamente decentes y justamente respetadas.

Sí, lo sé, son mártires sublimes y están tan contentas como lo estaba Silvio Pellico del rigor de su prisión[16].

---

14   Departamento policial encargado de las costumbres, la moralidad y la lucha contra la prostitución. (N. del T.).

15   Se nos ha asegurado que una mujer, muy célebre entre los dueños de dichos establecimientos, muestra a todo el que lo quiera ver un certificado de moralidad irreprochable extendido por el comisario del barrio de la plaza del Palacio Real que está firmado por veinte de los principales propietarios del barrio, quienes dan fe de que, durante treinta años, Pauline, la judía, ha merecido, con todas las garantías, el certificado que su comisario le entrega. (Nota del editor).

16   Silvio Pellico (1789-1854) fue un escritor y poeta italiano, patriota defensor de la independencia de Italia del dominio austríaco; detenido en 1820 y condenado a muerte, se le conmutó la pena capital por otra de cuarenta años

Parece que no sufren porque su dignidad es mayor que su dolor; o porque jamás se han parado a pensar en sus derechos, ya que los desconocen; o porque prefieren la tranquilidad de la resignación a las angustias de la lucha.

Pero preguntad a esos ángeles terrenales si alguna vez han amado, ¡y os responderán alzando la mirada al cielo!

Preguntadles si son verdaderamente felices, y os responderán como la Julia de Rousseau [17]: «Amigo mío, soy demasiado feliz; mi felicidad me aburre».

Pues bien, yo os lo digo: no, no sois felices, porque no estáis viviendo la vida para la que Dios os ha creado.

Os sentís ajadas, ahogadas, desplazadas, desanimadas, y, además, os resignáis; está bien, pero sabed que vuestra labor está todavía por hacer.

Cristo ha dicho que el reino de los cielos sufre violencia.

Es fácil claudicar, es fácil callarse, es el precio que hay que pagar por sentirse tranquila y respetable.

¡Oh, si supieseis lo que cuesta protestar! ¡Si vuestro débil corazón hubiera solo soñado esa lucha contra un mundo en el que nadie os da aliento y en el que todo os oprime!

¡Os preguntaríais cuánto coraje hace falta para enfrentarse a tal martirio!

Pues bien, yo os digo que el martirio está lleno de felicidades amargas, pero inmensas; que hay triunfo en la lucha, y que la paria no cambiaría su suerte por la de la más envidiada de todas vosotras.

IV
La luz del porvenir

Las tinieblas cubrían el mundo; entonces dijo Dios: «¡Hágase la luz!», y la luz se hizo, y ese fue el primer día.

Tras la luz, Dios acabó su obra durante los siguientes días, y el séptimo descansó.

¡Creador de la luz, te pusiste a descansar demasiado pronto! ¡Comienza de nuevo la obra desde ese primer día, pues la luz de la razón se ha apagado, y hasta el mismo sol, astro material del que era su cegador reflejo, parece haber palidecido!

El hombre, durante sus largas noches, se ha cansado de mirar el cielo sombrío en el que, una tras otra, solo veía apagarse todas sus estrellas.

---

de prisión bajo duras condiciones; finalmente fue indultado en 1830. Posteriormente publicó *Mis prisiones* en las que cuenta su dura experiencia en la cárcel. (N. del T.).

17   *Julia, o la nueva Eloísa*: novela epistolar de Jean-Jacques Rousseau publicada en 1761 en la que se relata la historia de dos amantes: ella, una joven noble; él, su humilde preceptor. (N. del T.).

¡Se ha cansado de pedirle, a ese sol inmisericorde, la gloria de tu Verbo que, después de tantos siglos, observa, con mirada fija y siempre serena, cómo giran alrededor suyo tantos crímenes y tantas desgracias!

Como la sed de su razón no podía ser saciada, la encerró del lado del cielo, pues esa verdad que esperaba como agua de mayo nunca llegó a caer sobre él.

Como el hambre de su corazón tampoco se vio colmada de amor, cerró su corazón también al amor, y ya no ama porque no cree más en él.

Entonces, extendió sus manos hacia las riquezas materiales de la tierra y los labios hacia las fuentes de los placeres mortales de las que al menos podía beber, y así triunfó en él la vida animal.

Señor, ¿por qué en tu cielo ya no hay claridad? ¿Por qué se ha convertido esta tierra que concediste al hombre en presa de animales voraces?

Pues donde no hay razón ni amor, la vida humana se apaga.

¡Oh, Dios mío!, habla una vez más a la luz y di de nuevo a tu Verbo: «¡Hagamos al hombre!».

¡¿O es que acaso la razón suprema ha puesto el sol en el espacio y ordenado la maravillosa marcha de las esferas celestes únicamente para que unos seres de enormes barrigas, figuras sin genio, vayan vociferando entre sí los productos de la tierra, entre los que se incluye a las personas, con el solo fin de conseguir alimentos, tener cobijo y vestimenta, y disfrutar, en fin, solo ellos, no del pensamiento, sino del poder para acallarlo?!

¡Mundo fracasado, bosquejo imperfecto del que, parece, el Creador ha apartado su mirada con desprecio!

¿Tendremos que esperar a que una nueva palabra te saque de la nada? ¿O acaso ese Cristo, al que te refieres como tu Dios, no te habló ya hace casi dos mil años, y tú, después de haberte agitado como fango recalentado al sol, burbujeante en su superficie, acaso no has vuelto a caer en tu fría y triste inercia?

¡Oh, qué bien entiendo la cruel agonía de Cristo en el monte de los Olivos, cuando, mientras él velaba, sus discípulos más cercanos, bien dormían, bien lo traicionaban! ¡Qué bien entiendo su grito desgarrador, terrible, desesperado, que desde lo alto de la cruz dejó caer sobre el mundo como un adiós eterno!: «¡Dios mío, Dios mío!, ¿por qué me has abandonado?».

¡Oh, sí, cómo te comprendo, pobre profeta de los parias, a quien los ricos desean convertir en el Dios del pueblo a condición de que prediques el ejemplo que diste con tu resignación en el suplicio y de que el pueblo se deje flagelar y crucificar como tú te dejaste!

Nos dicen que el Verbo creó el mundo y que tú eras la encarnación del Verbo. Yo lo creo, y todavía tengo esperanza en ti; pero tú no creaste para nosotros ni la libertad ni la felicidad, y, mientras tanto, ellos te han ido matando, y continúan triunfando y renovando sin cesar tu suplicio desde hace más de dieciocho siglos.

Señor, al tercer día tenías que resucitar. ¡Qué largos son los días de tu sepultura! ¿Hará falta que nuestros huesos y los de nuestros hijos se vuelvan blancos en medio del campo, como los de la visión de Ezequiel[18], antes de la aurora del tercer día?

Cuando resucites glorioso, ¡oh, Señor mío!, y subas al trono de la razón con tu cortejo de pobres y desgraciados redimidos gracias a tu sangre, entonces y solo entonces la creación habrá concluido, pues Dios habrá dado a los instintos brutales que devoran la tierra al hombre como amo.

Entonces, ¡oh, Cristo !, tomarás de la mano a aquella que dijo: «Yo soy la sierva del Señor», y le dirás: «Tú eres mi madre, siéntate junto a mí, en mi trono, y reina conmigo en este mundo».

La imagen gloriosa de María completará entonces el mito doloroso de Eva: la madre de Dios rehabilitará a la madre del primer hombre; el matrimonio, devenido libre, será puro y el pecado original será de este modo borrado.

Entonces podrás descansar, creador del mundo espiritual, del que este mundo terrenal en que nos ha tocado sufrir ha sido solo un primer esbozo, un ensayo inacabado.

Así, ese tercer día de Cristo será el séptimo para el mundo, ¡y será el gran *Sabbat*[19] prescrito en la cosmogonía simbólica de Moisés!

V
Las tres personas simbólicas

Gloria al Padre, al Hijo y al Espíritu Santo, repite la Iglesia en su doxología.

Y la sombría voz de la vida real responde en el corazón del paria: ¿cuál es la gloria del Padre de la que son proscritos sus hijos mientras que a Él lo llaman el Todopoderoso?

¿Cuál es la gloria del Hijo que se hizo hermano de los hombres y murió una vez por ellos en el Calvario, y miles de veces en los altares de la comunión, y todavía no los ha salvado?

¿Cuál es la gloria del Espíritu Santo, espíritu de la razón y del amor, en un mundo en el que ni se comprende el amor ni se ama la razón?

¡Cantáis gloria al Padre, fariseos hipócritas, vosotros que quebrasteis las tablas de la ley para ir con alegría a adorar al vellocino de oro!

---

18   Ezequiel, según la Biblia, es un profeta judío que ejerció su ministerio entre 586 y 538 a. C., durante el cautiverio judío en Babilonia. (N. del T.).

19   El *sabbat* es el séptimo día de la semana en el calendario hebreo, día sagrado de la semana para el judaísmo durante el cual hay que abstenerse de realizar cualquier trabajo. Su celebración viene prescrita en los Diez Mandamientos recibidos de Dios por Moisés. (N. del T.).

Clamáis gloria al Padre mientras sus hijos se sumen en la ignorancia de su origen celestial y de sus gloriosos destinos, porque, en vez de predicarles su Dios, os predicáis a vosotros mismos hasta asquearlos después de haber escuchado tantas veces vuestras declamaciones vacías aprendidas de memoria como lecciones escolares.

Clamáis gloria al Padre mientras perseguís a aquellos que quieren liberar a la familia humana de la explotación y la mentira.

Clamáis gloria al Padre mientras profanáis todos los días la carne y la sangre del Hijo durante esos sacrificios que realizáis con negligencia y por rutina diariamente, ¡y en los que ni siquiera pensáis en rezar por vosotros en el acto de ofrenda a los difuntos!

Cantáis gloria al Hijo mientras envejecéis imbuidos en ese espíritu de orgullo y obstinación de los que crucificaron al Salvador. Y si este volviese a la tierra, lo expulsaríais de la Iglesia, y si quisiera elevar la voz, lo meteríais en prisión.

Cantáis gloria al Hijo, a ese al que arrancasteis el corazón para que se pareciera a vosotros, corazón que rodeasteis con un seto de espinas para que, sin duda, los niños nunca se atrevan a acercarse a él; y así lo habéis expuesto en vuestros altares, palpitante y sangrante, igual que hacen los salvajes colgando en los templos de sus ídolos las cabezas de los enemigos que han matado.

Cantáis gloria al Hijo y, sin embargo, despreciáis a los pobres que ese Hijo ha glorificado.

¡Cantáis gloria al Espíritu Santo y, a la vez, protestáis encarnizadamente contra los progresos de la razón y contra la legítima expansión del amor!

Dios, sin duda, os perdonará, porque no sois conscientes de lo que hacéis, ¡pero nosotros no os escucharemos, porque no sabéis lo que decís!

¡El Padre no es sino el Dios que salvó a todo un pueblo oprimido de la tiranía del faraón separando las aguas del mar y haciendo que se estremeciesen las montañas! ¡Es ese terrible revolucionario de Tanis[20] que castigó a los reyes enviándoles, cual rayos fulminantes, las diez plagas, y que en medio del desierto dio pan a todo el pueblo! Sin embargo, ahora, aunque cayese maná del cielo, el pueblo continuaría muriendo de hambre, ya que los propietarios de los campos dirían: «Lo que cae en nuestras tierras nos pertenece»; y los gobiernos afirmarían: «Lo que caiga sobre los anchos caminos nos pertenece»; y entre unos y otros no dejarían de explotar ese maná caído del cielo.

Padre, si ya no quieres alimentar a tus hijos, ¿no podrías salvarlos al menos? ¿Acaso han perdido tus manos la fuerza de viejas que son?, ¿acaso ha olvidado tu boca la voz que hay que poner para que, al escucharla, palidezcan todos esos faraones?

---

[20]   Ciudad del Antiguo Egipto. (N. del T.).

Señor, salva a tus hijos que están pereciendo, para que nosotros, a nuestra vez, podamos cantar gloria al Padre.

El Hijo, ese es el Dios pobre, el Dios del pueblo, el Dios crucificado que perdonó a sus verdugos y cuya muerte todavía no ha sido expiada, pues sus verdugos continúan siendo siempre los mismos.

¡Oh, Cristo! ¿No has sufrido bastante? Bien puedes ver que tu resignación los excita y que tu silencio los envalentona aún más.

¿No es ya tiempo, Cordero tantas veces degollado, cuya carne ha servido a tantas orgías, no ha llegado ya el momento de transfigurarte; de que se escuchen los rugidos del león de la tribu de Judá; de que salgas de tu tumba montado a lomos de ese terrible corcel que vislumbró el apóstol en su visión; y de que siegues la tierra con esa espada de doble filo que hizo salir de tu boca la palabra igualdad?

Señor, ¿acaso pronto vas a invitar a águilas y buitres al gran festín que preparas?

¿Están ya maduras las uvas? ¿Cuándo vas a empezar la vendimia?

¡Oh!, cuando salgas del lagar con tu ropa teñida de un nuevo púrpura, entonces, a nuestra vez, nosotros gritaremos: «¡Gloria al Hijo!».

El Espíritu Santo, Dios de la razón y el amor, es el espíritu de libertad y de vida que esculpe el mundo. ¡Es el genio maternal de la mujer! En vano intenta el infierno extender las tinieblas alrededor de Él; al contrario, brilla; y, como miles de antorchas ardientes, sus haces de fuego desgarran la noche.

¡Suyo es el reino que se prepara, suyos son los mártires que hoy insulta el mundo! Que este mundo corrupto se dé prisa, pues su imperio ya no durará mucho más; y entonces, ya tranquilos ante las persecuciones, sonrientes ante los ultrajes y orgullosos en nuestra miseria, diremos: «¡Gloria al Espíritu Santo!».

VI
El genio y el amor

Sin ser conscientes de ello, un instinto sagrado dirige a los pueblos en la elección y la manifestación de sus símbolos.

Así, en la plaza donde en otros tiempos se hallaban los calabozos del despotismo, hoy se ha erigido una columna a la libertad en cuya cúspide resplandece el ángel de la luz, ¡el joven y glorioso Lucifer!

Lucifer, ese ángel del genio y de la ciencia, al que las supersticiones de la Edad Media relegaron al trono de los infiernos, liberado, por fin, junto con la conciencia humana, se eleva triunfante hacia el cielo, con su estrella en la frente, y en su mano derecha la antorcha que nunca se extingue.

Mientras que la paloma simbólica ha tenido que replegar sus alas blancas, ahora el Espíritu Santo, como el Padre y el Hijo, tiene figura humana para que los hombres lo puedan invocar.

¡Ya es hora de que ese espíritu de la razón y el amor se manifieste al mundo con los rasgos juveniles y sonrientes de Lucifer!

La razón ha sido liberada, sale victoriosa del abismo de la reprobación, y conduce de la mano al gracioso ángel del amor, una y otro proscritos durante largo tiempo.

Pues la reprobación no solo lo alcanzó a él, sino que en su caída también arrastró a una dulce compañera.

Cuando el Padre de todos los seres profirió las siguientes palabras: «¡Hágase la luz!», su mirada se iluminó de gloria.

De la diadema de su frente se desprendieron haces de rayos para esparcirse alrededor como una lluvia de oro.

Posteriormente, cada gota de esa luz fue tomando en el cielo una forma desconocida para acabar convirtiéndose cada una de ellas en un ángel.

Sin embargo, entre ellos había un espíritu que, nacido de la misma mirada y la sonrisa resplandeciente de Dios, era más bello y superior a los otros.

Ahora bien, mientras que los otros espíritus se prosternaban nada más nacer, ese espíritu permaneció de pie; pero se lo veía triste, pues en ese rayo surgido de la mirada de Dios que lo había formado también a él había un destello de libertad, una chispa de poder.

Entonces Dios miró a ese bello ángel con el amor y el celo con el que más tarde han mirado todas las madres, y le preguntó: «¿Por qué estás triste?».

—Porque veo tu gloria que me fuerza a adorarte —respondió Lucifer—, ¡pero mi amor por ti es tan noble que jamás podría ser tu esclavo!

Inmediatamente, el Señor lo despojó de su manto azul celeste salpicado de estrellas, y lo extendió entre su rostro y el del queridísimo ángel, y una noche profunda envolvió la naturaleza naciente, y la estrella que centelleaba sobre la frente de Lucifer pasó a iluminar solo las tinieblas para mostrarle cuán profunda era su soledad. El ángel de la luz lloró; pero, triunfante, alzó sus ojos bañados en lágrimas. ¡Sí, sería infeliz, pero era libre!

Cerca de él, sobre un peñasco árido y desolado, esqueleto del viejo caos puesto al desnudo por esas recientes convulsiones, estaba sentado otro ángel que lo observaba y, mirándolo con una dolorosa sonrisa, lloraba.

—¿Y tú quién eres? —le preguntó el ángel rebelde.

—Yo soy tu hermano Ariel, o más bien, si se me permite tomar prestada por adelantado la lengua que hablarán los hombres, soy tu hermana, ¡oh, Lucifer! Tú eres el ángel del genio, y yo soy el genio del amor. Tú naciste de la frente de Dios a través de su mirada, como un rayo de su grandeza; y yo nací de su corazón por medio de la efusión de su sonrisa, como un soplo de su amor infinito. Yo no podía vivir sin ti y, por eso, he venido junto a ti, en tu exilio, para perderme contigo, sufrir contigo y salvarme contigo.

—¡Gracias, hermana! —le respondió Lucifer, y dejó caer su primer beso sobre la frente de Ariel al que dijo—, se nos ha encomendado realizar una gran obra. Tenemos que liberar a las criaturas de Dios por medio de la razón y el amor, y hacer que se vuelvan más fuertes que el temor y el dolor. Creemos el infierno para ennoblecer el camino del cielo.

Y continuó diciendo:

—A partir de ahora la raza humana estará dividida en dos bandos: el rebaño de los cobardes y la falange de los valientes. De un lado estarán aquellos que tendrán miedo a perder la herencia que no se han ganado y que dejarán dormir inerte su ociosa libertad; y del otro, aquellos otros que por herencia tomarán únicamente a la libertad, renunciando a todo lo demás. Ahora bien, en verdad te digo que, si Dios tiene piedad de los primeros, en cambio, amará a los segundos con todo su amor, ya que la libertad es el más preciado y noble de sus dones. Estas son las señales por las cuales se los reconocerá: son aquellos en los que el amor será más poderoso que cualquier clase de temor; aquellos que desdeñarán el mal y no temerán el infierno; aquellos que harán el bien por el bien y no para complacer u obedecer a los hombres; en fin, aquellos que considerarán gloriosa esa maldición mientras su conciencia y su corazón no los condenen, pues serán perseguidos por esos otros espíritus serviles con la intención de difamarlos, tachándolos, como a nosotros, de ser unos réprobos y unos parias.

Un trueno siguió a estas palabras del más grande de todos los ángeles; y él, como corcel que escucha la trompeta y huele de lejos la batalla, levantó altivamente la cabeza, estrechó a Ariel contra su pecho henchido de valor, dirigió la mirada al cielo con sereno orgullo, y pareció que el rayo lo embriagaba.

Ariel, por su parte, ni oyó el trueno ni vio cómo el destello del relámpago rasgaba la noche con sus lívidas llamas, pues su mirada llena de éxtasis estaba posada en la de Lucifer.

VII
La fraternidad

El primero que dio nombre, en este mundo, a la propiedad individual y egoísta fue Caín[21], el fratricida.

Ese labriego salvaje no solo se apropió de lo que no le pertenecía, sino que incluso se atrevió a arrebatar a su hermano lo que no podía devolverle, usurpándole así el derecho que solo Dios tiene sobre la vida.

Así, Caín, con su acción, construyó la doble base sobre la que descansan las instituciones modernas: la propiedad privada para los más fuertes y la pena de muerte para los más débiles.

Sin embargo, la pena de muerte es una represalia tan horrible que ni el mismo Dios permite su ejercicio a los hijos de Abel.

---

21   Caín en hebreo significa *propiedad*. (N. de la autora).

—¡Soy yo —dijo Nuestro Señor a Caín—, quien te castigará por tu crimen, pero, si cualquier otro osa alzar la mano contra ti y atentar contra tu vida, será castigado por mí con una dureza siete veces mayor!

Pueblo oprimido, entiende bien estas palabras.

Sin duda, te está permitido defenderte de tus verdugos, pero nunca reaccionar por medio del asesinato o la violencia.

Tienes que saber que el Padre supremo de todos los hombres está siempre del lado de los oprimidos y que, ante él, uno es siempre inocente desde el momento en que es perseguido.

Si quieres luchar por la justicia, no te conviertas nunca en agresor antes del combate ni en verdugo tras la victoria. Pues en verdad te digo que la sangre de tus víctimas clamaría a Dios como si fuese la sangre de Abel.

La sociedad, al responder al asesinato con el asesinato, ha establecido sobre esta horrible acción una especie de derecho de cambio, y toda su legislación penal se resume en acaparar solo para sí el monopolio de la sangre y en reservarse el derecho exclusivo sobre la muerte.

Quien a hierro mata, a hierro muere, dicta la sabiduría suprema, y estas horrendas palabras condenan, más si cabe, a una muerte violenta a nuestras sociedades modernas.

¡Oh, Dios mío!, ¿cuándo permitirás que los hombres dejen de exterminarse los unos a los otros como enjambres de insectos voraces y enemigos todos los unos de los otros?

—Eso ocurrirá cuando los hombres se comporten realmente como hombres, y no como animales con aspecto humano; cuando la razón reparta las fuerzas y cuando el amor establezca la armonía; cuando el salvaje Caín sepa amar y cuando el dócil Abel sepa trabajar bajo la protección de su hermano.

Entonces las dulces palabras de Abel regenerarán el alma de Caín, y se producirá un intercambio de sabiduría y de fuerza, de resignación y de valor.

Entonces el genio masculino se calmará al unirse estrechamente al femenino, y ese gran matrimonio moral, que todavía no se ha consumado, renovará el rostro del mundo.

Pues ahora Caín y Abel son todavía enemigos y cambian su rol alternativamente.

¡Y no es sino esa guerra sin piedad la que separa al hombre de la mujer, al igual que separa la razón de la fe, la religión de la filosofía, a Dios de la libertad!

Y es así como el corazón de la humanidad está partido en dos y, a causa de ese violento desgarro, va perdiendo toda su sangre hasta desangrarse.

Y no queremos entender que Caín y Abel son, los dos, hijos de la misma madre y que, para mantenerse, la sociedad necesita el sostén de sus dos hijos.

No reparamos en que, si el hombre es el jefe o está a la cabeza de la asociación, la mujer, por su parte, es su corazón y su vida.

Nos da miedo confesar que la razón sin fe es tan estéril como un pensamiento sin amor, que la religión es la filosofía del corazón y que no podemos servir a Dios si no somos libres.

Nos indignamos al ver, entre Caín y Abel, a una mujer que les tiende la mano a ambos por igual y que intenta acercar el uno al otro diciéndoles: «¡Sois hermanos!».

¡Nos estremecemos y nos irritamos al ver, tanto en un campo como en el otro, una mano que bendice las dos banderas enemigas e intenta su reconciliación! «¿Tú quién eres?», le preguntan solo unos pocos, aquellos que se atreven a tener en cuenta para algo a una mujer. «¿Eres demócrata o absolutista?, ¿filósofa o fanática?, ¿católica o protestante?».

—Hermanos —contesta ella—, yo lo único que quiero es la libertad del pueblo bajo un reino de justicia absoluta. Quiero una filosofía religiosa que concilie para siempre la razón con la fe. Quiero el triunfo de la verdad universal mediante la denuncia de los sacerdotes corruptos que la ultrajan y la mantienen cautiva.

Y continúa:

—Adoro a Cristo, pero quiero descolgarlo de la cruz para elevarlo al poder con el globo de Carlomagno en una mano y la espada de Napoleón en la otra; porque un líder con sus cuatro extremidades clavadas no puede hacer nada por salvarnos. Quiero el matrimonio de Cristo con la esposa del Cantar de los Cantares.

Sigue:

—Quiero a mi Cristo victorioso tal como nos lo mostró san Juan en el Apocalipsis, con su tiara cargada de diademas, con su caballo blanco abriéndose paso a través de las multitudes vencidas, con su espada que va rompiendo todas las cadenas y haciendo añicos todos los pactos de servidumbre, y con su balanza con la que pesa no la riqueza, sino las obras.

Añade:

—Quiero verlo cómo, triunfante, se eleva al cielo después de haber destruido las puertas del antiguo Tártaro [22] para liberar al bello ángel Lucifer, genio de la luz y de la libertad. Entonces María, la mujer regenerada, tenderá sus brazos a ambos y los colmará con sus caricias; la nueva Eva se enorgullecerá de las conquistas guerreras de Jesús, su divino Abel, y llorará al ver el cariño de Lucifer, el ángel de Caín, ¡arrepentido y a su vez regenerado!

---

[22] La *puerta del tártaro* es el lugar más profundo del infierno, según la mitología griega. Lugar donde eran enviados los condenados. (N. del T.).

VIII
Dios[23] y la madre

En una de esas praderas floridas que se extienden al pie de los Alpes, jugaban dos niños al borde de un precipicio.

No tenían nada que temer, pues no lejos de ellos estaba sentada su madre que no les quitaba ojo de encima.

—Angelitos míos —les decía su madre—, no vayáis a coger flores allí abajo donde la pendiente se vuelve más pronunciada; podéis resbalar y caer al abismo.

Sin embargo, allí, en la pendiente más inclinada era donde crecía la hierba más tupida, las flores eran más bonitas, estaban más frescas y resultaban más seductoras.

El más joven de ellos, ignorando por completo el peligro y con actitud temeraria, aprovechó el momento en que su hermano ocupaba la atención de la madre a la que estaba mostrando un escarabajo de alas doradas, lo que la distrajo de la común vigilancia, y corriendo se dirigió hacia donde estaban las flores prohibidas.

De repente se oye un grito: su pie resbala y rueda hacia una sima sin fondo; por suerte, encuentra una raíz a la que se agarra para detener su caída, pero que poco a poco va cediendo por el peso del niño...

Yo os pregunto: ¿qué creéis que hizo su madre?

¡Ay, pobre mujer, sin duda lo salvó o murió con él!

Vuestra respuesta es el auténtico grito de la naturaleza.

Y ese Dios[24] al que tanto adoramos habla así, por la boca de uno de sus profetas, al dirigirse a sus amadísimas criaturas.

—¿Acaso puede una madre olvidarse de su hijo y dejar de apiadarse del fruto de sus entrañas?

Pues bien, aunque ella se olvidase, yo, por mi parte, no os podría olvidar. No, ese no es el Dios de los malos sacerdotes.

Si el Dios de los malos curas hubiese ocupado el lugar de la madre, habría permanecido impasible, y le habría dicho al pequeño: «¡Cae y muere! Te lo había advertido; tú lo has querido».

Aun así, diréis: «¡Pero si ese Dios de los malos curas es, con todo, el mismo que el de los cristianos! ¿O es que acaso no hizo lo mismo que la madre de la que estáis hablando? ¿Acaso no se lanzó al abismo para salvar a los pecadores? ¿No descendió hasta los infiernos para rescatar a la naturaleza humana del más profundo de los pozos en que había caído?».

---

23   Véase la nota 8. (N. del T.).
24   Véase la nota 8. (N. del T.).

Sí, el Dios de los cristianos hizo eso, pero el Dios de los malos sacerdotes ha hecho que sus esfuerzos sean inútiles.

El Dios de los cristianos derramó su sangre por todos los hombres, pero el Dios de los malos predicadores la recogió gota a gota en un cáliz avaro y la vendió solo a unos pocos afortunados

El Dios de los cristianos era un paria al que se crucificó; el Dios de los malos curas es un aristócrata que, con las treinta monedas de plata de Judas, compró a los verdugos las ropas de Cristo para engañar a los hombres en nombre mismo de su víctima.

El Dios de los cristianos hizo trizas las puertas del infierno para llevárselas como trofeo, igual que el Sansón de la parábola cargó sobre sus espaldas las puertas de Gaza.

El Dios de los malos sacerdotes sustituyó las puertas de bronce por otras de hierro y diamante sobre las que escribió: «¡Ya no hay esperanza!».

Según esos curas hipócritas, Dios murió para salvar a los hombres y devolverles la vida. Aun así, una generación tras otra, no dejan de zambullirse en la muerte eterna, pues no escuchan a los fariseos de la ley nueva.

Según esos hombres, tanto la creación del cielo y la tierra como la encarnación de Dios, así como su crucifixión, solo han servido para la salvación de unos cuantos frailes beatos y de algunas mujercitas estúpidas; en cuanto a ese gran rebaño para quien Cristo era su buen pastor, es decir, los ignorantes, los pecadores, los poseídos por espíritus impuros, las pobres mujeres pecadoras, en fin, toda la sufrida humanidad, todos ellos están destinados de antemano a ir al infierno, a menos que, por milagro divino, algunos de ellos sean bendecidos y aceptados por esos doctores hipócritas que solo bendicen a los afortunados y aceptan a los que son igual que ellos.

¿Y qué tenemos que decir nosotros si Dios permite que la gran mayoría de nosotros perezca para siempre? ¿Él que no fue capaz de salvar a los ángeles?

¿Y por qué Dios no salvó a los ángeles? ¿Acaso los ángeles eran menos criaturas e hijos suyos que vosotros?

¡Los ángeles, seres de inteligencia superior, llevaron a cabo su depravación con tanta libertad que ahora ya no tienen remedio!

«¡¿Qué...?! ¡No me asustes...! ¡¿Cómo dices...?! ¿Que los ángeles, poseedores de un intelecto superior, pudieron separarse para siempre de Dios para no acercarse nunca más a Él?» ¡Oh, qué terrible misterio! ¡El único modo de entender que gracias a la superioridad de su intelecto nunca van a poder corregir sus errores es admitir que no se equivocaron y que en su rebelión se esconde una verdad eterna...!

Entonces, no cabe otra que admitir los dos principios de Mani[25], así como la eternidad del caos, o creer que los ángeles rebeldes, esos revolucionarios del Cielo, son los mártires celestiales de la razón y el amor, y que trabajan, por medio del dolor, por la emancipación de los seres y por la manifestación del más preciado don que la Divinidad haya podido dar a sus criaturas: ¡la libertad!

¡Como están dotados de inteligencia, no pueden arrepentirse! ¿No es esta la expresión más perfecta de una concienzuda y fundamentada perseverancia?

¡No!, la libertad de los ángeles y de las almas no puede residir en la eternidad del mal, ¡pues el mal no es más que ignorancia, es solo un error!

¡No!, Dios, una vez ha concedido la libertad al espíritu, ya no puede nunca recuperarla, sobre todo en el momento en que esta se pierde, por lo que al ceder a los ángeles y a los hombres esa parte de su divinidad, bien previó que esta, finalmente, lograría salvar todo lo que antes hubiese perdido, y que el mal causado por la misma sería al final destruido por ella misma.

La libertad de elegir entre el bien y el mal, es decir, entre la verdad y el error, solo puede concluir mediante la adhesión libre y perpetua al bien y a la verdad. El conocimiento solo excluye la duda; la felicidad perfecta por sí sola excluye las inquietudes del deseo.

El ser hecho para el bien no puede por propia decisión adherirse para siempre al mal, y suponer que Dios aprovechará una caída de su hijo para retirarle la mano y cegar el precipicio es la más abominable de las blasfemias.

Dios permite tanto las caídas como los errores que puedan cometer sus criaturas como forma de instruirlas en su libre arbitrio. Todo error produce desorden; todo desorden, dolor; todo dolor, reacción y arrepentimiento; y todo arrepentimiento, progreso.

Así, el perdón se halla en el sufrimiento y la salvación, en la reprobación.

De tal manera que los ángeles caídos sirven de ejemplo a los ángeles fieles, y se convierten así en los mártires y parias de la sociedad celestial.

Pero escuchad bien la parábola del hijo pródigo, y comprenderéis por qué el padre de familia colma con todo su cariño y honores al pecador cuando finalmente regresa a casa vencido por el sufrimiento y con voluntad de arrepentimiento.

Pues bien, hay que renunciar a la bondad de Dios o creer que los parias del cielo serán un día príncipes y reyes entre los ángeles, pues Dios no los creó malvados; y, si el orgullo los condujo a la rebelión, es porque Dios les dio dicho orgullo, que es una noble aspiración a la gloria.

Ahora bien, al igual que Dios da deseos solo para satisfacerlos, solo provoca sed en aquellos que quieren saciarla.

---

25   Mani o Manes (216–274) fue un líder religioso parto, fundador del maniqueísmo.

Cuando la sed de orgullo ha agotado las fuentes de la vanidad, da media vuelta y se dirige jadeante y desesperada hacia el océano inagotable de la gloria.

Cuando la sed de riquezas se siente engañada por los perecederos tesoros de la tierra, ambiciona las minas inagotables del oro celestial y de la caridad divina.

Cuando la sed de placeres se ve hastiada por la decepción de los sentidos, entonces se lanza infatigable y con amor apasionado hacia las caricias de la belleza eterna, y ningún esfuerzo, ningún sacrificio, ningún dolor, le parecen demasiado penosos para merecerlas y obtenerlas.

Si el hombre *pudiese*[26] realmente resistirse a Dios[27], Dios, al haberle dado dicho poder, ¡se estaría negando a sí mismo eternamente!

El hombre puede hacer lo que quiera, pero no puede elegir lo que quiere hacer. Es la atracción la que determina su voluntad, y esa atracción procede de Dios.

Los errores humanos son, así, providenciales; por tanto, no hay que castigar a la persona que se equivoque, sino ayudarla a levantarse cuando haya caído; hay que instruirla cuando se extravíe, y no culparla por sus errores.

Y si el hombre, que no ha creado a su semejante, actúa temerariamente cuando lo castiga, ¿cómo queréis que Dios vengue su obra con la imperfección de su propia obra?

Eso que llamamos libre arbitrio en el hombre no es una libertad real; de otro modo, elegiría siempre el bien.

¿O es que acaso es natural querer el mal? Al contrario, es siempre la atracción por el bien la que determina la elección humana; ahora bien, su preferencia por el bien se ve condicionada por la mayor o menor precisión que tenga en sus percepciones.

Según el grado que ocupe en la escala del progreso, el hombre es, bien un animal o un medio animal, bien un ser racional y libre.

Entonces, no castiguéis al animal por obedecer a sus instintos; más bien, aplacadlos a través del temor y guiadlos por medio de la razón y el amor.

IX
El amor

Amad y haced lo que os plazca, dijo un padre de la Iglesia. Ahora bien, en estas palabras se resume todo el Evangelio del Espíritu Santo.

Cuando uno ama verdaderamente, es libre, pues el amor está por encima de toda fuerza y vence toda imposición.

---

[26]   En cursiva en el original. (N. del T.).

[27]   Véase la nota 8. (N. del T.).

Lo que hace que la humanidad no sea libre todavía es que, hasta ahora, no ha entendido qué significa amar. A día de hoy, por la palabra amor solo se ha entendido la atracción de un sexo hacia el otro.

¡Instinto a menudo brutal, siempre egoísta, inestable como la vida animal en sus diversas etapas, y más cruel que el infierno en sus celos insensatos!

Extraño amor en busca constante de víctimas, a las que atrae sin remordimientos, a las que retiene sin piedad, a las que devora sin pudor, y cuyos despojos, todavía vivos, abandona con desprecio.

¡Extraño amor del que la inocencia tiene que protegerse como de la muerte!

El verdadero amor es inseparable de la razón y se impone a los instintos de la vida animal. El verdadero amor es el impulso de la voluntad hacia el bien y la atracción de la razón hacia la verdad. Pues el bien no se halla más que en la verdad, y la verdad es inseparable del bien.

Amar a una criatura humana no significa codiciarla como si se tratase de una presa, no significa desearla solo para aprovecharse de ella; pues la persona que es objeto de tal amor, antes que ese amor, prefiere otra cosa: el odio.

Amar significa querer el bien de la persona que se ama, significa entregarse en cuerpo y alma a la felicidad del otro.

Amar significa depositar todas nuestras esperanzas, incluso la vida, en el corazón del otro, de tal manera que uno sufra los mismos tormentos que sufre esa otra persona y que solo se alegre de sus alegrías.

Amar a Dios significa amar la verdad y la justicia por encima de todos los honores y placeres terrenales.

Pero no se puede amar a Dios sin amar también a los hombres, pues Dios solo se manifiesta ante nosotros a través de la humanidad, y es por medio de esa humanidad por la que quiere que lo amemos.

Quien más ha amado a los hombres no ha sido sino un Dios hecho hombre; pues, llevando al extremo su abnegación hasta dar su propia vida humana, entró por amor en una vida divina.

El que ama a la humanidad entera más que a sí mismo no es sino hijo de Cristo y continuador de su obra: es hijo de ese Dios hecho hombre.

El que ama al pueblo más que a sí mismo merece reinar sobre ese pueblo, y es solo por esta señal por la que el futuro deberá reconocer a sus reyes legítimos.

El que ama a su amigo más que a sí mismo se sitúa, para ese amigo, en la cúspide de la humanidad, ya que se convierte en su ángel guardián y en su providencia visible.

El que ama a una mujer más que a sí mismo merece el amor de esa mujer y poseer su belleza, ya que no la atormentará con sus exigencias egoístas ni la abandonará nunca.

A los antiguos se les dijo: «Amaréis al prójimo como os amáis a vosotros mismos».

Pues bien, ¡a partir de ahora, si queréis que el amor os salve, amad a vuestro prójimo más que a vosotros mismos!

La caridad bien entendida empieza por uno mismo, dicen los egoístas, y con estas palabras hacen mentir al Evangelio de Cristo.

Y ahora yo os digo que, si queréis saber cómo amaros a vosotros mismos, tenéis que empezar por amar a los demás. Pues para recibir, primero hay que aprender a dar, ¿o acaso no dijo Cristo que el más feliz de los hombres es aquel que da sin recibir nada a cambio?

El egoísmo bien entendido comienza por los demás. Esa es la máxima que hay que oponer a la de los hombres sin amor, ya que no es sino gracias a un amor inmenso y profundo, inteligente, como sabremos vencer nuestras pasiones y resistirnos a las de los demás.

El verdadero amor es fuerte como Dios y, por ello, no teme a los hombres; y como se impone a la codicia con todos sus deseos injustos y sus temores serviles, solo él es verdaderamente libre.

Esa es la razón por la que, hasta ahora, para la mayoría de las personas la libertad no ha sido más que una palabra. Por eso, es necesario liberar interiormente a los hombres antes de romper sus cadenas exteriores; de lo contrario, desencadenaríamos unos monstruos feroces y entregaríamos a los pocos sabios que hay al furor de la masa insensata.

Así, hermanos que queréis ser libres, trabajad primero por vuestra liberación moral y, antes de oponer la fuerza a la fuerza, preguntaos si sois hombres o bestias, si obedecéis a los instintos o a la razón, si codicias o amáis.

¡El amor es vida!, ¡el amor es fuerza!, ¡el amor es poder!, ¡el amor es libertad!

El amor crea, conserva, salva, regenera.

Esa es la razón por la cual el futuro pertenece a las mujeres, pues el amor se desarrolla en tres fases: la primera se corresponde con el amor filial; después viene el conyugal; y, por último, el maternal.

Esta última fase es la más perfecta, gracias a la cual la humanidad comulga con Dios[28].

Así, en la escala del amor, la mujer se sitúa en una posición más elevada que la del hombre; por ello, cuando el amor domine a la fuerza, la mujer se convertirá en la reina del mundo.

---

[28] Flora escribía habitualmente la palabra Dios en plural. (Nota del editor). Véase la nota 8. (N. del T.)

X
La fe

Hay dos clases de fe: la fe servil y la fe generosa.

—Muchacho, tienes que creernos, nosotros somos ya viejos y tu padre confía en nosotros. Él te ha desheredado y te prohíbe, para siempre, que te presentes ante él porque lo has ofendido.

—Si he ofendido a mi noble padre, ha sido sin saberlo ni quererlo. Iré y me arrodillaré ante él, besaré sus pies, lloraré sobre su venerable mano y, entonces, él perdonará a su hijo.

—Muchacho, ¿cómo es que no confías ciegamente en nosotros si somos los amigos de tu padre? Ahora es a nosotros a quienes ofendes, por lo que, antes de inclinarte ante él, tendrás que inclinarte ante nosotros, pues solo llegarás a él por nuestro intermedio.

—Vosotros sois ancianos y respeto vuestra edad; pero deshonráis vuestras canas con la mentira y no me fío de vosotros. Si profirieseis solo palabras justas, sabias y honorables hacia mi padre, creería en vosotros como creo en él. Pero lo que queréis es atraer su solidaridad hacia vuestras ruines pasiones y vuestra maligna susceptibilidad. Lo presentáis ante mí como un padre inmisericorde y sin entrañas. Yo, en lo más hondo de mi corazón, siento que no decís la verdad, pues conozco a mi padre, y no creo en vosotros porque creo en él.

El amor lo cree todo, dijo el gran apóstol, es decir, que el amor, padre de la libertad, no se sorprende de ningún sacrificio y no conoce nada que sea imposible para él.

Pero el miedo también lo cree todo, y no sabe poner freno a la temblorosa servidumbre de su alma ante lo irracional e incomprensible.

«Si no me creéis, arderéis eternamente TODOS[29]», dice el cura.

«¡Pero yo —responde el paria—, prefiero un martirio eterno a un solo instante de cobardía!».

¿Acaso sabes tú qué es la razón, qué es la libertad de pensamiento cuyo sacrificio reclamas?

¿No sabes acaso que la libertad solo puede someterse si lo hace libremente, y que jamás inclina su cabeza para colocarla bajo el yugo del miedo?

¡Ah, tú quieres intimidarme para hacer que yo mismo mate mi alma entregándosela al miedo!

¡Pues bien, yo te digo que no te creo y desafío a tu infierno!

Tu Dios, por lo que parece, se asemeja a aquellos procónsules romanos, quienes, con una mano, mostraban a los mártires sus ídolos, y, con la otra, les señalaban la hoguera.

---

[29]   En mayúsculas en el original. (N. del T.).

No quiero un Dios que procede como los tiranos y actúa como los verdugos.

¡Basta ya, viejo, de tus misterios, de los que se alimentan las tinieblas del infierno y hacen crecer en mí, aún más, la obscuridad! ¡No creo en ti porque creo en Dios!

La fe del hombre es la expresión religiosa de su corazón; es su vida moral, pues, en términos morales, el hombre sin fe es un ser muerto.

La fe es el sentimiento de la vida y la armonía eterna; la fe es la fuerza de los corazones y el coraje de la razón.

La fe es el sacrificio perpetuo de nuestras más nobles facultades a la verdad eterna.

La fe es inseparable del amor y de la libertad; por ello, es independiente de los hombres, ¡y solo a los hombres Dios la concede para que dirijan su mirada hacia Él!

La fe sola sostiene la fuerza de voluntad, y si la voluntad humana es todopoderosa, no es sino gracias a la fe.

¿Cómo vamos a luchar contra el presente que nos mata si no creemos en el futuro?

Creamos en la justicia eterna, creamos en su fuerza invencible, creamos en su triunfo, y luchemos por ello con todas nuestras fuerzas.

Si tuvieseis solo un poco de fe, decía Cristo, aunque esa fe no fuese más grande que un grano de trigo, diríais a la montaña: «¡Apártate de ahí!», y la montaña os obedecería.

¿O es que la industria no ha realizado enormes prodigios sin tener más fe que en sí misma y en el dinero?

Observad cómo la industria, con la sola ayuda del talento humano y sostenida por su fe en un futuro de riquezas, hace que hiervan de vida los flancos de metal candente de sus corceles, mensajeros de hierro fundido, y les ordena: «¡Relinchad y partid!».

La naturaleza vencida lanza un grito estremecedor; el monstruo de metal expele un soplido aterrador como si estuviese indignado por tener que obedecer; en el extremo de su hocico de hierro, los ollares se le ponen rojos y centellean, despliega al viento sus crines de humo, largas y blanquecinas, resopla con furia y se va animando poco a poco; finalmente se pone en marcha arrastrando tras de sí a toda una ciudad que se pone en movimiento. El aire, violentamente desgarrado, se arremolina a su alrededor como en una tempestad; entonces el horizonte se transmuta: las montañas se desplazan, se esfuman las colinas, los árboles bailan en corro y parece que ejecuten marchas militares... Más tarde, contemplada la escena de cerca, todo se confunde en un paisaje tachonado de colores vagos y cambiantes... Los cuerpos han desaparecido: todo no es más que una ilusión, un destello; parece que esa máquina terrible haya engullido las casas, los árboles, los cerros, para posteriormente regurgitarlos, aturdidos, dando vueltas sobre sí mismos, tambaleantes. «¡Hurra, hurra!», grita el progreso industrial como si fuera el fantasma de la balada de Leonor[30]. Mi mensajero infernal cabalga rápido... ¡Ay!, ahora esos fantasmas, vencidos y maravillados, ya no osan salir por la noche de tan espantados que están por los prodigios de la era industrial... «¡Mirad allí, en lo alto, mirad ese dragón negro y colosal que se acerca a la velocidad del rayo y vomita fuego...!». Pero, hasta llegar aquí..., las cimas están cortadas a pico y un torrente se desliza en el valle profundo; el monstruo no llegará hasta nosotros... «¡Oh, qué horror!, ha cruzado el vacío... ¿Oís cómo resopla? ¡Ya está aquí!, ¡helo aquí!», y trae consigo, suspendida en el aire, una nube ardiente como un estandarte infernal; lanza al viento miles de chispas, un sudor de fuego se escapa de sus flancos y deja un reflejo rojo bajo sus pies invisibles. «¡Ya está cerca de nosotros!», y pasa rugiendo como una tempestad. Pero... es rápido como un rayo... «¿Dónde está? Estábamos soñando, sin duda... ¡Hurra, hurra!», grita la industria.

«No, deteneos», responde la alta y antigua montaña. «No ascenderéis hasta mi escarpada cima, os destrozaré si holláis mis laderas...».

El corcel relincha y se precipita hacia ella: se hunde como una daga en una ladera de la montaña; esta gime. Retumba el odioso relincho y se aleja entre las entrañas de la tierra por donde ha desaparecido el dragón. Acto seguido un agudo silbido lo anuncia ya en otras campiñas, y la montaña que lo ha tragado, incapaz de detenerlo, lo vuelve a vomitar, soberbio y triunfante; un palacio mágico, iluminado como para una fiesta, parece correr delante de él. Más allá, todo un pueblo espera el paso o el retorno de la ciudad en marcha; el caballo metálico lanza un grito de alegría y parece que se impacienta por descansar; su resoplido entrecortado se va agotando; se detiene... Ya no es más que una máquina de hierro fundido y de cobre, una masa pesada y sin vida que los caballos más vigorosos apenas podrían mover.

¡No es sino por la fe por la que un simple párroco erigió un templo magnifico, la iglesia de San Sulpicio[31], cuyas torres veo desde mi ventana y me recuerdan a cada instante los milagros de la fe!

¡Yo también creí, y he hecho algo más que mover montañas y sacar agua de una roca estéril!

Mi obra está unida, pese a él, a un siglo egoísta; pero mi entusiasmo ha triunfado sobre su indiferencia; no solo he creído, además he creado recursos para mi obra, y vosotros, parias, hermanas y hermanos míos, ¿¿osaréis decir que es imposible salvaros?

¡Podréis si queréis!, ¡querréis si creéis!, ¡y creeréis si amáis!

---

[30]   Referencia al poema del autor alemán Gottfried August Bürger escrito en 1773. (N. del T.).

[31]   Iglesia de París de considerables dimensiones: 120 m de largo, 57 m de ancho y 30 m de altura.

XI
La libertad

¡El despotismo supuso la emancipación violenta de la aristocracia! La fuerza bruta, en su intento por ser libre, subyuga necesariamente a los débiles, y es entonces cuando el tirano se exonera de sus deberes como hombre, para dar, así, rienda suelta a sus pasiones en un vuelo desenfrenado. La falsa libertad es entonces hermana de la tiranía, y esa licencia precisa irremediablemente de esclavos porque le hacen falta víctimas.

Ahora bien, mientras las violentas pasiones se disputen el derecho a esa licencia, no habrá libertad posible en la tierra.

La aristocracia, es decir, el egoísmo de la dominación, no solo es compartido por los poderosos, sino que también corroe las entrañas del pueblo, y se delata con sus aullidos de rabia y envidia.

Sí, esa es la gran desgracia de las clases que sufren: ¡es el desprecio del pobre hacia el pobre, es su servil admiración hacia el rico al que detesta y envidia a la vez!

¿De qué derecho, miserables envidiosos, queréis despojar al rico, vosotros que, si estuvieses en su lugar, serías aún más duros e implacables que él?

El rico ha ganado sus riquezas mediante el fraude: de acuerdo; es heredero de ladrones y no tiene conciencia: quizás pueda ser así. Pero vosotros, ¿con qué derecho queréis suplantarlo por la fuerza?

¿O es que acaso un granuja degollador es preferible a un pícaro defraudador?

Hermanos que deseáis la comunidad entre todos los hombres, vosotros queréis lo mismo que quiso Cristo.

Pero tenéis que saber que la comunidad de Cristo debe tener como fundamento el triunfo de la justicia y no la reacción de las pasiones violentas.

¡Antes de pensar en combatir por la libertad, debéis ser merecedores del apelativo de hombres libres!

Tenéis que ser un pueblo si queréis tener derecho a la soberanía del pueblo.

¡Sed un pueblo, y comprobaréis si hay algún tirano que pueda mantenerse en pie ante vosotros!

«Cuando un pueblo, verdaderamente pueblo, se levanta y se pone en pie por su libertad, no hay poder humano que se le pueda resistir». Estas grandes y bellas palabras han sido atribuidas al jefe actual del gobierno francés[32].

---

[32] En el momento de la publicación de esta obra, aproximadamente un año después de la muerte de Flora Tristán, reinaba Luis Felipe I y la Presidencia del Consejo de Ministros recaía en Jean de Dieu Soult (1840 – 1847), si bien cuesta atribuir a uno de ellos esta idea. Por otra parte, el propio Alphonse Constant (editor de la obra) recoge estas mismas palabras en su obra *Le testa-*

Si fuesen suyas, estas palabras bastarían para responder, en nombre de ese rey, a todas las injurias de los partidos.

¿De qué os quejáis si obedecéis? Del mismo modo que se conoce a los hombres, se gobierna sobre ellos. No sois un pueblo, sois como escolares a los que el maestro castiga con razón. En serio, os lo repito, solo seréis libres cuando sepáis amar; y ¿cómo lo sabréis si no queréis aprender nada de las mujeres?

XII
La religión

¡La verdadera religión es el amor de Dios[33] que habita en la humanidad!

¡Abajo las caretas del simbolismo, fuera la niebla de fábulas y leyendas! ¡Liberad al amor para que el amor os haga libres!

Dios es simple y único en tres términos, como la humanidad, a su imagen y semejanza.

En Él hallamos el principio creador, principio que concibe y da a luz, y cuya expresión es el alumbramiento del mundo.

El principio creador es razón y amor; el principio que concibe es actividad y fuerza, y el resultado de su operación son las llamadas leyes de la naturaleza.

En la humanidad hay un padre, una madre y un hijo.

Dios es a la vez el padre y la madre, y el mundo que crece y se perfecciona sin descanso en el seno de Dios es como el embrión maravilloso de esa creación eterna.

Él se revela a nuestra razón igual que el sol a nuestros ojos y a nuestro corazón, igual que el calor a nuestros miembros.

Parias, hermanos míos, creed en Dios[34], pues, sin él, el apetito de la bestia será la única regla, y solo la fuerza hará la ley.

¡¿Qué ?!, ¡¿cómo?!, ¡decís que todos los hombres son hermanos y renegáis del padre común a todos ellos!

Pero si no hay Dios ni revelación, ¿cómo podréis saber cuál es el grado de fraternidad que puede haber entre unos seres tan diferentes, entre el fuerte y el débil, entre un hombre astuto y un pobre idiota?

---

ment de la liberté, publicada en 1848, pero tampoco da el nombre de quién las hubiese pronunciado, solo nos dice que es un político de calado y que quizás el futuro lo conozca como el más grande de los revolucionarios. (N. del T.).

[33] Al añadir una *x* (*Dieux*, plural) a la palabra *Dieu* (singular), (*Dioses* y *Dios* respectivamente en español), con ello, Flora quería expresar la pluralidad en la unidad. Vendría a ser el *Elohim* (*Eloah* en singular) de los hebreos (Nota del editor). Estas referencias a la deidad, a *Dios*, en todo este capítulo, deben entenderse como a esos *Dioses*, en plural. (N. del T.).

[34] Véase la nota 8. (N. del T.).

¿O es que acaso uno no parece estar hecho para mandar al otro, y el que necesita ser tutelado no parece haber nacido para obedecer?

¿Quién hará la ley? ¿Quién regulará los derechos de uno y otro?

Los más fuertes, los más inteligentes, harán siempre la ley, y la harán en interés de sus pasiones, pues el materialismo debe legitimar todas las pasiones.

Así, después de haber combatido como bandidos para robar a los ricos, a su vez, llegaréis a serlo vosotros también, y tomaréis todas las medidas para que no se repita en vosotros lo que les habréis hecho a los demás; y os convertiréis en unos tiranos peores que los anteriores, confiaréis vuestra seguridad a la fuerza bruta, único poder tangible, e impediréis que el pueblo se instruya para que, así, ignore sus derechos.

He ahí adonde os conducen inevitablemente el ateísmo y el materialismo que invocáis como medios de liberación.

Sin embargo, esas no son las convicciones de los discípulos de Cristo, como tampoco de los apóstoles de la comunidad cristiana.

No obstante, no queremos comenzar por excomulgarnos del progreso religioso de la razón para reivindicar nuestro derecho a la fraternidad universal.

Ya no tenemos nada que temer de los engaños de los curas nocivos, ya no creemos en una revelación aristocrática confiada mediante milagros a unos privilegiados.

No busquemos a Dios fuera de la humanidad; Él está en nosotros y nosotros estamos en Él; y se manifiesta en el desarrollo de las dos facultades de nuestra alma: la razón y el amor. «Bienaventurados aquellos que tienen el corazón puro, pues verán a Dios», dijo el Salvador.

Concebido por medio de la razón, su culto interior es la filosofía; soñado por el amor, se llama religión.

Ahora bien, la religión, como el pensamiento humano, es una y múltiple, y se extiende hasta el infinito gracias a las aspiraciones del amor. Ha echado raíces en la humanidad como un árbol soberbio que ha pasado por las distintas fases de su desarrollo; las graciosas fábulas del Helenismo fueron las flores de ese árbol amado por los poetas, y los dogmas cristianos han sido sus frutos.

Orfeo, Confucio, Sócrates, Platón, fueron, como Moisés y Jeremías, los precursores del Hombre Perfecto, del Verbo Encarnado, del Hombre-Dios.

¿Por qué debería repeler a vuestra razón la idea de un Hombre-Dios? ¿No participamos todos nosotros del Ser de Dios? ¿Por qué el líder y modelo de la humanidad por excelencia no debería llamarse, entonces, el Hombre-Dios?

¡Desgraciado sea el que no vea en el progreso de la razón humana resplandecer la luz de la verdad eterna! ¡Desgraciado sea el que pueda llegar a creer que la humanidad se ha equivocado y que Dios la haya dejado maltrecha durante siglos bajo el yugo del error!

¡No os riais de los antiguos honores rendidos a Júpiter[35], vosotros que veneráis el decálogo de Jehová[36]!

¡No blasfeméis contra el nombre de Apolo[37], vosotros que adoráis a Cristo, pues bajo esos dos nombres, distintos, se hallan el Logos de Platón[38] y el Verbo de los Cristianos!

¡Que la deshonra caiga sobre esos vándalos[39] cuyo mazo amenaza todavía nuestras basílicas, y sobre aquellos que vuelven a encender las antorchas de Omar[40] en nuestras bibliotecas!

¡Que la vergüenza y la deshonra eterna caigan sobre esos falsos comunistas que quieren expropiar a la humanidad de su progreso y de su Dios!

¡Gloria a las afables y alegres divinidades del Olimpo[41], resumidas en ese Dios único de Sócrates y de Jesús!

¡Gloria a la Virgen del catolicismo, ese símbolo tan lleno de gracia y amor de la mujer regenerada! ¡Gloria a los santos de la leyenda, esas místicas personificaciones de las virtudes espirituales! ¡Gloria al nombre de la Iglesia católica, a ese calificativo lleno de futuro que significa asociación universal!

¡Por que el legado de los siglos sea ya nuestro! ¡Por la ciencia que levanta el velo de los misterios! ¡La razón y el amor serán a partir de ahora los que ordenarán sacerdotes, como a lo largo de la historia ellos mismos han venido haciendo con visionarios y profetas!

Nos toca ahora a nosotros llevar a cabo la comunión universal, ¡la comunión del todo con todos y del todo con cada uno de nosotros!

---

[35]   Júpiter, en la mitología romana, es el dios principal, padre de dioses y de hombres (*pater deorum et hominum*). Sus atributos son el águila, el rayo y el cetro. (N. del T.).

[36]   Jehová es, en el judaísmo, el principal nombre que se le da a Dios. El decálogo se refiere a los Diez Mandamientos de la Ley de Dios. (N. del T.).

[37]   Apolo es una de las principales deidades de la mitología griega. Es descrito como el dios de las artes y se lo identificaba con la luz de la verdad. (N. del T.).

[38]   *Logos* es un término utilizado con múltiples significados; en filosofía se suele traducir por *razón* o *pensamiento*. En Platón el *Logos* es el discurso articulado que permite dar razón de una cosa. (N. del T.).

[39]   En referencia al pueblo germánico que en el año 406 penetró en tierras del Imperio romano, lo cruzó de norte a sur para instalarse finalmente en el norte de África. (N. del T.).

[40]   En referencia a Umar ibn al-Jattab (h. 581 – 644), o califa Omar, a quien se atribuye la orden de prender fuego a la Biblioteca de Alejandría en el año 640. (N. del T.).

[41]   El monte Olimpo es la montaña más alta de Grecia, donde, según la mitología griega, moraban los dioses. (N. del T.).

En nombre de Cristo y sus apóstoles, en nombre de Platón y sus discípulos, en nombre de Tomás Moro[42], el mártir, en nombre de todas las grandes figuras del cristianismo, acabad con el individualismo que os separa. Tenéis que entender bien que la palabra propiedad es la opuesta a la palabra comunión, y que, si la comunión es el resumen de la idea religiosa porque reúne a los hombres, en cambio, la apropiación es el principio constitutivo del mal porque los divide y los fuerza a combatir los unos contra los otros.

El cielo es una comunión eterna; el infierno, una propiedad en disputa eterna.

XIII
El bien y el mal

¡Hermanos, expulsad ya de vuestro corazón todo sentimiento de odio y venganza!

Si la sociedad es ruin, todos sus miembros sufren por ello; incluso los opresores no son menos desdichados que los oprimidos.

¡Oh! ¡Si el pobre supiese toda la angustia y tortura que se ocultan bajo las soberbias ropas del pérfido rico, se apiadaría de él!

Si los hombres son malvados es porque todavía ignoran el verdadero bien, y caen, como niños, en una codicia animal.

No hay que pensar en imponer más castigos contra los malvados, basta con contenerlos, como se contiene a los enfermos a los que la fiebre vuelve iracundos o, como se hace con los pobres insensatos, curarlos a su pesar.

Sin duda, hay que estar unidos para combatir el mal; no cabe duda de que hay que protestar a toda hora y en todo momento; y hay que rechazar, sin titubear, toda violencia injusta con la fuerza de la justicia.

Pero que el fin que tengamos para librarnos de quienes nos oprimen no sea la venganza. Pensemos, más bien, en librarlos a ellos de su tiranía, que no es menos pesada para ellos de lo que es para nosotros la esclavitud que nos imponen.

No nos unamos al grito de: «¡Muerte a los tiranos!» Gritemos: «¡Muerte a la tiranía!», y que se salven todos los hombres.

Si hay que luchar, ¡que sea por conquistar la paz en nombre de la justicia! Y si en un futuro hay que continuar luchando, por lo menos el pueblo, instruido por la triste experiencia de todas las revoluciones abortadas, no

---

[42] Tomás Moro (1478-1535) fue un pensador, teólogo, político, humanista y escritor inglés. Venerado como santo y mártir por católicos y anglicanos. Autor de *Utopía*, obra en la que describe una sociedad ideal, fue considerado precursor del socialismo utópico. Acusado de alta traición por no jurar lealtad a la nueva Iglesia anglicana, a cuya cabeza se hallaba el rey Enrique VIII, fue declarado culpable y ejecutado. (N. del T.).

manchará de sangre su victoria, pues toda venganza es absurda, y el castigo se convierte en un círculo vicioso.

Los que hacen el mal son unos enfermos dentro del orden moral. Ahora bien, no nos enfademos con los enfermos, ya que no queremos su muerte, sino cuidarlos y que se curen.

Cuando los hombres adquieran más sabiduría, la higiene moral sustituirá al castigo, y se tratará a los delincuentes en centros especializados como si fuesen dementes o niños enfermos.

¿Acaso creéis que, consciente y voluntariamente, el hombre pueda elegir alguna vez el mal cuando podría hacer el bien?

¡Son las deficiencias de la razón las que depravan su voluntad y la llevan, engañada por la tentación de un falso bien, a equivocarse en sus elecciones!

¡Todo pecado es un traspiés para el Alma [43]!, por lo que la sociedad se convierte en una madre brutal e insensata cuando condena a caer en la tentación a sus hijos.

Más bien, al contrario, lo que habría que hacer es tenderles la mano, levantarlos y sanarlos.

La sociedad debería guardar luto cuando un hermano mata a otro hermano, ya que ese crimen debería expiarse solamente a través de un esfuerzo descomunal basado en la caridad y la conciliación entre los hombres; así, la manera de expiar el asesinato debería ser salvando al hombre.

Sin embargo, en lugar de ello, bien sabéis cómo se actúa en esta infantil y bárbara época nuestra: cuyo método para purgar un asesinato es cometer otro, esta vez solemnemente, y cuya manera de mostrar a cualquier insensato que jamás estará permitido matar a un hermano es matándolo a él también.

¡Ay, seamos profundamente piadosos con esos pobres salvajes que dicen ser seres civilizados!

¡Tengamos piedad de esta sociedad de verdugos que tortura y vuelve inmorales a las personas cuando las condena a la miseria, y que soluciona los desórdenes causados casi siempre por el hambre a base de palos!

¡Apiadémonos de esos desgraciados que nos insultan y que creen que somos sus enemigos, pues lo que queremos nosotros es salvarlos del infierno de sus propias instituciones!

Dejemos gritar a esos locos y continuemos con nuestra obra. ¡Guerra implacable al abuso!, ¡paz y misericordia para los hombres!

Seamos conscientes de que ceder ante la injusticia es ser cómplice de la injusticia. Por tanto, opongamos, primero, una resistencia pasiva a esos crímenes que comete la sociedad, para, después, en caso de que se nos quiera forzar a la iniquidad... ¡En ese caso nos encontrarán unidos, a todos nosotros!

---

43   En mayúscula en el original. (N. del T.)

Nosotros no albergamos ni cólera ni odio; sabemos cuáles son nuestros derechos; tenemos fe en el futuro y, por todo ello, estamos convencidos de nuestra victoria, porque es necesaria y su tiempo ha llegado. Así pues, ¡hermanos que queréis ser nuestros dueños, creed en nosotros y hacednos justicia! ¡No nos ataquéis!

Respecto a vosotros, hermanos y hermanas mías, solo me queda repetiros la consigna de Cristo: sed sencillos como la paloma en los fines, y prudentes como la serpiente en los medios.

No os enfrentéis temerariamente a la fuerza, pues resultaréis malparados; en cambio, usad solo la fuerza por inercia y recurrid a la astucia para hacer que la violencia fracase.

¿Por qué habríais de dar a vuestros enemigos la ventaja de un combate inteligente? ¡Oponed a su jesuitismo infatigable una actitud más que jesuítica!

¡No debéis verdad ninguna a los mentirosos, no debéis confianza ninguna a los ladrones, no debéis abnegación ninguna a los asesinos!

¡Haced por el bien lo que ellos hacen por el mal! ¡Quien quiere el fin quiere los medios!

Quienes se dejan vencer voluntariamente están traicionando a su propia causa. ¿Por qué entonces deberíais ceder si tenéis razón?

XIV
El Evangelio y la mujer guía

El Evangelio no comenzó hace dieciocho siglos, pues su moral es eterna.

Cristo resumió el evangelio de la humanidad y la moral universal en el dogma de la unidad divina y humana.

En su sermón de la montaña, se apoyó en las doctrinas del pasado para hacerles dar un paso más.

El Evangelio, en su acepción más amplia, es la verdad universal manifestada por medio de la palabra o el Verbo.

Al principio fue la palabra, dicen los Evangelios, y la palabra estaba en Dios. Y Dios mismo era palabra viva.

¡Todo ha sido creado por ella, y nada de lo que se crea puede crearse sin ella!

Ella es la vida, porque la vida de la inteligencia es la luz.

Y esta luz se hizo visible para las tinieblas, que la rechazaron. Sin embargo, no por ello, empezó a brillar menos; y quienes la han visto, desde ese momento, saben qué hay que hacer para ser los hijos de Dios.

Así, la palabra se volvió tangible, y el Verbo se hizo carne para vivir entre nosotros.

De este modo, el Evangelio no es sino la idea de la perfección humana manifestada por medio de la palabra y el ejemplo de una figura viva, es decir, de Jesús.

Pero Jesús, ese hombre simbólico, solo concluyó la primera fase de su existencia: al principio supo resignarse y morir; ahora tiene que resucitar y triunfar.

Tras la resignación viene la protesta. Tras el martirio, el juicio de los verdugos. Tras la angustia de la muerte, la plenitud de la vida.

Ahora es momento de que Cristo acabe su obra y de que vuelva a subir a la montaña para instruirnos; pero esa montaña ya no tiene que ser el sangriento Calvario; lo esperamos en el glorioso Tabor [44], pero no viudo y en soledad como lo estaba antaño, ¡sino acompañado por la mujer guía y apoyado en ella!

Entonces tomará la palabra para proclamar nuevas bienaventuranzas.

¡Bienaventurados, dirá, aquellos que son ricos en sabiduría y amor, pues serán príncipes en el cielo y reyes en la tierra!

¡Bienaventurados aquellos que poseen el coraje de sus convicciones, pues serán los triunfadores del mundo!

¡Dichosos aquellos que han sufrido y que enjugan sus lágrimas proclamando: «Es tiempo de actuar», porque antes eran unos niños, ¡pero ahora se han convertido ya en hombres!

¡Dichosos aquellos que no piensan en otra cosa que en librar a la humanidad de sus males y no en vengar sus propias injurias, pues todo les será perdonado!

¡Bienaventurados aquellos que ven a Dios por medio de su inteligencia y amor y no necesitan la doctrina de los hombres!

¡Dichosos aquellos que alzan su voz para protestar y luchan sin ira, pues son tan fuertes como el mismo Dios!

¡Dichosos aquellos que para avanzar el reino de la justicia comienzan por hacer justicia, pues poseen lo que desean!

¡Dichosos aquellos que han sido perseguidos y no se vengan tras su triunfo, pues ellos son hijos de Dios y emuladores de su Cristo!

En verdad os digo que, si vuestra justicia no se extiende y es más generosa que la que imparten curas y frailes, ¡no os podréis librar ni de sus enseñanzas ni de sus obtusas prácticas!

Antes os dije: «Aquel que insulte a su hermano merece ser juzgado». Ahora os digo: «Aquel que no se preocupe de las necesidades de su hermano merece ser condenado».

Pues, si, sentados a la mesa con la familia, os enteraseis de que vuestro hermano no tiene con qué alimentarse ni nada que dar de comer a su mujer y a sus hijos, parad el festín que habéis empezado, levantaos y llevad la mitad de vuestro pan a vuestros hermanos; e inmediatamente después de esta acción

---

[44]   En referencia al monte Tabor, donde se cree que tuvo lugar la transfiguración de Cristo. (N. del T.).

os sentiréis reconfortados, ya que vuestra comida será considerada como un sacrificio eucarístico.

También os decía que una mirada indebida dirigida a la mujer del prójimo era adulterio; pero ahora os digo más, la mirada de una jovencita, comprada a precio de oro, es prostitución, y aquel que case a una muchachita en contra de la voluntad de su corazón hace de ella, a la vez, una prostituta y una adúltera. ¡Pues una mujer prostituye su cuerpo cuando lo entrega a alguien que no ama!; y como en realidad desea a otro, ¡oculta el adulterio en su corazón!

También os decía que abandonar a la esposa era prostituirla. Ahora os digo que, si prostituís a una mujer, ¡estáis ultrajando a vuestra madre!, y si la insultáis, ¡estáis ofendiendo a la naturaleza!

Antes os decía: «No hagáis ningún juramento, con vuestra palabra sobra». Ahora os digo: «No os limitéis a las palabras cuando podéis actuar».

Antes os decía que no os enfrentarais personalmente a aquellos que os injurian y os atacan; es lo que habéis venido haciendo y ya veis que ellos ni se han inmutado. Ahora os digo: «No os defendáis, pero defended a vuestros hermanos. No entreguéis a vuestras mujeres e hijas al ultraje de los ricos ni a vuestros hijos a la explotación de los bandidos».

No venguéis vuestras propias ofensas, sino salvad del ultraje a la justicia.

Perdonar el mal que se ha hecho está bien, pero mejor es impedir que se haga el mal.

Os he dicho que améis a vuestros enemigos y recéis por ellos. Ahora os digo: «No basta con rezar por los malvados, hay que librarlos de sí mismos». Los malvados son personas enfermas a las que enloquece la fiebre; no los abandonéis a sí mismos, eso sería una crueldad.

Las plegarias tienen que preceder siempre a la acción, pero la acción debe seguir a las plegarias.

Habéis invocado a vuestro Padre que está en los cielos, y vuestro Padre os ha oído. ¡Ahora hay que actuar, legal y pacíficamente!

Os he dicho que procuraseis el reino de Dios y su justicia y que, por ello, seríais recompensados con creces; y, sin embargo, continuáis teniendo hambre, sed y frío: eso significa que no habéis encontrado el reino de Dios. Pero sabéis donde está, conocéis su puerta de entrada; solo que los ricos, los avaros y los amos sin fe os impiden entrar. Cerrad filas unos contra otros y avanzad; oponed vuestro empuje perseverante a su obstinada inercia; tenéis que hacerlos retroceder y entonces os cederán el paso; y los recibiréis con gran alegría si, arrepentidos, se dan la vuelta y entran junto con vosotros. Entonces diréis: «¡Habíamos perdido a nuestros hermanos, pero ya los hemos encontrado! ¡Estaban muertos, pero han resucitado!». En ese momento la madre se regocijará de ver reunidos a todos sus hijos.

Entonces la dulce figura de la mujer guía resplandecerá, casta y pura en su túnica blanca, a la cabeza del progreso humano. Sonriente, con una rama de mirto en la mano, conducirá a su fiel rebaño hacia los pastos de Dios.

¡La paloma simbólica la protegerá con sus alas, y todos los corazones, reunidos en torno al apacible amor de su armoniosa belleza, se sentirán rejuvenecidos y llenos de cándida esperanza!

Pues, si el padre alimenta a la familia, la madre la mantiene unida.

La mujer es la reina de la armonía y, por ello, tiene que situarse a la cabeza del movimiento regenerador del futuro.

Pues, ¡para poder vivir en fraternidad, es necesario que la madre os enseñe a amaros entre vosotros, los unos a los otros!

XV
La comunión

Padres y madres que ya no creéis en la autoridad de la Iglesia, pero queréis que vuestros hijos hagan la primera comunión, y pensáis que estaríais faltando a vuestros deberes naturales si no les impusieseis este deber religioso.

En esto ya no os conduce una creencia meditada, sino ese instinto sagrado que hace que las religiones estén todavía vivas en el corazón de las masas.

Sí, hacéis bien en enviar a vuestros hijos a la iglesia y en que hagan la primera comunión, vosotros que todavía estáis esperando la segunda. Pues en este símbolo está contenida la religión, junto con sus promesas de libertad, igualdad y fraternidad.

¿Cuál es el significado de la primera comunión? Significa ser admitidos al banquete en que los hombres confraternizan entre sí y con Dios. Allí no hay ni ricos ni pobres; todos tienen derecho a una parte igual del pan que Cristo pagó con su sangre y su vida, y que pudo legar, así, a las generaciones futuras diciéndoles: «¡Esta es mi carne y esta es mi sangre!».

Símbolo que, desde hace más de dieciocho siglos, alza su voz en contra de la apropiación egoísta y mortal, pero que todavía no ha sido bien entendido.

Buscad una palabra que se oponga directa y totalmente a *comunión*: lo siento por aquellos a los que pueda molestar, pero esta es *propiedad*. Consultad el diccionario.

Desde luego, con ello no quiero faltar al respeto a la propiedad, nada más lejos de mi intención, a ese dios sordo y ciego que reina en esta desdichada época; sin embargo, tengo que hacer una seria advertencia a los hombres que propagan su culto y la defienden contra todo ataque, incluso contra el que proviene de la razón: ¡Sois propietarios y vuestros hijos hacen la primera comunión con los de vuestros obreros y sirvientes! ¡Estad atentos, tened cuidado!

¡Sois propietarios y permitís que el cristianismo sea tomado como base para la instrucción que se da al pueblo! Una vez más, ¡cuidado!

¿Tener cuidado? ¿Por qué? ¿Acaso la moral cristiana no condena formalmente a los ladrones? Sí, es verdad, los condena, y es precisamente eso lo que debería hacer temblar a la mayoría de vosotros.

Pero responded, os lo ruego, a las preguntas que os voy a hacer.

¿Acaso Cristo no se entregó a los cristianos y fue recibido por ellos no solo como maestro sino también como ejemplo? Sí.

¿Poseyó o quiso poseer, acaso, algo en este mundo? No.

¿Habló, acaso, en algún momento a favor de la propiedad? No.

¿Acaso impuso que nos deshiciésemos de nuestros bienes como condición para la salvación? Sí.

¿No dijo, acaso, que es más fácil que un camello pase por el ojo de una aguja que a un rico se le abran las puertas del cielo? Sí.

¿No prohibió a sus apóstoles tener posesiones o que se apropiasen de nada? Sí.

¿Acaso no estableció que la solidaridad humana debía significar que el sufrimiento de un solo hombre sería el de todos?, ¿o que, cuando se profiere un insulto o se comete una injusticia contra cualquiera, no es como si se profiriese o se cometiese contra él mismo, es decir, contra Dios? Sí.

¿No dijo, acaso, que, si alguien reñía con un cristiano por su túnica, ese cristiano no debería darle incluso su manto? Sí.

¿Acaso no quiso que se constituyese la unidad divina y humana y que la comunión fuese su símbolo? Sí, y siempre sí.

¿Acaso los primeros cristianos, discípulos y hermanos de los apóstoles, comprendieron mejor que nosotros las intenciones de Cristo? Sí.

¿Acaso no pusieron todas sus pertenencias en común? Sí.

¿Acaso san Pedro, cabeza de la comunidad cristiana, no condenó a muerte a Ananías y a Safira por haberse apropiado furtivamente y haber sustraído fraudulentamente a la comunidad sus propios bienes? Sí.

¿Acaso alguno de los padres y doctores católicos osó alguna vez desaprobar a los apóstoles y reprobar las máximas y las prácticas de la primitiva Iglesia? No.

Ahora, decidme, ¿qué impide a los hombres pensar en Dios? ¿No es acaso su preocupación por ganar dinero?

¿Cuál es la única fuente de sus divisiones y delitos? ¿No es acaso la propiedad que provoca en ellos la avaricia?

¿Cuál es la base del individualismo egoísta? ¿Por qué los hombres están divididos en castas? ¿De dónde viene la aristocracia? ¿Cuál es la causa de que haya parias? ¿No es acaso la propiedad?

Estos son solo hechos que constato; si me equivoco, decídmelo; solo pido que se me responda sí o no. Por lo demás, aquí no voy a hablar de la propiedad en sentido legal, sino que me voy a centrar en el tema únicamente desde una perspectiva religiosa y cristiana.

Ahora bien, creo haber establecido clara y sólidamente que, por una parte, el cristianismo, resumido en la comunión, y, por otra, la civilización moderna, resumida en la propiedad, son tan opuestos el uno a la otra, tanto en las palabras como en los hechos, que el primero debe necesariamente destruir a la segunda, y que, si la sociedad cree que las ideas del comunismo cristiano son peligrosas, lo que tiene que hacer es quemar el Evangelio y proscribir el título de cristiano a fin de que no se enseñe nunca más a los hijos del pueblo derechos e ideas extraños haciéndoles comulgar a la mesa del Señor.

Quizás os preguntéis por qué yo, que digo esto, nunca me he acercado con mi hija a la comunión católica.

Esto es así porque no podía ni quería entregar mi dignidad de mujer a las preguntas impuras de un cura, como tampoco quería conceder a esos hombres la inocencia moral de mi hija.

Pues, el celibato de los sacerdotes es, a mi juicio, un hecho impío, y la asiduidad con la que frecuentan las mujeres el confesionario constituye una suerte de profanación de los derechos de la naturaleza.

¡¿Será, para seducir el alma de nuestras hijas, por lo que renuncian a tener una mujer por legítima esposa!?

El matrimonio espiritual, sin duda, es bello, y lo entiendo, ¡yo, que he pasado por ser una mujer libertina por tener suficiente dominio sobre mis sentidos para desdeñar la pudicia!

Pero ese matrimonio no tiene por qué ser clandestino; debe ser libre para aceptar, si así lo quiere, el amor de los sentidos a fin de que pueda triunfar sobre ellos voluntariamente.

¡¿Qué es eso?! ¡Tener continuamente deseos y no atreverse a realizarlos! ¡Mentir a toda hora y respirar a hurtadillas un aire que provoca fiebre! ¡Disimular durante los sermones hipócritas las apasionadas emociones del deseo...! ¡Fin, eso es infame!

XVI
El Anticristo

Como el mundo físico, el mundo espiritual tiene también su movimiento gravitatorio; gira sin cesar alrededor de ese centro luminoso que no es sino la verdad eterna. También tiene sus días y sus noches, sus primaveras y sus inviernos.

El género humano por medio de oscilaciones continuas busca su centro de gravedad: lo absoluto.

Así, en toda gran acción intelectual y moral se halla un principio de reacción, y la opinión va y viene como el péndulo de un reloj, pues el movimiento la empuja a los extremos mientras que su centro de gravedad la atrae sin cesar.

De acuerdo con este principio, el mundo antiguo, cansado de su boato sensual, presintió la reacción cristiana, reacción ensayada por el estoicismo y llevada al extremo por los ascetas del desierto.

Sin embargo, los excesos cometidos por el cristianismo prepararon un nuevo triunfo para la carne, y, así, los visionarios de la primitiva iglesia anunciaron el futuro reino del Anticristo.

El Anticristo es el hombre animal que se coloca en el lugar que le corresponde a Dios y se adora a sí mismo.

¡Es la negación de todo lo que Cristo vino a afirmar y la afirmación de todo lo que Cristo negó!

Cristo dijo: «Amaos los unos a los otros como yo os he amado», es decir, hasta la muerte si hace falta. El Anticristo dice: «Cada cual en su lugar y cada cual a lo suyo».

Cristo dijo: «¡Bienaventurados sean los pobres!». El Anticristo dice: «¡Bienaventurados sean los ricos!».

Cristo dijo: «Dad». El Anticristo dice: «Explotad y acumulad».

Cristo dijo a la pobre mujer pecadora: «Tus muchos pecados te serán perdonados porque has demostrado tener un amor infinito». El Anticristo le dice: «Estás condenada para siempre».

Cristo dijo: «Perdonad las ofensas». El Anticristo dice: «Tragaos las afrentas si queréis triunfar, y más tarde os vengaréis de ellas».

Cristo se sacrificó por el pueblo. El Anticristo sacrifica a toda la humanidad a su egoísmo.

Cristo fue vendido. El Anticristo vende la religión y a sus sacerdotes.

Con estas señales, ¿quién puede ignorar la originalidad de esta desdichada época nuestra?

Sí, una oscura noche intelectual y moral ha sustituido a los plácidos días del cristianismo; pero esperamos un nuevo amanecer.

Cuánto más profunda sea la noche hoy, más luminoso y radiante será el día que ha de seguirla.

Permaneced en vela, hijos de la luz, y no dejéis que el sueño de la muerte que mantiene encadenados a los hijos de la noche os engulla.

¡Apoyaos los unos en los otros y daos ánimos mutuamente, pues se acerca la hora de vuestra liberación!

¡Alzaos, con vuestra unión, con vuestra entrega de unos para con otros, por el amor inmenso que profesáis por la justicia, contra el Anticristo y sus doctrinas impías!

Divididos, separados, sois débiles; ¡uníos y seréis fuertes!

No protestéis contra la violencia con más violencia, más bien uníos todos en demanda de justicia y, así, la obtendréis.

Aspirad con todas vuestras fuerzas a que haya leyes más perfectas, pero, primero, someteos a las que rigen la sociedad a fin de que estas os protejan.

Pedid y se os concederá; buscad y encontraréis; llamad a la puerta y se os abrirá.

Que no decaiga nunca vuestra protesta; prestadle vuestra voz todos, para que se despliegue bajo todas las formas, excepto las de la revuelta y el desorden; permaneced siempre juntos y preparados para responder unos por otros y comprobaréis lo fuertes que sois.

Poco a poco, y bajo la misma tutela de las leyes, organizaos en torno a una asociación unitaria, como lo hizo la primitiva Iglesia, sin facciones ni disputas; tened en todas partes líderes y supervisores, y organizad colectas para aquellos que lo necesiten.

En pocas palabras, reconstruid la comunidad cristiana con un plan mejor elaborado y más ambicioso; solo podréis conseguir vuestros objetivos si estáis unidos.

Esto os lo dice una mujer que está orgullosa de ser una paria, y que, igual que el ejemplo dado por Cristo, quiere dar su vida por vosotros.

Y un día diréis de ella: «¿No es esa la mujer que pregonaba al pueblo que se uniese pacíficamente y que quería, con los escasos céntimos de los pobres, dar a los veteranos del trabajo una jubilación digna de reyes?»[45].

Acordaos de esa parábola evangélica donde se cuenta que con cinco panes de cebada y unos cuantos peces Cristo dio de comer a todo un pueblo. Eso es así porque toda asociación verdaderamente fraterna logra que se multipliquen, como por milagro, los pocos recursos de que dispone.

Para tener derecho a llamarse verdaderos cristianos, es necesario poner en práctica inmediatamente la comunidad[46].

Ahora bien, pensadlo bien, porque la pertenencia a la comunidad tiene que ser voluntaria, del mismo modo que la desapropiación, si es forzosa en su sentido más absoluto, es inicua.

En la actualidad, el derecho de propiedad, al estar reconocido por todos, no puede transformarse totalmente si no es con el consentimiento de todos.

Así, para instaurar el reino de Dios y la riqueza común, no hay que quitar nada a nadie, sino que cada uno de nosotros puede aportar lo que tenga.

De esta comunidad, que se establecerá en todo el mundo, se excluiría a sí mismo el rico que quisiera conservar sus bienes; tendría derecho a ello, y habría que respetar todas sus propiedades. Únicamente sería considerado un mal hermano, pero, aun así, se lo invitaría a reflexionar sobre sí mismo y a ingresar en ella. Asimismo, se le haría todo el bien que fuese posible a

---

[45]   En este momento Flora Tristán ya preveía que su final estaba cerca. (Nota del editor).

[46]   Véase el capítulo XXV para una mejor comprensión de lo que Flora Tristán entiende por *comunidad*. (N. del T.).

modo de darle un ejemplo saludable y, al final, sin duda, quedaría conmovido por ello.

Sin embargo, no debemos malgastar la energía de nuestra alma en sueños fantasiosos, como tampoco debemos construir nuestra comunidad sobre quimeras.

Es posible transformar la propiedad, pero no es posible abolir la posesión.

Así, solo la posesión debe estar regulada por leyes *comunionistas*[47], permítaseme esta expresión que responde solo a mi pensamiento.

No es sino la ley la que tendrá que regular el uso de la posesión, así como proscribir su abuso, mientras que todos deberán velar por todos, correspondiéndole a la sociedad velar por las necesidades a fin de prevenirlas, y deberá hacerlo con tanto celo como ahora vigila los complots y los delitos, bien para abórtalos, bien para castigarlos.

Todo pertenece a Dios; los hombres son solo arrendatarios de la tierra.

Uno es fuerte y hábil, mientras que el otro es débil e inexperto; así, la cosecha del primero tiene que ser necesariamente más abundante que la del segundo.

Pero Dios no solo quiere que el fuerte sea tutor del débil, sino que también quiere que el primero, en vez de explotar y aprovecharse del segundo, como medio para enriquecerse más si cabe, lo ayude en el trabajo y le dé lo que le sobre.

Por tanto, no es sino la caridad lo que queremos establecer como base del derecho social a fin de que la misma, además de ser una virtud religiosa, sea también un deber político.

Es el reino de Cristo el que reclamamos con todas nuestras fuerzas y con la firme convicción de que no puede dejar de llegar.

Pero para que este empiece lo antes posible, pongamos primero en marcha entre nosotros la asociación humana.

Organicemos un servicio de asistencia mutua entre los pobres y entre las instituciones estatales; demandemos con perseverancia el derecho al trabajo, y protestemos por todos los medios legales contra la injusticia de la explotación.

La fuerza inteligente es infinitamente más poderosa que la fuerza bruta; por tanto, oponed la resistencia moral a la opresión material, actuad todos unidos y triunfaréis.

---

[47] Con este adjetivo (*communioniste*) de su invención, Flora Tristán se refiere a las leyes que deberían regir la futura *communauté* de la que habla más arriba. (N. del T.).

XVII
El catolicismo o la asociación universal

Si protesto en nombre de los parias contra lo mala madre que es esta sociedad que los rechaza, no es con la intención de dividir, sino de unir.

A la vez que pido mejores leyes para el futuro, me someto a las presentes. Lutero[48], ese gran precursor de la libertad de consciencia, no fue sino una herramienta ciega de la Providencia para que en el mundo se produjese una gran sacudida; pero, en realidad, no fundó nada, sino que dio un golpe de muerte a su propia reforma al separarla de la Iglesia universal.

Para llevar a cabo una obra duradera, había que combatir los abusos, pero respetar el dogma; ¡había que seguir siendo católico a pesar del papa y protestar solo contra la excomunión!

El catolicismo, como dogma, es la síntesis religiosa más avanzada; es una conquista del espíritu humano contra la cual nadie debería atentar. Representa un simbolismo que no solo puede, sino que debe ser explicado, pero en el que no se permite cambiar nada.

La Iglesia ha resultado ser infalible en la construcción de ese gran monumento jeroglífico; determinó todos los signos del consentimiento de la sociedad de la que era madre; no obstante, ahora que el edificio del dogma está acabado y que la Iglesia ya no tiene nada más que decidir, ¿por qué continuáis preguntando si todavía es infalible?

Durante un tiempo, los pontífices de Roma fueron unos magníficos protestatarios que luchaban contra los reyes en favor del pueblo, y, solos, intentaban poner límites a las desenfrenadas injerencias del despotismo de los emperadores.

Si ahora el papa da la espalda a la causa popular es porque el pueblo, sin duda consciente en el presente de sus derechos, ya no lo necesita para que los defienda.

El pontífice de Roma ya no es más que una gran sombra del pasado y un venerable recuerdo; es el viejo arquitecto del templo que ya no tiene nada que hacer porque el templo está construido.

Ahora, es inútil querer materializar el culto y petrificar los símbolos; el germen de la vida actúa sobre ellos, y mientras el clero guarda el sepulcro vacío, Cristo resucitado conquistará el mundo con la ayuda de su madre.

---

48   Martín Lutero o Martin Luther en alemán (1483–1546) fue un teólogo, filósofo y fraile católico que comenzó e impulsó la Reforma protestante en Alemania y cuyas enseñanzas inspiraron la doctrina teológica y cultural denominada luteranismo, o protestantismo por extensión, que provocó la Contrarreforma católica, proceso que culminó con la separación de las Iglesias reformadas luteranas y protestantes de la católica romana.

Pues si los fariseos se apoderaron del templo, no pudieron, en cambio, adueñarse de Dios.

Pueblo, si quieres tu salvación, sé un cristiano sincero y basa tu instrucción religiosa sobre las instituciones de la Iglesia universal.

¡Pobres parias a los que quieren excomulgar, sabed que vosotros sois la familia de Cristo, esperad con paciencia el regreso del padre de familia, es decir, la reacción cristiana y filosófica contra el nuevo fariseísmo de los judíos modernos que os cierran las puertas de la Iglesia de Dios!

El catolicismo no puede dejar de ser universal, y los que quieren hacer de él una secta se autoexcomulgan de la sociedad de los hijos de Dios, a la vez que usurpan un nombre al que ya no le hacen justicia.

No dejemos que nos despojen de la herencia sagrada de nuestros padres.

Defendamos nuestra religión contra los que quieren que se engañe a sí misma.

Seamos libres, pero amemos a Dios, y, entonces, nunca haremos el mal.

Seamos conscientes de que la gran comunión católica no se encuentra en los signos externos del culto, sino en la auténtica caridad manifestada en sus obras.

¡Hagamos el bien: esta es la mejor plegaria! ¡Dediquémonos a hacer el bien a los demás: este es el culto más puro!

XVIII
Los profetas

«¡Cállate, o harás que el fuego y la muerte se abatan sobre tu patria!», le recriminaban a Jeremías los tiranos de Judea. Mientras, el pueblo sublevado gritaba: «¡Está blasfemando contra el templo! ¡Que se calle o que muera!».

«Reyes de Judea, y tú, pueblo de Israel», respondía el profeta, «lo que hago es predecir los males para mi patria, pero sois vosotros los que los atraéis. Mientras estáis durmiendo al borde del precipicio, yo permanezco despierto, asustado, y os aviso a voz en grito. ¿Lo hago para perderos o para salvaros?».

¡Ay, sociedad ciega, barco a la deriva, que, sin rumbo, eres arrastrado por las corrientes marinas contra los arrecifes mientras tu tripulación se emborracha...!

¿Habrá que responsabilizar, pues, de tu pérdida al pobre pasajero que ve cómo zozobras, poco a poco naufragas, mientras llama a tus pilotos para que se despierten?

¿Cómo es posible? ¡No te bastan las lecciones del pasado, sino que además preparas un futuro lleno de remordimientos y espanto!

Recuerda lo que les sucedió a los judíos que, en lugar de escuchar a sus profetas y reformarse, mataron a los enviados de Dios y opusieron a la fuerza de la razón y el amor la de la violencia y la tiranía.

Pues bien, la violencia los venció y la tiranía los machacó.

Nabucodonosor vengó la muerte de Jeremías[49] y Tito vengó la de Cristo[50], y ni el templo ni el pueblo se han recuperado de este último golpe. Recuerda lo que le pasó a la Iglesia católica cuando sus pontífices, en vez de escuchar a los santos que predicaban su reforma, los proscribieron e hicieron que se les diese muerte.

Acuérdate de Alejandro VI[51], ese envenenador incestuoso, que entregó a Savonarola primero a la tortura y después a la hoguera[52]. Recuerda lo que pasó en el Concilio de Constanza cuando, en contra de la palabra dada, condenó a Jan Hus sin haberlo escuchado[53]; recuerda también a Jerónimo de Praga a quien, pese a haber regresado a la unidad católica, con su injusto procesamiento se le hizo recaer en la herejía y fue conducido a la hoguera[54].

Pues bien, esos asesinatos no han sido en vano. Sí, se acalló a los reformadores, y pronto llegaron los demoledores y los incendiarios; Jan Žižka[55]

---

[49] Jeremías (626 a.C. – 586 a. C.), profeta bíblico que predijo la destrucción de Jerusalén y su templo, acaecida en el año 587 a. C. por obra de las tropas de Nabucodonosor II (630 a. C. – 562 a. C), rey de la dinastía caldea del Imperio babilónico. (N. del T.).

[50] La segunda destrucción de Jerusalén y su templo tuvo lugar en el año 70 d. C. tras la conquista de la ciudad por las tropas del futuro emperador romano Tito Flavio Vespasiano (39 d. C. – 89 d. C.) como consecuencia de la denominada rebelión de los zelotes que dio lugar a la primera guerra judeo-romana, cumpliéndose, así, la profecía de Cristo. (N. del T.).

[51] Alejandro VI, su nombre de nacimiento era Rodrigo Lanzol y de Borja (1431 – 1503) fue el papa n.º 214 de la Iglesia católica entre 1492 y 1503. (N. del T.).

[52] Girolamo Savonarola (1452 – 1498) fue un religioso italiano que predicaba en contra de los lujos, los excesos y la corrupción en la Iglesia. Sus críticas al papa Alejandro VI le valieron la condena, dictada por la Inquisición, a morir en la hoguera. (N. del T.).

[53] Jan Hus (alrededor de 1370 – 1415) fue un teólogo y filósofo de origen checo, considerado uno de los precursores de la posterior Reforma protestante. Su defensa de posiciones reformistas dentro de la Iglesia llevó a la convocatoria del Concilio de Constanza (1414–1418) durante el cual, primero, se lo excomulgó y, tras su negativa a retractarse de su doctrina, se lo condenó a la muerte en la hoguera por herejía. (N. del T.).

[54] Jerónimo de Praga (1360 – 1416) fue un predicador de origen bohemio, defensor de las tesis del reformador Jan Hus. Fue condenado, al igual que Hus, a morir en la hoguera por herejía en el Concilio de Constanza. (N. del T.).

[55] Jan Žižka (1360 – 1424) fue un general checo, seguidor de las ideas de Jan Hus; tras la muerte de este en la hoguera en 1415, lideró el ejército de partidarios de Hus durante las primeras etapas de las llamadas guerras husitas (1419 – 1434) en contra del Imperio y el Papado. En 1424 se contagió de peste y murió. (N. del T.).

ocupó el lugar de Jan Hus, Lutero sustituyó a Savonarola, y la misma Roma se entregó a horribles represalias.

¡Recuerda esos anhelos tan heroicos y puros de la Francia de 1789 [56] y cómo la terquedad de los conservadores de ese tiempo condujo a la orgía de sangre de 1793 [57]!

Ahora, en nombre del pueblo que sufre, venimos a deciros: ricos, los pobres son vuestros hermanos, y debéis rendir cuentas a Dios y a la sociedad por vuestras riquezas. No queremos atentar contra vuestros derechos, pero tenéis que reconocer los nuestros. Queremos llegar a la posesión legítima a través del trabajo, porque solo cuando lleguemos a poseer algo, podremos organizar la comunidad cristiana. Vosotros nos necesitáis, al igual que nosotros os necesitamos, por lo que solo demandamos que el pacto social entre todos nosotros sea un pacto justo. Si nosotros respetamos lo que os pertenece, vosotros tenéis que respetar lo que nos pertenece y no devorar los frutos de nuestro trabajo; tenéis que retribuir equitativamente las penurias que pasa el obrero y no despreciar el precio que paga con su sudor mediante la puesta en marcha de monopolios injustos y el funcionamiento de una competencia desleal. ¡Sed unos hermanos para nosotros y nosotros nos alegraremos de no ser vuestros enemigos!

Ricos, si escucháis al pueblo y acudís en su ayuda, la miseria poco a poco irá menguando, y el bienestar físico hará que el obrero esté más predispuesto a su instrucción moral; se convertirá en un ser religioso y sabio y, entonces, la sociedad podrá decir que está a salvo.

Pero, si, por el contrario, os empecináis en rechazar toda mejora y todo progreso; si acogéis con la persecución y la violencia los esfuerzos pacíficos del pueblo que busca su salvación, lo único que conseguiréis será agitar las pasiones desenfrenadas de las masas y ahogar toda esperanza dentro de sus corazones. Sí, conseguiréis que se callen, pero su odio irá fermentando en silencio. Ante vuestra brutal negación de los derechos del pueblo, el comunismo materialista contraatacará con una negación más brutal si cabe de los vuestros, se extenderá el pillaje y abundarán los robos con violencia contra vuestras propiedades al considerar que las ocupasteis a la fuerza; los delitos desbordarán los diques que pone la justicia; la guerra hará su presencia en todas partes, y la seguridad no reinará en ningún lugar; los parias socavarán los cimientos de la estructura social como el oleaje erosiona las rocas, y, finalmente, llegará un día en que todo se derrumbará con un ruido atronador.

---

[56] Alusión directa a la Revolución francesa de 1789. (N. del T.).

[57] Alusión a la conocida como etapa del Terror en la Francia revolucionaria. (N. del T.).

XIX
La protesta legítima

Los males causados por el orgullo no se remedian oponiéndose a ellos con más orgullo; la ira no se cura con más ira; la violencia no se desarma con más violencia; por tanto, la usurpación jamás restablecerá el equilibrio en la propiedad.

¡Queréis protestar contra los verdugos, no lo hagáis siendo unos asesinos!

¡Queréis protestar contra la propiedad egoísta, no lo hagáis siendo egoístas vosotros mismos y volviéndoos unos ladrones!

¡Pobres, si queréis que vuestra protesta en contra de esos malvados ricos sea legítima, trabajad primero!

¡No tenéis que ser perezosos, tampoco unos borrachos, ni viles aduladores ni, mucho menos, unos tiranos con vuestra propia familia!

¡Compartid lo que sea necesario con aquellos que son más pobres que vosotros, y enalteceos gracias a las virtudes familiares!

¡Sabed que solo el hombre tiene derecho a la fraternidad humana, por tanto, no imitéis a los animales desprovistos de razón!

XX
Los parias

Sociedad moderna, madre sin entrañas, has de saber que esos hijos desesperados a los que repudias para siempre de tu seno son, de hecho y de derecho, tus enemigos mortales.

¿Qué quieres que se les diga para aplacarlos? ¿Qué se les puede prometer? ¿Qué moralidad se les puede enseñar?

¿Cómo podrían volver a ser honestos si ya están echados a perder?

¿Cómo, por ejemplo, va a poder ganarse la vida legítimamente un expresidiario? ¿Quién va a querer darle trabajo?

¿Cómo una pobre prostituta va a poder encontrar de nuevo una familia?

¿Por qué no das muerte a los hijos que ya no quieres alimentar?

Helos ahí, convertidos en tus enemigos, y tú todavía los machacas bajo tus pies; pero, como la serpiente de la leyenda, se retuercen para morderte el talón.

Sin embargo, ya es hora de tomar partido y de darles inmediatamente alguna posición, ¡la que sea, aunque sea la tumba!

Sé perfectamente que dispones de cárceles y patíbulos, pero antes hay que pasar por el robo o el asesinato para llegar hasta ahí, y esa forma de ganarse el retiro es un poco dura.

Sociedad sin entrañas, que solo sientes cómo se estremece tu corazón cuando te apunta el puñal, ¿cuándo dejarás de devorar, como hacía el espantoso Moloch[58], a tus hijos?

Sociedad mortífera, que todavía no has abolido la pena de muerte, y ni siquiera tiemblas por tus acciones, ¿qué vas a responder a Cristo cuando un día tus parias, con sus propias cabezas sangrantes en la mano, te acusen ante su trono?

No has hecho nada por ellos, sino robarles su libertad y su vida.

¡Los has desheredado y después los has echado a perder! ¡Que la desgracia caiga sobre ti, pues todos sus delitos recaerán sobre tus espaldas!

Más aun, vas a tener que darles explicaciones ante la justicia eterna, ¡pues ellos nunca podrán hacerte tanto mal como tú les has hecho a ellos!

XXI
Realidades espantosas

Es un horror decirlo, pero, en nuestra sociedad, lo que a menudo llamamos virtud conduce directamente al delito, y lo que llamamos delito conduce a ocupar posiciones honorables.

Observad a las prostitutas en las calles, ese lamentable rebaño marcado por la ignominia; si hubiesen sabido venderse a tiempo, no habrían caído a un precio tan bajo, ¡y ahora serían mujeres decentes!

La mayoría de esas desgraciadas han estado enamoradas y se han dejado seducir; no han tenido el coraje de ser unas hipócritas, pues tenían corazón.

He ahí lo que el mundo ha hecho de ellas.

Fijaos en ese sacerdote apóstata que se muere en la miseria; si hubiese sabido mentir como los otros y esconder sus vicios bajo una odiosa austeridad, ¡hoy quizás sería obispo!

Fijaos en esos condenados a trabajos forzados que parten, encadenados de dos en dos, para Brest[59] o Tolón[60]: robaron abiertamente con demasiada franqueza; ¡ay, si hubiesen sabido ocuparse bien de sus negocios!

Mirad a esa pobre mujer del pueblo a la que acaban de arrestar por haber robado una hogaza de pan: en su día fue joven y bella, pero quería

---

58 Antigua deidad de las culturas cananea y fenicia a la cual se le ofrecían sacrificios humanos, en especial de niños. (N. del T.).

59 Ciudad portuaria de la región de Bretaña bañada por el océano Atlántico desde donde zarpaban los barcos que llevaban a los condenados a trabajos forzados a los territorios franceses de ultramar a cumplir su condena. (N. del T.).

60 Ciudad portuaria, *Toulon* en francés, situada en el Mediterráneo. Véase la nota anterior. (N. del T.).

ser también honrada. Un obrero necio y vago la desposó; primero la hizo madre, luego los abandonó, a ella y a sus hijos.

¡Ay, moralistas, qué teorías más bonitas defendéis y qué poderosos son vuestros argumentos!

¡Os molestáis en formar personas virtuosas para que después la sociedad se burle con sarcasmo de ellas y las arroje al hospicio para mendigos o a la carreta del verdugo!

XXII
Los hipócritas

—Usted, señora, no tiene derecho a reclamar la emancipación de las mujeres —me han dicho hombres de contrastada probidad.

—¿Por qué?

—¡Porque usted se ha eximido de todas las normas sociales!

—¡Hipócritas!

¿Cómo es posible? Por el hecho de haber escapado de milagro de la bala del asesino, ¿ya no tengo por qué poner el grito en el cielo contra el asesinato?

¿Cómo es posible? Porque no gozo de estado en este mundo, ni de consideración entre las gentes como vosotros; porque soy ofendida y maltratada a cada paso; porque grito sin que nadie se digne a escucharme; porque me trago todas mis lágrimas; porque me armo con todas mis fuerzas de legítimo orgullo contra los cobardes que me aplastan; por todo ello, ¡¿tengo que ser la única que no tenga derecho a quejarse?!

¡¿Cómo es posible que sean precisamente las victimas las que tengan que callarse y haya que esperar que sean los verdugos quienes salgan a defender a los que torturan?!

¡Qué patética mofa!

¡Ay, me margináis porque protesto! ¡Ay, pretendéis ahogar mi voz!

Pues bien, ¡no voy a decir nada sobre mis propias angustias ni las de las mujeres, mis hermanas en la esclavitud!; en cambio, ¡lo que haré será trabajar por la emancipación de los hombres!

Habéis querido convertirme en una mujer infame, y yo os digo que a fuerza de entrega y dedicación haré que mi vida sea intachable y mi muerte, gloriosa.

¡Más tarde comprobaréis si la emancipación de la mujer se convierte en una plaga, y si yo merecía haber vivido con más respeto y haber sido más feliz!

He escrito el libro *La Unión Obrera* y me lo llevo conmigo; pero también he dictado este otro a un amigo, y él lo publicará si muero.

Parto como en otro tiempo partieron los apóstoles de Cristo; pero voy a protestar estruendosamente contra el positivismo estrecho de los que ponen cadenas a la buena voluntad.

¡Seré una loca si hay que serlo, porque son los locos los que han salvado al mundo!

XXIII
El progreso religioso

Todavía hay personas que son católicas a la usanza de los viejos inquisidores que condenaron a Galileo [61].

Hay clérigos que no desaprueban ni los autos de fe ni la matanza de San Bartolomé [62] y que quieren hacer a la religión la única responsable de esas horrendas calamidades políticas.

También hay hombres que palidecen cuando oyen la palabra libertad y que sonríen desdeñosamente cuando escuchan hablar de progreso. Hombres a los que dos revoluciones [63] no han podido enseñar nada, como tampoco hacer que se olvide nada de ellas; hombres que protestan, aunque sea con las pocas fuerzas que les restan, contra la emancipación del pensamiento humano.

Rebaño enfermo e incapaz, peligroso solo por las pútridas miasmas que expeles y respiran nuestros hijos, pues son ellas las que educan a la juventud.

Conspiradores miedosos e hipócritas que paralizáis todo con vuestra resistencia al cambio, y que os arrastráis por las alcantarillas del presupuesto de un gobierno del que sois eternos enemigos.

Servidumbre de espíritu, pequeñez y dureza de corazón, escrupulosidad judaica en el cumplimiento de múltiples y vanas observancias, amor desmesurado por vosotros mismos y por el clan del cual formáis parte, menosprecio profundo hacia todo lo demás, incluyendo el honor, el patriotismo, el amor a la familia y, sobre todo, el amor a la humanidad. Ese es el carácter de esos hombres y de sus adeptos.

A la sombra de ese fariseísmo es donde hallan cobijo y crecen los más vergonzosos desórdenes; sus cofrades se amparan en el secreto para poder, así, administrar discrecionalmente el tesoro de las indulgencias plenarias.

Desconocen el significado de lo que es proceder honradamente, y aun se sorprenden profundamente cuando se les reprocha los medios que emplean para alcanzar sus tan piadosos y meritorios fines.

¡Esos son los hombres que llevan al catolicismo a su perdición y que todavía fomentan, en esta época nuestra, las guerras de religión!

---

[61] Galileo Galilei (1564-1642) fue un científico italiano, introductor de la metodología experimental y defensor del heliocentrismo frente al geocentrismo, lo que le costó la condena en 1633 a prisión perpetua por parte de la Inquisición a pesar de haberse retractado y abjurado de su doctrina. (N. del T.).

[62] Asesinato masivo de hugonotes, cristianos protestantes franceses de doctrina calvinista. Se inició la noche del 23 al 24 de agosto de 1572, y se prolongó durante un mes aproximadamente. (N. del T.).

[63] En alusión a la Revolución francesa de 1789 y a la Revolución de 1830. (N. del T.).

Son ellos los que creen retener cautiva a la verdad y piensan que han eternizado la duración de su dogma al haberlo descarnado y dejado como un esqueleto que se ha endurecido como un fósil.

¡Ignoran esos conservadores de momias que, para ser inmortal, una religión debe primero estar viva!

El Verbo Divino también se ha apartado de estos hombres, igual que se retira la palabra en los que mueren. Disponen de todos los recursos, de todas las tribunas, de todos los medios para hacerse oír, pero ¿qué dicen?

Solo se atreven a emplear insinuaciones sórdidas, hostigamientos disimulados, murmullos secretos de confesionario y ruegos femeninos en los misterios de la alcoba.

Son los mismos que ajaron el corazón del noble Lamennais[64], ese sacerdote que por un instante pilotó la nave de Pedro y, como Palinuro[65], cayó a las aguas con su timón roto.

Son los mismos que reprueban todavía hoy, con los mismos celos y la misma envidia, a los dos grandes regeneradores de la unidad católica en Francia: Napoleón[66] y Chateaubriand[67].

¡Pues sienten que la religión ya está lista para escapárseles de las manos, y se aferran a ella, cual rémora, con gritos de espanto al sentir que se pone en marcha, tira de sus brazos paralizados y arrastra sus pies gotosos!

Hermanas y hermanos, mientras el clero mantenga doctrinas secretas, mientras su moral no sea pública y universal, mientras sea el enemigo del progreso y de la sana filosofía, mientras anteponga el espíritu de casta al del evangelio, no comulguéis con él.

Protestad, en unión con la verdadera Iglesia universal, contras esos falsos pastores, y no les entreguéis a vuestros hijos para que los instruyan.

Cuando todos nosotros hayamos alcanzado esa edad vigorosa de la que habla san Pablo, en tiempos de plenitud de Cristo, entonces ya no tendremos

---

[64] Felicité Robert Lamennais (1782 – 1854) fue un sacerdote católico, filósofo y teólogo, sancionado por la Iglesia católica por sus ideas liberales en materia religiosa. (N. del T.).

[65] Piloto de la nave de Eneas en la *Eneida* de Virgilio. (N. del T.).

[66] Napoleón Bonaparte (1769 – 1821) fue un militar y político francés de la etapa revolucionaria cuyas reformas políticas y culturales perduran en las sociedades actuales. En materia religiosa firmó el Concordato de 1801 con la Iglesia católica como medio de reconciliación de la población de este credo mayoritario en Francia con el régimen revolucionario. (N. del T.).

[67] François-René de Chateaubriand (1768 – 1848) fue un diplomático, político y escritor francés. Se lo considera el fundador del romanticismo en Francia. Colaborador de Napoleón Bonaparte, se enfrentó posteriormente a este. Autor de *El genio del cristianismo*, publicado en 1802. (N. del T.).

necesidad de curas, pues todos los cristianos serán sacerdotes y reyes, según la promesa de las Escrituras.

Esas palabras del gran apóstol deberían inquietar mucho a los que se niegan a creer en el progreso.

Mientras tanto, a la espera de esa gloriosa era, consideremos a la Iglesia como una docente, como una escuela, pero pidámosle cuentas de sus doctrinas morales y políticas antes de confiarle los estudios de nuestros hijos.

No me dirijo aquí a los parias. Sé que sus hijos solo tienen a la miseria como preceptora y a la desgracia como escuela. ¡Para ellos no existe la Iglesia, como tampoco la sociedad ni el futuro!

Y ahora yo, una paria, me atrevo a añadir que una Iglesia cuyas puertas se cierran a aquellos que sufren no es sino un templo del infierno.

Y estoy convencida de que si Cristo, un paria como yo, regresase a este mundo, ¡quizás hoy no encontrase a un solo cura al que absolver por su pobreza y virtudes!

Busquemos, por tanto, esos símbolos de futuro en la enseñanza católica, pero huyamos de los falsos pastores como de los apestados. ¡Porque son los hijos de los que crucificaron a Cristo, y además porque son menos inteligentes, pero más crueles y avaros de lo que lo eran sus padres!

XXIV
La emancipación

Para emancipar a los siervos hay que instruirlos. Este es el motivo por el cual he escrito este libro que será mi testamento.

Con él me dirijo especialmente a las mujeres a fin de librarlas de la superstición que atonta su alma y encoge su corazón, y de independizarlas de los curas dotándolas de una fe viva y una caridad fervorosa que las ayudarán a mantenerse en la lucha.

Es la falsa devoción la que hace que los nobles corazones de las mujeres permanezcan en una pasiva e impía resignación.

¡Tienen los mismos derechos que los hombres! ¡Es más, poseen la divina prerrogativa de la maternidad! ¡Que sean, pues, madres, ya que los hombres son niños!

¡Bastante han reinado por medio de la astucia, bastante han triunfado por medio de la corrupción! ¡Para ellas ha llegado la hora de la castidad y la justicia!

¡Sí, digo bien, de la castidad, pues los matrimonios que se contraen sin amor, que se cierran precio mediante, son mera e infame prostitución!

¡Sí, de la castidad, pues es el orgullo de la mujer, su necesidad, su naturaleza, y como prueba de ello está ese instinto sagrado que nunca perece totalmente en ellas y que se llama pudor!

Sí, la hora de la justicia ha llegado, pues la mujer no ha nacido para la hipocresía, porque, cuando Dios dispone de su corazón, ella no puede mentir sin avergonzarse ni a Él ni a su propio corazón.

La mujer no es una propiedad, de ahí que el vil derecho de propiedad sobre un ser libre se llame esclavitud.

La mujer no ha nacido para ser esclava.

Mujeres, hermanas mías, a menudo habéis rechazado mis palabras porque os decían que quería vuestra perdición.

No, yo os digo que no; quiero salvaros, pero para ello es necesario que os instruyáis, que os desprendáis de los escrúpulos de la falsa religión y que os arméis de valor.

¡Cuándo por fin os convenzáis de quererlo, todo estará hecho, pues los hombres os necesitan tanto como un niño a su madre!

XXV
Los utopistas modernos

¡Honor a los hombres con convicciones y entrega que se adelantan como exploradores y van a la cabeza de la caravana humana!

¡Gloria a esos locos sublimes a los que antaño se mataba, y de los que hoy, alegremente, gratamente, nos mofamos mientras mueren en la miseria!

A la humanidad nunca le han faltado profetas, y el futuro que se abre ante nosotros también ha tenido sus vaticinadores.

Swedenborg[68], con la revelación de las correspondencias, anunció la unidad y la universalidad de la ciencia, e indicó a Fourier su excelente sistema de analogías. Mostró las sociedades celestes agrupadas en series harmónicas de acuerdo con su grado de inteligencia y amor. Dio al cielo y al infierno las atracciones como móvil, y sobre ese antagonismo estableció el equilibrio.

Fourier[69] quiso realizar en la tierra el sueño celestial de Swedenborg, y transformó en falansterio el convento medieval.

---

68   Emanuel Swedenborg (1668–1772) fue un científico sueco de gran ascendente espiritual. Autor de obras como *La nueva Jerusalén y su doctrina celestial* (1758) o *Del cielo y del infierno* (1758). (N. del T.).

69   François Marie Charles Fourier (1772–1837) fue un socialista utópico francés y uno de los padres del cooperativismo. Crítico con la economía y el capitalismo, adversario de la familia basada en el matrimonio y la monogamia, fue un gran defensor de los derechos de las mujeres. Asimismo, propuso la creación de los falansterios o comunidades de carácter colectivo. (N. del T.).

Saint-Simon[70] aportó la iniciativa de las transfiguraciones del dogma, y reveló el fin de la viudez cristiana y el gran matrimonio humano gracias a la liberación moral de la mujer.

Un hombre, que todavía está vivo y cuyo nombre continúa siendo el hazmerreír de esos pretendidos sabios, Ganneau[71], resume todos esos sistemas en una magnífica ortodoxia; justifica la liberación de la mujer por el culto al amor y el homenaje que rinde al título de madre. Para él, el emperador Napoleón es una figura mesiánica que representa al gran Caín o al usurpador, pero lo reconcilia con Cristo, que no es sino el gran Abel, y de esta unión entre obediencia y fuerza nace el equilibrio perfecto entre derechos y deberes.

Tras estas grandes figuras proféticas, que representan ideas de conjunto, vienen los arquitectos que diseñan los planos de las diversas partes del edificio social.

Cabet[72], hombre de convicción y perseverancia, cuya probidad lo nutre, hasta cierto punto, de ideas y talento, diseña en su Icaria los planos de una gran fábrica común y ofrece algunos reglamentos obreros que pueden tener su lado razonable y útil.

Proudhon[73], por su parte, con razonamientos de una lógica farragosa, pero aplastante, atrapa la propiedad, tal como la entendemos en nuestros días, en unas tenazas con las que la destroza. Su libro aún no ha sido perseguido por los fiscales.

Victor Considérant[74], regenerador de la escuela societaria y continuador de la obra de Fourier, hombre de ciencia y talento, quizás pronto sea

---

[70]   Claude-Henri de Rouvroy, conde de Saint-Simon, (1760–1825), fue un filósofo francés, uno de los teóricos precursores del socialismo. Defensor de la clase obrera y de la emancipación de la mujer, entre sus obras hallamos *Nuevo cristianismo*, publicada en 1825. (N. del T.).

[71]   Simon Ganneau (1805–1851) fue un escultor francés, defensor del socialismo y el feminismo, quien colaboró con Flora Tristán. (N. del T.).

[72]   Étienne Cabet (1788 – 1856) fue un filósofo, teórico político francés y socialista utópico. Fundador de un movimiento que llevó a un grupo de emigrantes al intento de fundar una nueva sociedad en los Estados Unidos. Autor de *Viaje a Icaria*, publicado en 1842. (N. del T.).

[73]   Pierre-Joseph Proudhon (1809–1865) fue un filósofo, político y revolucionario anarquista francés. Precursor del movimiento anarquista del mutualismo. Entre sus obras, a este respecto, destacan *¿Qué es la propiedad?* (1840), a la cual se refiere Flora Tristán, o posteriormente *Teoría de la propiedad* (1866), o en defensa de la mujer *La pornocracia, o las mujeres en los tiempos modernos* (1875) o *Amor y matrimonio* (1876). (N. del T.).

[74]   Victor Considérant (1808–1893) fue un pensador y economista socialista francés, discípulo de Fourier, quien participó en la fundación de falansterios en tierras americanas. (N. del T.).

llamado a explicar en las tribunas las ideas de emancipación pacífica y de organización social.

He aquí, más o menos, todos los hombres que en nuestra época se han ocupado con seriedad del futuro. Sin embargo, ninguno de ellos ha puesto en práctica sus ideas[75], bien por falta de medios para ejecutarlas, bien porque sus planes no estén todavía bien definidos o su fe no sea lo bastante viva.

Se cuenta que un arquitecto de la Antigüedad, tras haber escuchado en silencio los detalles de los planos gigantescos de otro arquitecto, gran creador de teorías, lo superó con unas simples palabras, exclamando: «¡Lo que él ha dicho, yo lo haré!».

¡Ay, si fueran suficientes el coraje y la entrega, yo sería ese arquitecto que habla poco, pero hace mucho!

Notas finales

Por Alphonse Constant

Aquí concluye el manuscrito dictado por Flora Tristán. Acabemos ahora con algunas palabras acerca de esta mujer extraordinaria.

La suya es una de esas existencias que han pasado por tales vicisitudes que la hacen merecedora de formar parte de los anales de la humanidad; lo creo firmemente. La personalidad de Flora se había exaltado hasta tal punto en la lucha que, incluso a sus propios ojos, había pasado a un estado místico y se creía la mujer-Mesías. Después de haber combatido como un demonio, soñaba con la transfiguración del mártir para echarse a volar hacia el cielo sobre las alas de un ángel. Era la Medea[76] de los antiguos, celosa de nuestra moderna Sra. Guyon[77], a la que, estaba segura, iba a superar.

He aquí lo que escribía sobre ella, un año antes de su muerte, el amigo al que encargaría después escribir su testamento religioso y literario. El artículo apareció en una recopilación inacabada que debía tener como título *Los mesías contemporáneos*[78].

«Esta es una mujer de la que no hace falta hablar, pero que hay que conocer si uno quiere admirarla y estremecerse. Id a verla, os obligará a ser,

---

[75]   Solo tras la muerte de Flora Tristán alguno de ellos se atrevió. (N. del T.).

[76]   En la mitología griega, Medea era una sacerdotisa a la que se identifica con la hechicería, pero arquetipo también de mujer autónoma, no habitual, contraria al prototipo de mujer ideal. (N. del T.).

[77]   Jeanne Marie Bouvier de la Motte Guyon, conocida como Madame Guyon (1648 – 1717) fue una mística francesa. Considerada hereje por la Iglesia católica, fue encarcelada por publicar varios libros, entre ellos, *Un método de oración breve y fácil* o *Comentario al Cantar de los Cantares*. (N. del T.).

[78]   Se refiere a sí mismo. En francés *Les Messies Contemporains*. (N. del T.).

bien su enemigo mortal, bien su esbirro; muy por encima del bien o del mal de lo que podáis pensar sobre ella, causará confusión en todas vuestras ideas; y cuando creáis que la habéis pillado en flagrante delito cometiendo esas vagas perversidades de las que se la acusa, se os escapará, grandiosa, sublime, y con una sonrisa de compasión. Entonces, devenidos entusiastas de ella, la seguiréis hasta perder el aliento; en ese momento ella se dará la vuelta desdeñosamente y os estrujará el corazón con mano glacial y terrible para devolvéroslo roto. Tomadla por un diablo y desplegará dos magníficas alas de azur y una cola estrellada; invocadla como a un ángel y os mostrará los cuernos.

»Flora Tristán es la soberbia personificación del más absoluto e implacable orgullo. El Satanás de Milton [79] debe de haber muerto de despecho desde que ella está en el mundo. Si bien ella no es en sí mismo un Satán en potencia, ha conseguido llegar, a fuerza de crecer en la rebeldía, a un estado de calma y serenidad inquebrantables que hacen de ella un verdadero peligro para las almas, pues las fuerza a odiarla o a adorarla.

»Demasiado soberbia para ser tomada en vano, la Sra. Tristán se impone al abjurar de su personalidad. Todo le pertenece: vuestras ideas, vuestro trabajo, vuestra persona, pero ni tan siquiera estima el hecho de poseerlas. Vosotros no sois nada, ella tampoco: Dios es todo, pero ella es todo en Dios, y Dios es todo en ella. Por favor, os lo ruego, no os opongáis en nada a ella; agachad la cabeza ante la aureola de mujer que la envuelve; no le demandéis razón de nada; amadla, con la única gran condición de que ella no os amará. Singular condición, diréis; ¿quién la impondrá?, os preguntaréis. La respuesta es: ¡ella! No, vosotros, si sois listos, pues la Sra. Tristán mata a los que la aman, en sentido moral, entendámoslo bien. Es la Circe [80] de los antiguos, pero sin varita; es una sirena que no canta, sino que devora; es una adorable vampiresa que te sorbe el alma, pero que te deja la sangre a fin de que te ahogues en ella cuando, furioso, la quieras abandonar, pero sin dejarte si siquiera el consuelo de hacerla enojar; pues es cruel con bondad, te tortura con una sonrisa en los labios; en sus homicidios morales, hay un algo de ingenuidad infantil y de conciencia de santa; es dulce y cariñosa incluso cuando te incita a caer en un ataque de hidrofobia, y uno escapa de sus embaucadoras caricias con una extraña sensación de querer morder a alguien… o algo, sobre todo si se está en ayunas.

---

[79]   John Milton (1608–1674) fue un poeta y ensayista inglés, conocido especialmente por su poema épico *El paraíso perdido* (*Paradise Lost*). Figura de relevancia política, tuvo gran influencia en las revoluciones inglesa y americana. (N. del T.).

[80]   En la mitología griega, Circe es una hechicera. (N. del T.).

»Ángel o demonio, Dios o diablo, así se presenta esta mujer a los que tienen la suerte o la desgracia de conocerla.

»Pasemos ahora a las ideas.

»Flora Tristán cree en Dioses (no tachéis el plural) [81]. Dioses, según ella, es padre, madre y embrión, es decir, como primer principio, reconoce la generación activa, la generación pasiva y la semilla en progreso indefinido. La razón y el amor, que son uno, no son sino el principio activo que da vida a la fuerza, y la fuerza, pasando de pasiva a activa, fecunda la razón y el amor; entonces, la razón, toda ella amor, se transforma en madre de un fruto que crece sin parar y sin salir nunca del seno que lo alberga, lo contiene, y lo limita; y este fruto, que no es sino el universo, recibe por ello el nombre de embrión divino.

»El principio se reproduce en sus efectos, y Dios se manifiesta en la humanidad; el principio creador, el amor racional, se convierte en mujer, mientras que la fuerza la representa el hombre; el hombre no es, pues, sino la arcilla de Prometeo [82], y es la mujer la que ha recibido el fuego sagrado del cielo para darle vida.

»Flora tampoco concede al hombre el título de padre. Según ella, la humanidad imaginada por Cristo solo tiene una madre en la tierra y un padre en el cielo. La mujer, dueña de sus favores, da vida a quien le place con el fuego sagrado del amor, y a ese que elige lo hace participar durante un instante de su privilegio de madre por haberlo elegido. No se entrega nunca a ningún hombre, pero lo honra con su elección, lo eleva a lo más alto y lo devuelve después imponiéndole silencio. De esta manera, Flora no reclama en sí la emancipación, sino más bien la supremacía y la autocracia de la mujer; su utopía es la república de las abejas, y lo que parece querer conquistar en nombre del sexo más amable y más oprimido no es la igualdad ni la justicia, sino la reacción y la venganza. Flora Tistan sufrió demasiado.

»Así, para responder a los comunistas que predican la comunidad de las mujeres, Flora, ella misma comunista a su manera, demanda la comunidad de los hombres; si fuese una ironía, sería amarga, pero concluyente. Por lo demás, la Sra. Tristán se horroriza ante la mera palabra propiedad, además de que no cree en el libre albedrío. Opone al mal el progreso, y a los errores del hombre, la inspiración de la mujer; admite, pero solo hasta cierto punto,

---

[81] Las palabras escritas entre paréntesis son del propio Alphonse Constant. Al respecto, véanse las diversas notas anteriores; sin embargo, aquí se ha optado por respetar el plural. (N. del T.).

[82] En la mitología griega, Prometeo, titán amigo de los mortales, robó el fuego a los dioses para dárselo a los hombres. Como introductor del fuego e inventor del sacrificio, Prometeo es considerado como el titán protector de la civilización humana. (N. del T.).

las ideas falansterianas para la organización social que tiene que imponerse
en el futuro, pero tanto Cristo, como Saint-Simon y Fourier tan solo han
aportado las briznas de paja con las que ella, golondrina inspirada, anun-
ciadora de la primavera futura, construirá un nido en el que quiere incubar
un mundo nuevo bajo sus alas protectoras de madre. Loca, de tan sublime
que ha llegado a ser su pensamiento, ama a la humanidad hasta el punto de
llegar a provocarle envidia a Dios mismo. No busquéis en ella nada nimio,
y no temáis que desfallezca. Robespierre decía: «¡Que perezcan las colonias
antes que un principio!» [83]; Flora diría gustosamente: «¡Que perezca el mundo antes que uno solo de mis sueños!». Y si los sueños de Flora pudiesen
materializarse en forma de un triángulo de hierro, yo me echaría a temblar,
¡válgame Dios!, por la estúpida especie humana, ya que temería que sobre
ella se hiciese realidad el terrible deseo de Calígula [84].

»¡Terrible mujer!, estoy seguro de que vais a decir, pero ¡esperad!

»¿Os habéis fijado en la capciosa dulzura de sus magníficos ojos negros?,
¿en su mano de marfil antiguo hecha para desesperación del cincel de
Fidias [85]?, ¿en su exuberante y lujuriosa cabellera a la que el tiempo celoso,
cual araña paciente, querría estrechar en una red de plata?, ¿en su porte de
reina?, ¿o en su palabra infalible, pero fácil e indulgente a la vez, cuando se
desprende de sus labios tan rojos y puros? ¿Habéis visto cómo seduce Flora
con su desdeñoso descuido? Sí, ¿no es cierto? Pues bien, entonces concibo
que la detestéis con toda vuestra alma, pero no me digáis nada malo de ella;
sois parte interesada. Y si no la habéis visto..., por favor, dejadlo, no hablemos
de ella cobardemente, siento compasión por vosotros.

»Esta mujer tiene madera; es de una naturaleza grandiosa y magnífica
a la que la opinión debería prestar atención y no censurar. Pero, como seres
débiles que somos, tenemos miedo de esas naturalezas fuertes, como escolares
perezosos que temen a su maestro, y en vez de aprovechar sus enseñanzas,
andamos por ahí pintarrajeando furtivamente caricaturas de ellos tras las
puertas.

»Estas son las obras de Flora Tristán:

---

83   Maximilien François Marie Isidore de Robespierre (1758–1794) fue un abogado, escritor, orador y político francés, apodado el Incorruptible. Fue uno de
los más relevantes personajes de la Revolución francesa, bajo cuya dirección
se instauró el Comité de Salvación Pública durante el periodo revolucionario
conocido como el Terror.

84   Cayo Julio César Augusto Germánico (12 d. C. – 41 d. C.), más conocido
como Calígula, fue el tercer emperador romano que gobernó desde el año 37
hasta el 41, y al cual se le atribuyen numerosos actos de crueldad.

85   Fidias (hacia 500 a. C. – hacia 431 a. C.) fue el más famoso de los escultores
de la Antigua Grecia.

1. *Peregrinaciones de una paria.* Historia de los viajes de la autora al Perú, que son lo bastante recurrentes en su obra como para que uno no tenga derecho a decir que no es suya. El acusado carácter de esta mujer excéntrica comienza a modelarse con atrevimiento en esta obra, arrojada en público al fuego en Arequipa[86], y motivo por el cual su familia peruana le retiró la pensión que recibía.

2. *Méphis.* Novela social en estado de esbozo, como a ella se refería la propia autora en una carta privada. En esta obra se halla una nueva y sorprendente teoría sobre el amor con ideas revolucionarias más que avanzadas.

3. *Paseos por Londres.* Obra de estadística popular verdaderamente concienzuda y útil; en ella la autora se eleva ya a la dignidad de apóstol de la humanidad.

4. Finalmente, *La unión obrera*, pequeño libro repleto de ideas y de futuro, que por sí solo puede absolver a Flora de las pequeñas excentricidades de su genio incomprendido, y que la coloca definitivamente a la cabeza de las personas de acción de esta época nuestra.

»La vida de esta mujer estuvo llena de dolorosos misterios. Víctima tantas veces de una sociedad que hacía que ella, a su vez, se sintiese forzada a destruirla bajo sus pies, ya no se limitó a defenderse, sino que se atrevió a pasar al ataque, con lo que consiguió que todo el orden civilizado palideciese por completo ante ella. Daba miedo, pero también envidia, y esta paria se mostró tan tranquila, tan bella en su exilio en medio del mundo civilizado, que ese demonio victorioso parecía más feliz que los ángeles.

»Sin embargo, también sentía que la lucha no debía ser la condición eterna de su existencia; el uniteísmo[87] había invadido su bella naturaleza como el esplendor del sol envuelve a los que se elevan por encima de las nubes.

»¡Jamás aspiraciones tan encendidas hacia la paz universal hicieron palpitar un corazón de mujer; jamás sueños más dulces de angélica castidad purificaron un corazón! Flora era de una naturaleza enteramente católica, pues en ella era más fuerte que todos los prejuicios filosóficos. Si hubiese nacido unos siglos antes, habría sido santa Teresa[88], y, en nuestro siglo de

---

[86] Ciudad del Perú de donde era originario su padre, Mariano de Tristán y Moscoso. (N. del T.).

[87] Es la aceptación de la existencia de un Dios en cada familia; cada familia tiene a su propio Dios y no todo el mundo. (N. del T.).

[88] Santa Teresa de Jesús (1515–1582) fue una monja española, fundadora de la Orden de Carmelitas Descalzas. Mística y escritora, también es conocida como santa Teresa de Ávila. Su nombre secular fue Teresa Sánchez de Cepeda Dávila y Ahumada. Tras su muerte fue beatificada, canonizada y finalmente proclamada doctora de la Iglesia católica en 1970. Se la considera la cumbre de la mística experimental cristiana y una de las grandes maestras de la vida espiritual de la Iglesia. (N. del T.).

incertidumbre byroniana [89] y de literatura satánica, ella solo se sintió celosa de rivalizar con Satán con el objetivo de vencerlo y devolverlo a Dios.

»Nacida con una ambición inmensa, legitima esa pasión, de algún modo, dirigiéndola hacia la verdadera grandeza; si un instante soñó con el Perú y con sus riquezas fabulosas, pronto se dio cuenta de que la superioridad de su inteligencia le permitía crear por sí misma tesoros inagotables de los que quiso dotar a la clase obrera.

»Durante el viaje que emprendió para recorrer Francia, en el que encontró la muerte, Flora, que venía trabajando desde hacía tiempo en su obra sobre la emancipación de la mujer, me remitió sus notas en un legajo de papeles casi indescifrables, y me encargó que pusiera todo eso en limpio, y que le enviase el manuscrito con mis añadidos y observaciones; el paquete, con su dirección escrita, fue remitido por mensajería a Lyon [90]. Yo ya había terminado la parte del trabajo que ahora publico, y le pedía que me enviase la continuación; pasé un mes sin noticias de ella, y tras ese mes me enteré de que Flora había muerto.

»Desilusionado desde hacía bastante tiempo por las decepciones sociales y políticas, resolví entonces no continuar publicando nada más sobre estas materias tan polémicas como controvertidas. Arrastrado por el cariño de mis viejas creencias, pero anhelante ya de reposo y olvido, dudé durante mucho tiempo de si debía publicar un trabajo del que quizás la opinión pública podría hacerme responsable, a pesar de que, sumido en esta irresolución mía, intentaba aprestarlo, dulcificarlo y ponerlo en harmonía con mis convicciones personales; no obstante, a lo largo de todo este proceso me he sentido perseguido por un descontento interior, gracias al cual he llegado a comprender las expiaciones que tenían que llevar a cabo los antiguos para apaciguar a los manes [91]. Prometí a Flora compilar y publicar sus últimos pensamientos, y, sin importar lo lejos que esté ahora de una u otra de sus convicciones, lo que no debía hacer era constituirme en su juez. Le devuelvo, por tanto, el depósito que me confió; ahora le toca responder a su alma.

»Ella fue mi amiga espiritual, y durante un tiempo todas sus creencias fueron las mías. ¿Por qué he cambiado entonces? Preguntadle al tiempo por qué cambia todo. Flora no ha cambiado de la misma manera que yo; pero

---

[89] George Gordon Byron (1788–1824), conocido como Lord Byron, fue un revolucionario y poeta del movimiento romántico británico. Antecedente de la figura del poeta maldito. (N. del T.).

[90] Ciudad de Francia, también conocida como Lion, situada en el sureste de Francia a orillas del Ródano, desde donde Flora Tristán le había enviado dicho paquete. (N. del T.).

[91] Los manes, en la mitología romana, eran unos dioses familiares, domésticos, caseros, identificados con los espíritus de los antepasados que protegían el hogar. (N. del T.).

ahora está muerta, lo que supone un cambio mucho más radical y mucho más terrible.

»Ahora bien, he aquí un hecho que, a mi juicio, se manifiesta irrefutable contra todas las utopías de aquellos que sueñan con la perfección en la tierra: ¡la muerte!

»Imaginad que el falansterio está organizado y que el mundo se halla en plena harmonía; entonces, más horroroso que nunca, un espectro burlón se alzará ante vosotros como una horrenda negación: la muerte.

»¡Aquí abajo no hay descanso al que podamos aspirar, pues vamos a morir!

»¡Nuestra patria, entonces, está en cualquier otro lugar menos en la tierra, ya que tras algunas jornadas de agitación y de lucha, todos nosotros, sin excepción, hallamos la muerte!

»¡¿Dónde está ahora ese gran ejército a cuya cabeza estaba el emperador[92], su alma, y que sacudía el mundo con cada paso que daba?! Lo buscamos y de él apenas encontramos ahora algún que otro despojo. Tras él todo está muerto, y el emperador, ¿dónde está?

»¿Qué proclaman entonces las tumbas, desde la pirámide de Keops[93] hasta el panteón de Voltaire[94]? Que la tierra no es sino un lugar de paso y que nuestra patria está en la eternidad.

»Aquí abajo al hombre no se le concede sino un momento para merecer, gracias a su entrega, una eternidad de libertad y gloria.

»El hombre, por tanto, es libre y sus acciones determinarán su destino.

»Los animales obedecen a atracciones inevitables para ellos; tampoco hablan, si no, ¿qué dirían?

»La palabra es imposible sin razonamiento; pues, la palabra, el verbo, no es otra cosa que el enunciado de un juicio. El hombre, por tanto, está en la tierra como juez; y, de acuerdo con la equidad de sus juicios, así debe ser juzgado. Ahora bien, para que su juicio no se desvíe, se le dio una figura perfecta, y esa figura no es sino el hombre-Dios.

»Cristo es, pues, el único Salvador de la humanidad, y no esperemos que haya otro.

---

[92]   Esta y las siguientes son veladas referencias a Napoleón Bonaparte. (N. del T.).

[93]   La Gran Pirámide de Guiza, también conocida como pirámide de Keops o de Jufu, es la mayor de las pirámides de Egipto. Ordenada construir por el faraón Keops para albergar su cuerpo, fue acabada alrededor del año 2600 a. C. (N. del T.).

[94]   El Panteón de París es un monumento de estilo neoclásico, destinado a honrar a los grandes personajes que han marcado la historia de Francia, entre ellos, el filósofo François-Marie Arouet, más conocido como Voltaire (1694 – 1778).

»Esta figura de unidad, asimismo, primero produjo la Iglesia jerárquica, con una única cabeza a su frente, pero con múltiples funciones que tienen que cumplir sus miembros.

»En la época del gran cisma, la Iglesia, salvada por Francia, se convirtió en una Iglesia esencialmente galicana, y es en el genio de Francia donde volvemos a encontrar hoy las verdaderas doctrinas de la asociación universal. Es ese genio francés el que tiene que reaccionar, en un futuro próximo, contra la fuerza brutal del norte aliada con el poderío industrial de Inglaterra.

»Llegará un momento en el que habrá que elegir entre la supremacía religiosa del papa y la del zar; pero el papa, entonces, se verá forzado, por la necesidad imperiosa de las circunstancias, a adoptar las ideas francesas y a bendecir la santa alianza de los pueblos en nombre de la religión y la libertad

»Entonces, el primer pueblo del mundo, ese pueblo-rey, será el más entregado, al igual que en tiempos de Cristo lo fue ese hombre que se sacrificó hasta la muerte y que fue saludado como el verdadero hombre-Dios, único Salvador del mundo.

»Estas son mis esperanzas, o mis sueños; a la espera de ese bello futuro, voy a callarme ahora para ir a rezar en la penumbra de esa antigua catedral en la que recibí, con nombre cristiano, el agua misteriosa del bautismo.

Aun así, creo en la legitimidad de todas las manifestaciones del verbo humano, por lo que no he creído conveniente mantener en cautividad la palabra de una amiga que ya no está en este mundo para quejarse de él. ¡Que me perdone por haber añadido algunas reflexiones a las suyas, si, en ese mundo mejor al que sin duda ha partido, todavía se puede saber algo de las huellas que se han dejado aquí abajo!

Alphonse CONSTANT